权威·前沿·原创

皮书系列为

“十二五”“十三五”国家重点图书出版规划项目

智库成果出版与传播平台

陕西省社会科学院／编

陕西文化发展报告（2020）

REPORT ON CULTURAL DEVELOPMENT
IN SHAANXI (2020)

主　编／司晓宏　白宽犁　王长寿

社会科学文献出版社
SOCIAL SCIENCES ACADEMIC PRESS (CHINA)

图书在版编目（CIP）数据

陕西文化发展报告. 2020 / 司晓宏，白宽犁，王长寿主编. -- 北京：社会科学文献出版社，2020.3
（陕西蓝皮书）
ISBN 978-7-5201-6044-5

Ⅰ. ①陕… Ⅱ. ①司… ②白… ③王… Ⅲ. ①文化发展－研究报告－陕西－2020 Ⅳ. ①G127.41

中国版本图书馆 CIP 数据核字（2020）第 014340 号

陕西蓝皮书
陕西文化发展报告（2020）

主　　编 / 司晓宏　白宽犁　王长寿

出 版 人 / 谢寿光
责任编辑 / 张　超

出　　版 / 社会科学文献出版社 · 皮书出版分社（010）59367127
　　　　地址：北京市北三环中路甲 29 号院华龙大厦　邮编：100029
　　　　网址：www.ssap.com.cn
发　　行 / 市场营销中心（010）59367081　59367083
印　　装 / 天津千鹤文化传播有限公司

规　　格 / 开 本：787mm × 1092mm　1/16
　　　　印 张：21.25　字 数：318 千字
版　　次 / 2020 年 3 月第 1 版　2020 年 3 月第 1 次印刷
书　　号 / ISBN 978-7-5201-6044-5
定　　价 / 128.00 元

本书如有印装质量问题，请与读者服务中心（010-59367028）联系

陕西蓝皮书编委会

主要编撰者简介

司晓宏　陕西省社会科学院党组书记、院长，教育学博士，二级教授，博士生导师，研究领域为教育学原理和教育管理学。主持完成教育部哲学社会科学重大攻关课题、国家社科基金课题等国家和省部级课题 13 项，获全国高等学校科学研究成果奖（人文社会科学）、陕西省哲学社会科学优秀成果奖等国家和省部级、厅局级科研奖 15 项。先后在《教育研究》、*COMPARE*、《光明日报》等报刊发表学术论文 80 余篇，独立出版《教育管理学论纲》《面向现实的教育关怀》等专著 4 部，主编教材 5 部。2017 年获陕西省首批“特支计划”哲学社会科学和文化艺术领域领军人才称号。兼任陕西省社科联副主席、陕西省人民政府督学，兼任第一届教育部高等学校教育学类专业教学指导委员会副主任、第二届委员，中国教育学会教育管理学术委员会常务副理事长、中国教育政策研究院兼职教授、陕西省教育理论研究会会长等。

白宽犁　陕西省社会科学院副院长，研究员，研究领域为马克思主义中国化、思想政治教育工作、宣传思想文化工作、社会治理等。在各类报刊上发表理论文章 100 余篇，出版著作 20 余部，承担国家社科基金项目 1 项、其他项目 20 余项。

王长寿　陕西省社会科学院文化研究所所长，管理学博士，研究员，硕士研究生导师，陕西省“六个一批”人才，陕西省人大立法咨询专家，陕西省公共文化体系建设专家委员会委员，全国文化智库联盟理事，陕西省城市经济文化研究会副会长，陕西省陕甘宁革命根据地史研究会会长。主要研究方向为文化产业、公共文化、区域经济。在《光明日报》《人文杂志》《经济体制改革》等报刊发表文章50余篇，参与国家级课题3项，主持国家级课题1项、省级课题20余项、各类横向课题30余项，获省部级科研成果奖6项。自2009年以来，著有《陕西历史文化资源研究》，主持编撰出版《陕西蓝皮书：陕西文化发展报告》（2009～2019）、《延安时期党的群众路线理论与实践研究》等作品近20部。多次参与省委省政府文化产业发展大型调研与政策制定工作。

前　言

2019年是新中国成立70周年，是决胜全面建成小康社会关键之年。这一年，站在时间的节点上，陕西文化领域围绕庆祝新中国成立70周年、陕西省图书馆建馆110周年、陕西省社会科学院恢复建院40周年、秦兵马俑保护展示40年、陕西省音乐家协会成立70周年、《黄河大合唱》创作80周年、西安儿童艺术剧院成立60年、西安演艺集团成立7周年等活动，既总结传承70年来的成就和经验，又不断开拓进取，全省文化事业日益繁荣，文化产业快速发展，各项成就有目共睹。

2019年，陕西文化艺术精品迭出。作家陈彦长篇小说《主角》获第十届茅盾文学奖，电影《周恩来回延安》、电视剧《黄土高天》、话剧《平凡的世界》、歌曲《一路走来》以及长篇小说《主角》等获“五个一工程”优秀作品奖，充分展现了“文学陕军”等文化文艺创作者扎根人民、深入生活、讴歌时代、坚持创作的丰硕成果，鼓舞了一代代的中国人。

2019年，陕西持续推动文化产业转型升级，大力培育文化企业，积极推动全省文化与科技、旅游、互联网深度融合，着重发展文化金融，先后出台《陕西省文化金融融合发展三年行动计划（2019～2021年）》《陕西省文化和科技融合示范基地认定管理办法（试行）》，采取多项举措加大文化领域的招商引资力度，全省文化产业快速发展。根据国家统计局发布的前三季度全国规模以上文化及相关产业企业营业收入数据，陕西省以23.6%的营业收入增长速度，居全国各省区市首位，比全国平均增速快16个百分点，比全省同期GDP增速快17.8个百分点。且在三大文化产业中，文化制造业增长尤为显著，实现营业收入280.3亿元，同比增长28.5%，对规模以上文化企业增速的贡献率高达46.6%。同时，全省文化产业的市场主体大幅

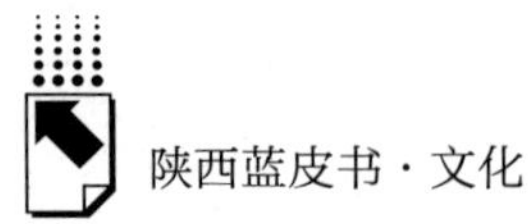

增加，截至2019年9月，全省联网直报的规模以上文化企业达到1489个，比上年同期增加260个。

2019年，伴随全省文化和旅游机构改革完成，陕西文旅融合体制机制进一步理顺，迎来新的发展机遇，“文化+旅游”的双引擎正在成为陕西经济的新支撑。一年来，基于丰富的文化资源，全省紧紧围绕“文化陕西”定位，以创建国家全域旅游示范省为抓手，以建设国际文化旅游中心为目标，形成一条符合陕西实际的文旅融合发展道路。2019年上半年，全省接待境内外游客约3.7亿人次，旅游总收入3736.31亿元，陕西正在成为重要的国际旅游目的地，陕西的文旅产业正逐渐发展成为全省稳增长、调结构、惠民生的重要力量。

2019年3月，陕西省十三届人大常委会第十次会议审议通过《陕西省公共文化服务保障条例》，并于7月1日起施行，标志着全省公共文化的服务体系建设进入规范化、法制化轨道。一年来，陕西持续加大政策指引和财政投入，公共服务体系也日趋完善。其一，随着陕西考古博物馆、秦始皇陵铜车马博物馆等重大项目相继开工，西影电影艺术体验中心正式开放，陕西旅游网演艺平台、陕西“互联网+革命文物”教育平台正式上线运营，全省文化服务设施、平台日渐丰富完善。其二，以“壮丽70年　畅想新时代”2019陕西省群众文化节、“全民悦读　最美三秦”第七届陕西省阅读文化节、“百年五四——青春中国”陕西省第七届校园艺术节，以及“弘扬家国情　礼赞新时代”陕西省首届家庭文化节活动等为代表，陕西广泛开展一系列丰富多彩的群众文化活动，全力提升公民文化艺术素养，推动全省群众文化事业取得新成果。其三，陕西常态化发放陕西文旅惠民卡和惠民券，极大丰富了高质量公共文化产品的供给，并正式开通陕西文旅惠民平台、陕西省公共文化服务云平台，通过文化与互联网的深度融合，持续推动文化惠民供给侧改革，全省公共文化服务体系不断完善，公共文化服务效能显著提升。

党的十九届四中全会提出，发展社会主义先进文化、广泛凝聚人民精神力量，是国家治理体系和治理能力现代化的深厚支撑。2019年，陕西文化领域工作者、从业者艰苦奋斗、创新发展，全省文化建设取得丰硕成果。展望未来，陕西将面对新形势，迎接新挑战，坚定文化自信，牢牢把握社会主义先进文化前进方向，激发文化创造活力，持续推动文化领域高质量发展，加快从文化大省向文化强省迈进，为坚持和完善繁荣发展社会主义先进文化的制度，巩固全体人民团结奋斗的共同思想基础贡献陕西力量。

《陕西文化发展报告（2020）》是陕西省社会科学院编撰的第 12 本文化蓝皮书，陕西省社会科学院文化研究所是该书编撰工作的具体承担者。编撰过程中，我们本着权威性、针对性、科学性及指导性原则选取文章。为了增强文化蓝皮书的可读性、原创性和资料性，我们以陕西省社会科学院文化研究所、宗教研究所、文学艺术研究所和古籍研究所的科研人员为核心，并与陕西学界、企业界、政界等各界人士紧密合作，共同打造好这一以陕西文化的理论研究、经验总结与前景展望等为主要内容的高端平台，为促进陕西文化大发展大繁荣和实现文化强省目标而努力。

王长寿

2019 年 10 月

摘 要

《陕西文化发展报告（2020）》是由陕西省社会科学院编撰的权威性研究报告，也是陕西省社会科学院编撰的“陕西蓝皮书”文化系列的第12本。

本书共分为六个部分：总报告、宏观视野篇、行业篇、公共文化篇、区域篇和大事记。

总报告全面总结了2019年陕西文化发展的整体状况与成就，就陕西主要文化行业及各地市文化发展的现状与趋势进行了梳理与分析，并针对陕西文化发展提出了相应的对策和建议。

宏观视野篇围绕挖掘陕西优秀文化资源、增强文化自信，陕西优秀传统文化创造性转化和创新性发展，以及全媒体时代陕西媒体发展等问题进行了深度探讨与阐发。

行业篇就陕西数字创意产业发展现状及趋势、陕西电影产业现状及对策、陕西博物馆文创开发政策和保障措施、陕西新型主流媒体建设、陕西特色小镇发展、陕西红色旅游发展现状及路径等问题进行了分析阐释与研究，并提出了相应的对策和建议。

公共文化篇围绕2019年3月通过的《陕西省公共文化服务保障条例》，着重对新时期陕西现代公共文化服务体系建设、基层文化“三融合”发展、陕西近现代重要史迹及代表性建筑文化资源的保护与利用、华山道教文献整理的可行性及价值分析等问题进行了深度调查和研究。

区域篇对安康市公共文化服务转型升级、榆林市构建现代公共文化服务体系、汉中文旅融合发展以及西安城市营销策略发展等进行了翔实的考察研究。

关键词： 文化发展　公共文化服务　文化产业　陕西

Abstract

Report on Cultural Development in Shaanxi (*2020*), which is the authoritative and report on the Shaanxi cultural development, complied by Shaanxi Academy of Social Sciences.

The book is divided into six sections: General Report, Macro-perspective Reports, Industry Reports, Public Culture Reports, Regional Reports and Chronicle Events.

The General Report comprehensively summarizes the overall condition and achievements of the Shaanxi's cultural development in 2019, and discusses the foremost cultural categories and the trend of cultural development in surrounding cities of Shaanxi Province. Meanwhile, the corresponding countermeasures and suggestions on the development of cultural undertakings and cultural industries in Shaanxi are also proposed.

The Macro-perspective Reports profoundly investigate and elucidate the shaanxi cultural development. Including rediscovering traditional cultural resources of Shaanxi province to strengthen cultural confidence, creative transformation and innovative development of excellent traditional culture in Shaanxi, and the development of Shaanxi media in the all-media era.

The Industry Reports cover the development status and trend of digital creative industry in Shaanxi Province, the current situation and countermeasures of Shaanxi film industry, the policy and guarantee measures of the cultural creation and development of Shaanxi museum , the construction of new mainstream media in Shaanxi province, the development status of Shaanxi characteristic towns , the current situation and development path of red tourism in Shaanxi province are analyzed, explained and studied, and the corresponding countermeasures and suggestions are also proposed.

The Public Culture Reports mainly survey and discuss the construction and development of Shaanxi modern public cultural service system, the development of "three integrations" in grassroots culture, protection and utilization of important historical sites and representative architectural cultural resources in modern times of Shaanxi, the feasibility and value analysis of Huashan Taoist literature arrangement, the corresponding countermeasures and suggestions are also proposed.

The Regional Reports select transformation and upgrading of AnKang public cultural service, modern public cultural service system of Yulin in 2019, the integration of culture and tourism in Han zhong, and Xi'an city image marketing strategy as the research objects.

Keywords: Cultural Development; Public Cultural Services; Cultural Industry; Shaanxi

目　录

Ⅰ　总报告

B.1　2019年陕西省文化发展现状与趋势
………………………………………… 陕西省社会科学院课题组 / 001
一　陕西文化发展整体状况与成就 ………………………………… / 002
二　陕西省主要文化行业发展状况 ………………………………… / 012
三　陕西省各地文化发展状况 ……………………………………… / 022
四　陕西省文化发展展望和建议 …………………………………… / 037

Ⅱ　宏观视野篇

B.2　挖掘陕西优秀文化资源　增强文化自信研究
………………………………………… 陕西省社会科学院课题组 / 040
B.3　陕西优秀传统文化创造性转化和创新性发展研究……… 赵　东 / 061
B.4　全媒体时代陕西媒体发展研究报告
………………………………………… 陕西省社会科学院课题组 / 073

Ⅲ　行业篇

B.5　陕西数字创意产业发展现状及趋势…………… 颜　鹏　吕　胜 / 089

B.6 陕西电影产业的现状及对策研究 …………………………… 韩红艳 / 106
B.7 陕西博物馆文创开发政策和保障措施研究 ……………… 郭艳娜 / 121
B.8 陕西新型主流媒体建设研究报告 …… 陕西省社会科学院课题组 / 129
B.9 陕西特色小镇发展现状研究报告 …………………………… 杨艳伶 / 143
B.10 陕西红色旅游发展现状及路径研究 ……………………… 杜 睿 / 158

Ⅳ 公共文化篇

B.11 陕西现代公共文化服务体系建设发展报告 ……………… 曹 云 / 172
B.12 基层文化"三融合"发展研究报告
——韩城市创建国家公共文化服务体系示范项目"欢乐送基层"
探索与实践 ………………………………………… 项目课题组 / 180
B.13 陕西近现代重要史迹及代表性建筑文化资源的保护与
利用研究 …………………………………………………… 樊为之 / 191
B.14 华山道教文献整理的可行性及价值分析 ……………… 高叶青 / 208
B.15 陕西话剧发展现状研究报告
——以陕西当代实验话剧研究院为例 ………………… 王天丹 / 223

Ⅴ 区域篇

B.16 公共文化服务转型升级研究报告
——以安康创建国家公共文化服务体系示范区为例
…………………………………………………………… 项目课题组 / 233
B.17 2019年榆林市构建现代公共文化服务体系研究报告 …… 许定国 / 246
B.18 汉中文旅融合发展研究报告 ……………………………… 毋 燕 / 259
B.19 西安城市营销策略发展研究报告 ………………………… 马燕云 / 284

Ⅵ 大事记

B.20 2019年陕西文化发展大事记 ……………………………………………… / 303

皮书数据库阅读使用指南

CONTENTS

I General Report

B.1 The Status and Trends of the Cultural Development of Shaanxi Province in 2019 *Project Group of Shaanxi Academy of Social Sciences* / 001

1. The Overall Situation and Achievements of Cultural Development in Shaanxi / 002
2. The Development Situation in the Important Cultural Sectors in Shaanxi / 012
3. The Situation in Cultural Development in All Cities of Shaanxi / 022
4. The Forecast and Suggestion for the Cultural Development in Shaanxi / 037

II Macro-perspective Reports

B.2 Research on Rediscovering Traditional Cultural Resources of Shaanxi Province to Strengthen Cultural Confidence

Project Group of Shaanxi Academy of Social Sciences / 040

B.3 Research on Creative Transformation and Innovative Development of Excellent Traditional Culture in Shaanxi *Zhao Dong* / 061

B.4 The Research on the Development of Shaanxi Media in the All-media Era *Project Group of Shaanxi Academy of Social Sciences* / 073

Ⅲ Industry Reports

B.5 The Development Status and Trend of Digital Creative Industry in Shaanxi Province *Yan Peng, Lyu Sheng* / 089

B.6 Research on the Current Situation and Countermeasures of Shaanxi Film Industry *Han Hongyan* / 106

B.7 Research on the Policy and Guarantee Measures of the Cultural Creation and Development of Shaanxi Museum *Guo Yanna* / 121

B.8 Research on the Construction of New Mainstream Media in Shaanxi Province *Project Group of Shaanxi Academy of Social Sciences* / 129

B.9 The Research on the Development Status of Shaanxi Characteristic Towns *Yang Yanling* / 143

B.10 Research on the Current Situation and Development Path of Red Tourism in Shaanxi Province *Du Rui* / 158

Ⅳ Public Culture Reports

B.11 Report on the Construction and Development of Shaanxi Modern Public Cultural Service System *Cao Yun* / 172

B.12 Research Report on the Development of "Three Integrations" in Grassroots Culture: Hancheng City Establishes National Public Cultural Service System Demonstration Project "Happy to the grassroots" Exploration and Practice *Project Group* / 180

B.13 Research on the Protection and Utilization of Important Historical Sites and Representative Architectural Cultural Resources in Modern Times of Shaanxi *Fan Weizhi* / 191

B.14 The Feasibility and Value Analysis of Huashan Taoist Literature Arrangement *Gao Yeqing* / 208

B.15 The Research on the Development Status of Shaanxi Modern Drama *Wang Tiandan* / 223

V Regional Reports

B.16 Research Report on Transformation and Upgrading of Public Cultural Services: Taking Ankang to Create a National Public Cultural Service System Demonstration Zone as an Example *Project Group* / 233

B.17 The Research Report on Modern Public Cultural Service System in Yulin in 2019 *Xu Dingguo* / 246

B.18 The Research Report on the Integration of Culture and Tourism in Hanzhong *Wu Yan* / 259

B.19 The Research Report on Xi'an City Marketing Strategy *Ma Yanyun* / 284

VI Chronicle Events

B.20 Chronicle of Shaanxi's Cultural Events in 2019 / 303

总 报 告

General Report

B.1 2019年陕西省文化发展现状与趋势

陕西省社会科学院课题组*

摘　要： 2019年，陕西省重视开展好舆论宣传工作，通过制定相关法规政策促进全省文化发展，公共文化服务体系和文化产业都得到长足发展。陕西广电出版、戏剧演艺、文博事业和美术等文化领域成效显著。陕西十地市文化发展特色鲜明，在各自文化建设方面都做出了重要贡献。陕西公共文化事业和文化产业将更出彩。

关键词： 陕西文化　文化行业　节庆文化

* 课题组组长：王长寿，陕西省社会科学院文化研究所所长，研究员，研究方向为文化产业、公共文化、区域经济。课题组成员：樊为之，陕西省社会科学院文化研究所副研究员，研究方向为历史文化。

一　陕西文化发展整体状况与成就

（一）坚持正确政治方向，为推动陕西发展做好舆论宣传工作

陕西宣传战线全面报道全省“不忘初心、牢记使命”主题教育开展情况，为推动主题教育深入开展营造了良好的舆论氛围。陕西卫视陕西新闻联播专设“不忘初心、牢记使命”主题教育节目，报道陕西学习教育情况。陕西新闻网——西部网设立“不忘初心、牢记使命”心得交流专题，报道各地各部门开展“不忘初心、牢记使命”学习情况。《陕西日报》专门设立了“不忘初心、牢记使命”主题教育专栏报道陕西各机关、地区开展主题教育情况。宣传战线通过各种传媒将陕西开展“不忘初心、牢记使命”主题教育的活动及时报道，在舆论引导方面发挥了重要作用。

陕西大力开展庆祝新中国成立 70 周年纪念宣传活动，产生了显著效果。2019 年 3 月，陕西省委宣传部、省委文明办组织在 4 月至 9 月开展庆祝新中国成立 70 周年精神文明建设成果展示活动。9 月底至 10 月底，陕西省委宣传部等单位主办、《陕西日报》承办了陕西省庆祝中华人民共和国成立 70 周年成就展。为展现改革开放 40 周年陕西建设成就，2018 年 1 月至 2019 年 1 月，省委宣传部牵头在陕西历史博物馆举办了“波澜壮阔·三秦华章——陕西改革开放 40 周年成就展”。为开展好庆祝活动，陕西宣传文化战线进行了大量的宣传报道，产生了良好作用。《陕西日报》设立“辉煌壮丽 70 年　追赶超越再出发”“壮丽 70 年　奋斗新时代”专版，介绍各行各业各个地区的建设成果。《西安日报》《西安晚报》《汉中日报》等也设立了“壮丽 70 年　奋斗新时代”专版，介绍当地建设成就。

陕西宣传战线大力宣传党的十九届四中全会精神，报道全省学习全会精神的盛况。党的十九届四中全会召开后，陕西认真组织学习全会精神。

新华网陕西频道发文《陕西各地各部门传达学习党的十九届四中全会精神》报道陕西传达全会精神的情况。西部网、陕西广播电视台《陕西新闻联播》等及时报道省委主要领导宣传十九届四中全会精神的新闻。《陕西日报》发表评论员文章《把学习宣传贯彻十九届四中全会精神作为重要政治任务》等，《陕西日报》陕西传媒网以《党的十九届四中全会公报在陕西引起强烈反响》为题报道陕西学习全会精神的热情。陕西主流媒体牢牢把握意识形态正确方向，在创造学习全会精神良好舆论环境方面做出了重要贡献。

2019 年，陕西省荣获全国第十五届精神文明建设“五个一工程”多个奖项，陕西省委宣传部荣获组织工作奖，电影《周恩来回延安》、电视剧《黄土高天》、话剧《平凡的世界》、歌曲《一路走来》荣获优秀作品奖。2019 年，陕西作家陈彦的长篇小说《主角》获得“五个一工程”优秀作品奖后，10 月又获我国最高荣誉文学奖项第十届茅盾文学奖，是“文学陕军”丰硕成果的再度展现。10 月，陕西省表彰了荣获省第十五届精神文明建设“五个一工程”的优秀作品。共有 24 部优秀作品获奖，它们分别是话剧《柳青》、秦腔现代戏《红梢林》、儿童剧《二十四个奶奶》、音乐剧《余子俊》、电影《音乐家》《爱的帕斯卡》《塬上》《大漠雄心》、电视剧《白鹿原》《岁岁年年柿柿红》《西京故事》、纪录片《商於古道》《西出长安》、广播剧《村头一棵老槐树》《大树西迁》《无翅的飞翔》、歌曲《天边边个红》《心中的旗帜》《丝路阳光》、图书《话说延安精神》《天下第一渠》《铜瓷》《照金往事》《小时候的喜欢》。

陕西认真宣传道德模范的优秀事迹，培育社会好风气。在 2019 年公布的第七届全国道德模范中，陕西省长武县的梁增基成为全国诚实守信模范，陕西省铜川市耀州区村民张水珍（女）成为全国孝老爱亲模范，全国敬业奉献模范张富清是陕西洋县人。石志光、刘永生、刘波、邵新江、康全鑫、谢海琴、徐立平、孙玉晴等 8 人获提名奖。陕西通过各种方式宣传“时代楷模”张富清同志，取得了良好效果。

陕西大力推动融媒体建设事业，到 2019 年 8 月全省已建成上线的县

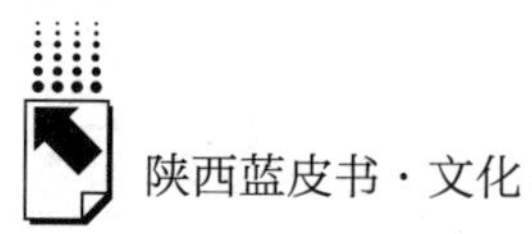

（区）融媒体中心达到52个，2019年底全部投运全省108个县（区）的融媒体中心。①

（二）出台重要法规政策，为促进陕西文化发展提供法律保障

近两年来，陕西出台一批重要法规政策，优化法制政策环境，确保全省公共文化事业和文化产业持续发展。2019年3月，陕西省人大审议通过了《陕西省公共文化服务保障条例》（简称《条例》），并于同年7月正式施行。该《条例》共7章53条，分别为总则、公共文化设施建设与管理、公共文化服务提供、社会力量参与、保障措施、法律责任和附则。《条例》明确了各级政府提供公共文化服务、建设管理文化设施、加强保障等方面的主体责任，以确保公共文化设施建设、文化产品的供给、文化活动组织、公共文化服务体系的完善以及其效能的提高，按照公益性、基本性、均等性、便利性要求开展。《条例》明确了县级以上人民政府各个部门在保障公共文化服务上的具体责任，其中文化主管部门负责自身行政区域内公共文化服务工作，其他部门需要根据各自职责协同做好服务工作。人民团体和社会组织需要做好相关工作。

《条例》要求县级以上人民政府通过制定规划的方式，统筹公共文化服务工作长期开展。其中包括国民经济和社会发展总体规划中应纳入城乡公共文化服务均等化内容，应该制定本地区公共文化设施建设专项规划，应该加强公共文化产品创作生产规划，并对规划的具体内容做出规定。《条例》中的“公共文化设施建设与管理”部分详细规定了设区的市、县（市、区）、乡镇、街道、村、城乡社区建设公共文化设施的标准，以立法的形式明确了各级公共文化设施的建设标准；对公共文化设施建设用地、安全管理等方面做了详细规定。“公共文化服务提供”部分的规定从机制建设上保障了公共文化服务体系对优秀文化产品的拥有、公共文化设施对公众的服务；确保了政府对具有优秀传统文化、革命文化、社会主义先进文化和地方特色文化特

① 《陕西52个县（区）融媒体中心建成上线》，陕西省人民政府门户网站，http://www.shaanxi.gov.cn/sxxw/sxyw/145613.htm。

点的公共文化产品的支持；确保了公众获得免费的基本公共文化服务。《条例》还就整合公共数字文化服务资源，促进县以上优质文化资源向基层延伸，推进全民阅读，传承发展本省优秀文化，对未成年人、老年人等群体提供公共文化服务做出了详细的规定。

《条例》支持社会力量参与公共文化服务事业，专门制定了“社会力量参与”一章，鼓励支持公民、法人和其他组织参与公共文化服务体系建设，并加强对社会组织的引导、扶持和管理；提供多方支持促进民间文艺人才队伍建设工作，引导民间文艺团队投入公共文化服务事业中。《条例》还就公共文化服务领域的相关科技标准规范制定、推动公共文化服务与科技融合、鼓励支持文化志愿服务者从事公共文化服务等工作做出规定。为了有效保障公共文化事业经费，《条例》提出通过公共文化服务经费保障机制的建立，将该项经费纳入县级以上财政预算等方式，保障这一领域所需资金。《条例》还就公共文化服务领域的人才建设、引进、培养、配置保障，公共文化产品生产提供及活动组织所需要的技术、土地等资源保障，公共文化服务成效检查、考核、监督等领域保障做出了具体要求。

2019 年 1 月，陕西启动实施《陕西省文化和科技融合示范基地认定管理办法（试行）》，对目标清晰、边界明确、示范性强、管理规范、配套完善的集聚类示范基地，优先给予认定；对于特色鲜明、主业突出、创新能力强、管理规范的单体类示范基地积极认证支持。

2019 年 9 月，陕西省向省人大提交《延安革命旧址保护条例（修订草案）》，以加强对延安革命旧址的保护和利用工作。延安革命旧址等级高、数量多，是延安和陕西省宝贵的革命历史文化资源，保护和利用好延安革命旧址对于促进陕西文化发展具有重要意义。

（三）办好节庆文化活动，推动公共文化事业发展，为满足公民基本文化需求做出新贡献

陕西高度重视现代公共文化服务体系建设工作，取得了优异成绩。2019 年 7 月，陕西正式施行省人大常委会审议通过的《陕西省公共文化服务保

障条例》。为推动这项工作，陕西专门成立了由省文化和旅游厅牵头，省委宣传部等20多个部门参加的公共文化服务体系建设协调组，协调建设工作中的重大事项。陕西为动员专家智库参加公共文化服务建设，成立了第二届陕西省公共文化服务专家委员会并建立了专家库。

一批陕西乡镇入选2018～2020年度“中国民间文化艺术之乡”，这有助于扩大陕西民间文化艺术品牌影响力，提升陕西各地公共文化服务效能。入选本次“中国民间文化艺术之乡”的陕西县、乡分别是周至县集贤镇（西安鼓乐，西安市）、凤翔县（凤翔泥塑，宝鸡市）、大荔县（大荔面花，渭南市）、安塞区（安塞腰鼓，延安市）、延川县文安驿镇（延川剪纸，延安市）、横山区（陕北说书，榆林市）、紫阳县（紫阳民歌，安康市）。

陕西各地重视全省基本公共文化服务实施标准制定、落实工作，10个地市认真开展这项工作，95个县区制定县级公共文化服务标准目录。截至2019年，陕西省国家公共文化服务体系示范区达到4个（宝鸡、渭南、铜川、安康），国家级文化先进县24个，省级文化先进县56个，国家级民间文化艺术之乡7个，省民间文化艺术之乡30个；陕西111家公共图书馆中，三级以上图书馆占到了总数的80.2%；119家文化馆中，三级以上文化馆占到了总数的82.4%；乡镇（街道）文化站（1108个）和村（社区）基层综合性文化服务中心（15475个）的建成率，分别达到84.1%和80.3%。为提高图书馆、文化馆的服务能力，陕西省给77个图书馆和62个文化馆配送了流动文化服务车，并在县域图书馆、文化馆建立总分馆制（其中总分馆制图书馆62个，总分馆制文化馆64个），方便群众享受公共文化服务。大力推进公共文化领域数字化建设是陕西改善群众享受文化服务的又一重要举措，至2019年已经建设了省、市、县、乡、村五级文化共享工程网络体系，公共电子阅览室覆盖率超过75%，达到2938个，还建立了一批数字图书馆和特色专题数据库。① 陕西各地还创建了一批公共文化服务的优秀品牌，如

① 《陕西省政府新闻办举办新闻发布会介绍陕西现代公共文化服务体系建设情况》，陕西省人民政府门户网站，http：//www.shaanxi.gov.cn/jbyw/xwfbh/143939.htm。

渭南市“一元剧场”、延安过大年、高陵区公共文化服务“110”、安康市“汉剧兴市”等，产生了良好效果。

2018 年陕西宝鸡市、渭南市、铜川市 3 个创建国家公共文化服务体系示范区和一批国家公共文化服务体系示范项目分别通过验收，提升了陕西公共文化服务水平。这些示范项目中铜川市公共图书馆一体化建设、西安市公共图书馆集群信息化管理平台属于公共图书馆建设管理，渭南市“一元剧场”和安康市“汉剧兴市”属于公益性戏剧演出项目，榆林市古城六楼民间文化展演属于公益性文化展演类型，高陵区公共文化服务“110”则属于公共文化服务管理与建设类型。另外安康市正在创建国家公共文化服务体系示范区，延安过大年、韩城欢乐进基层正在努力创建国家公共文化服务体系示范项目。它们为陕西诸多方面公共文化服务工作积累了经验。

节庆文化活动是促进地区文化发展的一个重要平台，陕西重视这方面工作的开展。2019 年，陕西省专门举办了持续 6 个月的 2019 陕西省群众文化节。其间，全省各地举办了多场合唱、广场舞、文艺展演、摄影等群众文艺活动。群众文化节是各项促进公共文化事业政策的具体落实，对推动全省群众文艺事业产生了积极作用。为推动全民阅读，2019 年陕西还举办了名为“全民悦读　最美三秦”，为期一个月的第七届陕西省阅读文化节，全省各地策划举办各类相关活动 500 多项。2019 年 10 月，在延安举办了首届中央音乐学院·延安“10·15”艺术节。中央音乐学院表演艺术中心和江苏、甘肃、内蒙古等地艺术团体汇聚延安，展现近 5 年来的优秀文化作品。10 月，举办了以“百年五四——青春中国”为主题的陕西省第七届校园艺术节。9 月，陕西铜川市在药王山举办了第五届中国孙思邈中医药文化节，本次中医药文化节将“弘扬药王文化，推动全民健康，实现全面小康”作为主题。

2019 年 9 月，第六届丝绸之路国际艺术节在西安举办。本届艺术节由文化和旅游部、陕西省人民政府共同主办，吸引了全球 100 多个国家和地区的艺术家参加。“五个一工程”优秀作品奖《平凡的世界》在艺术节上演，此外一批国家艺术基金资助项目，如戏剧《邓稼先》《乌石记》《敦煌女儿》《苏秦》、儿童剧《时间森林》、芭蕾舞剧《精卫》和音乐剧《丝路恋歌》等优秀剧目在艺术节演出。突尼斯、克罗地亚、意大利、荷兰、爱沙尼亚、黑山共和国、罗马尼亚、韩国、波兰、法国、瑞典、英国、乌克兰、俄罗斯等国家艺术团体的一批优秀节目，如英国芭蕾舞剧《天鹅湖》、乌克兰3D影子剧《幻影穿梭》、法国爵士音乐会《相约法兰西香颂》、意大利爵士音乐会《蓝色意大利》、波兰爵士音乐会《总有希望的地方》、韩国情景音乐剧《乱打秀》、荷兰儿童剧《肥猫汤姆的多彩生活》、爱沙尼亚儿童剧《塑料袋的故事》、黑山共和国芭蕾舞剧片段《我心飞翔》、克罗地亚儿童剧《大和小的故事》等，在艺术节上进行表演。来自全国十多个省份和香港特别行政区的艺术团体奉献了精彩的节目，如陕西省戏曲研究院的秦腔《杨门女将》、上海民族乐团的《共同家园》、香港弦乐团的音乐会《香港弦乐团“一带一路”之行》、天津京剧院的京剧《妈祖》、西藏阿里地区象雄艺术团的歌舞乐《牧云之声·古格遗韵》、武汉人民艺术剧院儿童剧《来自星星的鱼》、北京当代舞团的中国现代舞《绳结》、甘肃省歌剧院交响音乐会《永远的绿洲——河西走廊》、山西省运城市文工团的鼓乐舞诗《大河之东》等。本届艺术节还举办了2019国际现代艺术周、2019国际儿童戏剧周、西安数字互动娱乐文化周等活动。10余万观众观看了演出，开幕式、闭幕式、文艺演出网络点击量超过1350万次，微信、微博等新媒体阅读量突破500万人次。①

为了推动陕西历史文化名镇名村和街道的建设工作，2019年8月陕西公布了全省第一批历史文化名镇名村街区，27个镇、村、街道成为陕西名镇名村名街道。第一批13个“陕西省历史文化名镇”中，陕北地区有6个，分别是木头峪镇（榆林佳县）、甘谷驿镇（延安宝塔区）、直罗镇（富县）、永乡镇（洛川县）、旧县镇（洛川县）、安定镇（子长县）；关中地区有5个，分别是美原镇（渭南富平县）、曹村镇（富平县）、宫里

① 《第六届丝绸之路国际艺术节圆满落幕》，陕西省人民政府门户网站，http://www.shaanxi.gov.cn/sxxw/sxyw/149590.htm。

镇（富平县）、秦东镇（潼关县）、孙塬镇（铜川耀州区）；陕南地区有2个，分别是商洛山阳县的高坝店镇和漫川关镇。第一批11个“陕西省历史文化名村”中，陕北地区有7个，分别是延安市的延川县文安驿镇梁家河村和延安市洛川县的朱牛乡负家塬村、永乡镇阿寺村、土基镇鄜城村、旧县镇桐堤村，榆林市的佳县王家砭镇打火店村、府谷县新民镇新民村；关中地区有4个，分别是善车口村（渭南潼关县桐峪镇）、水峪村（铜川耀州区锦阳路街）、移村（铜川耀州区小丘镇）、立地坡村（铜川印台区陈炉镇）。第一批3个“陕西省历史文化街区”全部位于关中地区，分别是潼关县古城水坡巷（渭南）、韩城古城历史文化街区和陈炉镇老街（铜川印台区）。

（四）稳步推进文化产业，为陕西省经济社会发展提供新动力

2019年，陕西省文化产业继续保持较快的发展步伐。2019年上半年，全省规模以上文化服务企业达到1037个，较上年同期增加了215个，增加幅度超过25%。全省规模以上文化及相关产业单位总数达到1474家。[①] 2019年1~9月，全省规模以上文化企业实现营业收入698.6亿元，同比增长23.6%，增速居全国首位，对全省经济稳增长产生了重要作用。由于咸阳彩虹光电、冠捷显示科技（咸阳）有限公司等大型企业相继量产，陕西文化制造业表现突出，营业收入增长28.5%，达到280.3亿元，增速远高于全国平均水平。此外，文化批发和零售业、文化服务业营业收入分别达到111.2亿元和307.2亿元，同比增长分别为15.7%和22.8%。[②]

2019年的成绩是在2018年文化产业快速发展基础上取得的，来之不易。截至2018年底，陕西省各类文化产业市场主体达到93810个，营业总

① 陕西省统计局：《上半年全省规上文化产业运行分析》，2019。

② 陕西省人民政府：《前三季度全省规上文化企业营收增速全国第一》，http：//www.shaanxi.gov.cn/info/iList.jsp？tm_ id=166&cat_ id=10001&info_ id=153497。

收入接近1000亿元。[①] 2018年，陕西省规模以上文化企业总数1205个，实现营业收入843.8亿元，从业人员总数92077人。[②] 规模以上文化企业总数同比增长20.4%。文化传播渠道、文化娱乐休闲服务和内容创作生产行业规上文化企业营业收入分别增长了44.7%、36.5%和27.9%。规上文化企业中营业收入增长最快的为文化装备制造行业（营业收入35.6亿元，同比增长127.9%），第二位为新闻信息服务业（营业收入55.1亿元，同比增长42.9%），第三位是内容创作生产业（营业收入147.3亿元，同比增长39.0%）。2018年新兴文化产品的优势进一步凸显，动漫、游戏数字内容服务企业，文艺创作与表演企业和休闲观光行业营收同比增长均超过70%，分别达到78.6%、76.2%和115%。[③] 为推动文化产业的发展，陕西省采取了各种有效措施，2018年陕西在文化、体育与传媒方面投入的地方财政支出有125.7亿元。与此同时陕西居民文化领域消费继续增强，2018年全省城镇常住居民家庭人均消费支出中文化娱乐支出达到1169.7元。[④] 这些对文化产业的发展都起到了积极的作用。

会展业是文化产业的重要组成部分，2019年陕西会展业蓬勃发展，举办了一系列重要展会，取得了良好效果。2019年3月底至4月初，2019西安丝绸之路国际旅游博览会成功举办，40多个国家（地区）展商参会参展，举办文化旅游推介、展演活动百余场，有力推动了省内外、国内外旅游市场的拓展。2019年以“文旅融合　智能驱动”为主题的2019世界文化旅游大会在陕西西安举办，它还包括西安文化旅游推介会等内容，有利于促进西安市和陕西省的文化旅游融合发展。2019年10月，第二十六届中国杨凌农业高新科技成果博览会在陕西杨凌召开。这届博览会以“新农业、新农村、新农民”为主题，同时还举办了2019乡村振兴杨凌论坛、2019中国（杨

① 《融合创新催生陕西文化产业累累硕果》，http：//tradeinservices.mofcom.gov.cn/article/news/gnxw/201909/91687.html。

② 陕西省统计局：《文化产业规模扩大　拉动作用明显提升》，2019。

③ 《2018年陕西文化产业运行情况分析》，陕西省人民政府门户网站，http：//www.shaanxi.gov.cn/sj/cxfb/135788.htm。

④ 陕西省统计局：《文化产业规模扩大　拉动作用明显提升》，2019。

凌）数字农业大会、上海合作组织国家农业专题展、第三届杨凌国际种业创新论坛、第九届国际农业保险论坛、第五届海峡两岸现代农业研讨会等一系列活动。2019 年 10 月在延安举办了 2019 延安文化传承博览会。8 月，在西安举办了第 7 届中国西部国际茶产业博览会。

陕西文化与旅游融合工作取得新成果。2019 年陕西省专门举办了第二届中国西安国际文创产品创新设计大赛，1379 件产品参赛，100 件作品获奖。2019 年 10 月在江西举办的全国红色旅游文创产品和红色旅游演艺创新成果现场展示活动中，陕西选送的 3 部作品（《延安延安》《延安保育院》《1212 西安事变》）入选红色旅游演艺作品展，18 件（套）产品（包括延安制皂、泥塑小红军和红日灯），分别列全国第一、二位。9 月，陕西历史博物馆皇后玉玺公交卡等陕西选送的 8 件旅游商品在 2019 中国特色旅游商品大赛中获得金奖，茯茶眼贴等 13 件、艾灸座团等 10 件商品分别获得银奖和铜奖，所获得的金奖和获奖总数全部位列全国第一。

为加强陕西文化与旅游企业的融资能力，国家和陕西省有关部门专门在西安举办了 2019 年文化和旅游产业专项债券及投资基金融资对接交流活动（陕西专场），重点推荐优选的 8 个项目。

2019 年上半年陕西省接待境内外游客约 3.7 亿人次，旅游总收入达到 3736.31 亿元；同比增速分别达到 12.40% 和 21.45%。完成投资超 800 亿元，建设重点文化旅游项目 600 余个。① 随着文化与旅游深度融合发展，乡村旅游事业稳步推进，2019 年前三季度全省乡村旅游共接待 2.59 亿人次，收入 396.8 亿元，分别较上年同期增长 20.1% 和 28.1%。② 陕西全域旅游示范区建设获得新进展，9 月华阴市和临潼区成为首批国家全域旅游示范区。2019 年 7 月，第一批全国乡村旅游重点村名单公布，陕西有 11 个入选，分别是袁家村（礼泉烟霞镇）、太子坪村（商南县金丝峡镇）、朱家湾村（柞

① 《2019 年上半年陕西省接待游客 3.7 亿人次》，中国网，http：//wmzh.china.com.cn/2019-08/16/content_40866196.htm。

② 《前三季度全省乡村旅游收入 396.8 亿元》，陕西省人民政府门户网站，http：//www.shaanxi.gov.cn/sxxw/sxyw/151589.htm。

水县营盘镇）、赤牛坬村（佳县坑镇）、马咀村（铜川市耀州区石柱镇）、和家卓村（白水县杜康镇）、堰坎村（留坝县火烧店镇）、胜利村（石泉县饶峰镇）、黄柏塬村（太白县黄柏塬镇）、党家村（韩城市西庄镇）、天坪村（岚皋县四季镇）。

2018 年陕西省接待境内外游客 6.3 亿人次，旅游总收入 5994.66 亿元，同比分别增长了 20.54% 和 24.54%。① 革命历史文化资源展现强大吸引力，2018 年延安、照金爱国主义教育基地接待了大批干部群众，数量分别达到 901.8 万人次和 89.7 万人次。②

2019 年陕西省政府公布命名了第三批 16 个省级旅游示范县，省级旅游示范县共达到 33 家。2019 年 9 月，陕西省在白俄罗斯成功举办了中国陕西文化和旅游节。陕西非遗展演民乐音乐会在此期间上演。

二 陕西省主要文化行业发展状况

（一）陕西广电（广播电影电视）出版行业发展状况

2019 年，一批优秀影视作品荣获国内外大奖。2019 年 8 月，电影《周恩来回延安》、电视剧《黄土高天》获得“五个一工程”优秀作品奖（全国第十五届）。

2019 年，陕西广播电影电视事业在过去多年快速发展基础上取得了新的成就。10 月，由中共陕西省委宣传部、中共陕西省委党史研究室等多部门联合制作的 8 集文献纪录片《解放大西北》在央视国防军事频道播出。8 月，由陕西省委宣传部、西安市委宣传部等部门摄制的脱贫攻坚题材电视剧《兰桐花开》在中央电视台电视剧频道播出，取得良好收视效果。8 月，陕

① 《去年陕西旅游总收入近 5995 亿元接待游客 6.3 亿》，腾讯网，https：//xian.qq.com/a/20190529/001278.htm。

② 《“五个扎实”谱新篇　追赶超越再出发》，陕西省人民政府门户网站，http：//www.shaanxi.gov.cn/sxxw/sxyw/147520.htm。

西省委宣传部等单位拍摄的优秀献礼电影《红星照耀中国》在西安首映。4月，西影集团出品，描写陕西农民保护国家文物的广播剧《青铜》在中央人民广播电台播出。至2018年，陕西省广播电视制作机构总量达到602家，电影产量居全国前四位、西部第一位。①

为了弘扬社会主义核心价值观，丰富群众生活，2019年8月陕西省启动了“优秀国产影片公益展映月”活动，展示了《建国大业》《红海行动》《流浪地球》等多部优秀国产影片，收到了良好效果。

2019年一批影视剧开机拍摄，推动陕西影视工作再上新台阶。2019年6月，西安电影制片厂开拍纪录电影《扶眉战役》，用纪录片形式再现解放战争时期发生在关中地区的这一重要战役。5月，西影集团等单位出品的纪录片《千年陕菜》开拍。4月，西影集团等出品的电影《先生》开拍，这是一部描述医者仁心的电影。

2018年，陕西省备案立项和拍摄完成的电影分别达到169部和76部，位居西部第一；备案公示和发行许可的电视剧分别达到39部（1599集）和11部（453集），电影和电视剧创作数量和质量同步提升。②

2019年7月，第29届全国图书交易博览会在陕西举办，主会场设在西安，延安、铜川设立了分会场。西安主会场参展单位达到了1234家，展陈展位数量3245个，展览面积有6.6万平方米，这几项数字均创历届新高。本届书博会馆配出版物有12万余种，零售出版物达到了22万余种。本届书博会的馆配和民营订货总收入超过了2亿元，参会读者达到41.2万人次，零售图书数量和营销总收入分别达到51.2万册（套）和2192万元。③

① 《融合创新催生陕西文化产业累累硕果》，http：//tradeinservices.mofcom.gov.cn/article/news/gnxw/201909/91687.html。

② 《硕果累累：文化陕西一路奋进一路歌》，陕西省人民政府门户网站，http：//www.shaanxi.gov.cn/sxxw/sxyw/150948.htm。

③ 《第29届全国图书交易博览会落幕》，陕西省人民政府门户网站，http：//www.shaanxi.gov.cn/sxxw/sxyw/144945.htm。

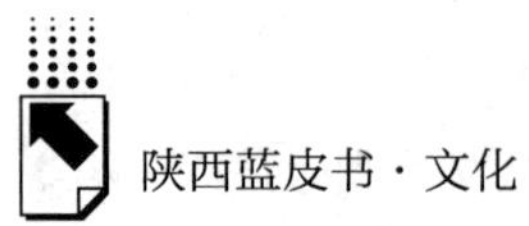

（二）陕西戏剧演艺业等领域发展状况

2019 年，陕西文艺战线成果显著，话剧《平凡的世界》、歌曲《一路走来》荣获“五个一工程”优秀作品奖（全国第十五届）。2019 年 5 月，陕西选派的舞蹈类节目《毛乌素沙漠的女人们》获得第十八届群星奖。2019 年，话剧《柳青》获第十二届中国艺术节“文华大奖”，新编历史剧《司马迁》获第 33 届田汉戏剧奖。

陕西文艺工作者用文艺演出庆祝新中国成立 70 周年。2019 年 10 月 1 日，陕西横山腰鼓队、安塞腰鼓队赴北京参加了庆祝中华人民共和国成立 70 周年联欢活动，进行了表演。[①] 2019 年 9 月，陕西省在西安举办了庆祝中华人民共和国成立 70 周年文艺晚会《辉煌壮丽七十年　追赶超越再出发》，晚会节目包括音诗画《巍巍宝塔山》、情景歌舞《西迁之歌》、舞蹈情景诗《高塬的声音》、秦腔联唱《逐梦星河》、歌曲《致敬祖国》《歌唱祖国》等，讴歌了陕西建设成就。

陕西重视戏剧在涵养社会风气方面的作用，西安演艺集团、西安话剧团编排演出了廉政教育现代戏《芝兰花开》，宝鸡戏剧团体等单位还排演了新编秦腔历史剧《天地粮仓》，这类廉政题材戏剧上演后受到了观众欢迎。另外，还开展了“廉政文化三秦行”“清风正气传三秦”主题文艺展演活动。渭南市进行了“廉政文艺巡演走基层”活动，这些文艺演出有利于廉政文化和风气的形成。

一批陕西文艺院团走出国门，传播陕西文化，扩大陕西影响。2019 年春节期间，陕西文化和旅游厅组织 5 个团队，赴亚、非、欧、美七国开展艺术交流。陕西杂技团到乌干达、马拉维和毛里求斯交流演出，非遗项目“韩城行鼓”和“西安鼓乐”分别赴丹麦和日本演出。陕西文一艺术团在美国芝加哥举办 2019 年“欢乐春节·国风秦韵”专场演出。陕西演艺集团杂

① 《从黄土高原到天安门广场　陕西腰鼓亮相国庆联欢》，陕西省人民政府门户网站，http：//www. shaanxi. gov. cn/sxxw/sxyw/150296. htm。

技艺术团等前往泰国参加表演活动。他们以精湛的表演征服了观众，介绍了中国艺术。

陕西除举办第六届丝绸之路国际艺术节以外，还举办了大量的文艺演出，推动了全省艺术事业的发展。2019 年 8 月，在西安举办了由《云横秦岭》《佛道灵光》《龙脉秦岭》等 8 个乐章组成的交响音画《大秦岭》音乐会。

2019 年，陕西一批优秀舞台剧目和歌曲受到国家支持。根据公示名单，陕西获得国家艺术基金 2019 年度资助的项目包括大型舞台剧和作品创作资助项目《柳青》（话剧，西安话剧院）、《丝路传奇 · 花木兰》（音乐剧，西安市豫剧团）、《闹热村的热闹事》［一般（地区）项目，紫阳民歌剧，安康市演艺影视公司］、《路遥的世界》［一般（地区）项目，秦腔，陕西省戏曲研究院］、《我们是秦俑》［一般（地区）项目，儿童剧，西安儿童艺术剧院］；小型剧（节）目和作品创作资助项目《吼秦腔》（群舞，陕西艺术职业学院）、《你听到了吗》（歌曲，西安音乐学院）、《童话故事》（歌曲，咸阳市群众艺术馆）、《追梦幸福》（歌曲，西安音乐学院）、《心尖尖》［一般（地区）项目，双人舞，陕西艺术职业学院］；传播交流推广资助项目《白鹿原》巡演（话剧，陕西人民艺术剧院）、《永远的山丹丹》巡演（民族管弦乐，陕西省广播电视民族乐团）。

陕西艺术人才培养工作得到了国家支持。根据公示名单，国家艺术基金 2019 年度资助的艺术人才培养资助项目中就包括西安交通大学的大数据可视化艺术人才培养项目，陕西艺术职业学院的秦腔表演人才培养项目、秦腔（马派）表演人才培养项目和秦腔音乐作曲人才培养项目，西安音乐学院的秧歌剧表演人才培养项目；陕西省戏曲研究院的马辉（戏曲编剧）、西安音乐学院的白超（音乐作曲）和付磊（舞台艺术表演）、陕西艺术职业学院的李彬彬则分别得到青年艺术创作人才资助项目的资助。

（三）陕西省文博事业发展状况

陕西文博事业是陕西文化事业的重要组成部分，2019 年陕西文博工作亮点频仍，成果纷呈。2019 年 10 月，国务院公布了第八批全国重点文物保护单位，陕西省 35 处文物保护单位被收录，成为国家文物保护单位。其中古遗址类包括延安市的芦山峁遗址，渭南市的刘家洼遗址，西安市的东马坊遗址、中渭桥遗址，宝鸡市的血池遗址、孙家南头仓储遗址、柳巷城遗址 7 处；古墓葬类包括宝鸡市的石鼓山墓地、太公庙秦公墓，咸阳市的咸阳秦王陵，渭南市的弘农杨氏家族墓地、杨震家族墓地 5 处；古建筑类包括西安市的西安二龙塔、户县化羊庙东岳献殿，渭南市的富平万斛寺塔、蒲城海源寺塔、合阳千金塔、柳枝关帝庙、马庄华严寺、蒲城考院，榆林市的米脂常氏庄园 9 处，其中西安二龙塔、富平万斛寺塔是这批全国重点文物保护单位中为数不多的唐代古建（6 处）中的两处；石窟寺及石刻类包括咸阳市的金川湾石窟和延安市的城台石窟两处；近现代重要史迹及代表性建筑类包括西安市的革命公园、葛牌镇红 25 军军部旧址，汉中市的国立西北联合大学旧址，咸阳市的马栏革命旧址，宝鸡市的宝鸡申新纱厂旧址，延安市的陕甘宁边区高等法院旧址、金盆湾八路军三五九旅旅部旧址、美军驻延安观察组驻地旧址、延安陕甘宁晋绥联防军司令部旧址、张思德牺牲纪念地和小河会议旧址 11 处。另外还有安康市的凤堰梯田。此外，延安市的战国魏长城黄龙段、渭南市的战国魏长城合阳段、西安市的江村大墓被并入以前的全国重点文物保护单位中。

2019 年 4 月，文化和旅游部对国家级非物质文化遗产代表性项目保护单位进行了检查和调整，陕西共有 62 家单位入选调整后的国家级非遗代表性项目保护单位名单，涉及 78 项国家级非遗代表性项目（民间文学类项目 6 项，传统音乐类 13 项，传统舞蹈类 6 项，传统戏剧类 17 项，曲艺类 7 项，传统体育、游艺与杂技类 2 项，传统美术类 11 项，传统技艺类 7 项，传统医药类 1 项，民俗类 8 项）。

2019 年陕西考古领域成果突出。3 月，陕西省两项重点考古成果“陕西延安市芦山峁新石器时代遗址”和“陕西澄城县刘家洼东周遗址”入选 2018 年度全国十大考古新发现。4 月，陕西在宝鸡先秦陵园博物馆启动了秦公一号大墓车马坑考古发掘工作。

2019 年，陕西博物馆展览工作表现突出。陕西历史博物馆经过重新打造的基本陈列“陕西古代文明”展荣获第十六届（2018 年度）“全国博物馆十大陈列展览精品推介精品奖”，这是陕西博物馆六度获得此项大奖。陕西文物交流中心交流展“秦始皇和兵马俑”获得“国际及港澳台合作奖”。这两项获奖体现了陕西在博物馆陈展领域和文物外宣方面的优势。

接待重要外宾是陕西博物馆对外宣传的一部分。2019 年接待的重要外国和国际组织领导人包括尼泊尔总统班达里（参观秦陵博物院）、柬埔寨副首相尹才利（参观法门寺博物馆）、奥地利联邦议会议长英戈·阿佩（参访秦陵博物院）、拉美议会主席皮萨罗（访问秦陵博物院）和联合国教科文组织助理总干事诺达·阿尔纳什夫（参访秦陵博物院）等。

文物外展是陕西对外交流和文化外宣的重要部分。2019 年 9 月至 12 月，陕西文物局和泰国有关方面在曼谷国家博物馆主办了“秦始皇——中国第一个皇帝与兵马俑”展，展出 14 家陕西文博单位从春秋时期到汉代的 86 件（组）文物珍品，以秦代兵马俑为主，展览在泰国获得良好反响，有助于泰国民众认知中国历史。2019 年 5 月至 10 月，陕西文物局和澳大利亚有关方面在墨尔本举办了“秦始皇兵马俑：永恒的守卫”展，20 家陕西文博单位展出了以大型秦代兵马俑为主，兼有陶器、青铜器、金银器、玉器等的 121 件（套）珍贵文物，在当地引起热烈反响。2018 年 12 月至 2019 年 4 月，“秦始皇兵马俑：永恒的守卫”展在新西兰展出，20 家陕西文博单位的 121 件（套）珍贵文物参展。这些文物外展工作对于讲好中国故事、加深其他国家民众对中国的认识和理解具有重要作用。

在开展文物外展工作的同时，陕西还将优秀的外国文物介绍给中国观众。2019 年 5 月至 10 月，西安曲江艺术博物馆举办了“欧洲十字路口的印记——斯洛文尼亚珍宝展”，展出 140 件斯洛文尼亚文物，展现斯洛文尼亚在玻璃、蕾丝、陶瓷器、纺织品、蜂箱画等方面的历史文化成果。有助于陕西民众对斯洛文尼亚和欧洲文化与历史的了解与认知。

陕西重视开展国内文物展览工作，用文物展现祖国灿烂辉煌的历史文化。2019 年 9 月至 12 月，在清华大学举办了“与天久长——周秦汉唐文化与艺术特展”，35 家陕西文物单位提供了包括何尊、淳化大鼎等在内的 311 件（组）珍贵文物，向清华学子展示了华夏文物魅力。陕西博物馆一方面在全国其他地方举办展览，另一方面将外省份优秀的文物介绍给陕西观众，2019 年 7 ~ 10 月，秦陵博物院等国内有关单位在该院举办了“幽燕长歌——燕国历史文化展”，展出了 120 件（组）文物，展现了燕国历史文化，有助于观众更好地了解春秋战国历史。

陕西在文博技术产品创新方面获得新突破。陕西选送的“数字博物馆 AI 机器人平台”（陕西文物数据中心）和“文物运输监测系统”（陕西历史博物馆），获得第五届全国十佳文博技术产品及服务奖。2019 年 8 月，陕西历史博物馆荣获“首届天猫新文创大会暨新文创展”优秀博物馆文创奖，该馆迄今共开发特色文创产品 400 余种 2000 余款。

陕西注重利用动漫形式宣传陕西历史文化。2019 年 11 月启动了第二届陕西历史文化动漫游戏大赛，利用动漫、游戏、表情、AR/VR 与其他文化创意形式，宣传陕西历史和革命文化。陕西重视互联网技术与文物展示相结合的工作。2019 年陕西在汉景帝阳陵博物院建成了首个“互联网 + 文物教育平台”线下体验中心，通过现代技术使观众能够获得对文物全息欣赏、虚拟触摸等方面的体验。

陕西重视文物保护方面的中外合作。2019 年 10 月，在西安举办“中法公输堂油饰彩画保护修复培训班”。这是继 2017 年中法“公输堂彩绘木作保护研究”合作项目后的又一重要合作，双方学员（法方 5 名，中方 15 名）重点研学、交流古建油饰彩画修复理论、研究方法、保护修复技术等。这类项目将深化陕西和其他国家在文化遗产方面的合作。①

2019 年，陕西备案博物馆达到 314 家。② 博物馆年均接待观众 3900 余万人次。陕西省拥有 522 家国有可移动文物收藏单位和 3009455 套 7748750

---

① 陕西省文物局：《中法公输堂油饰彩画保护修复培训班开班》，2019 年 10 月。

② 《“五个扎实”谱新篇　追赶超越再出发》，陕西省人民政府门户网站，http://www.shaanxi.gov.cn/sxxw/sxyw/147520.htm。

件的国有可移动文物收藏，国有可移动文物收藏量居全国第二位。为保护文物，陕西省公布了首个《省级文物保护单位基本要求》，加大对占陕西文物总数2.7%以上的省级及以上文物保护单位的文物保护工作力度。

陕西省革命历史文化资源得到进一步保护和利用。2019年6月，位于延安的鲁迅艺术学院旧址暨革命文艺家馆开放，该馆不仅包括鲁迅艺术学院旧址，而且有新修建的沙可夫、茅盾、丁玲、冼星海等20位革命文艺家个体馆。为更好地保护全省革命文物，陕西省印发了《关于革命文物保护利用工程（2018～2022年）实施意见》，在《陕西省文物保护总体规划（2009～2020）》《陕西省文物事业“十三五”发展规划（2016～2020）》中专章规划保护革命历史文物。为保护延安红色文化资源，陕西专门制定了《延安革命纪念地旧址保护总体规划（2012～2025）》，2019年陕西省人大及时启动对《延安革命遗址保护条例》的修订工作，为进一步保护革命文物优化法制环境。近5年来，中央和陕西省财政用于全省革命文物保护的费用累计达到4.2亿元。根据近年全国文物普查结果，陕西省不可移动革命文物1224处（1310个点），可移动革命文物10.4万件（套）。2019年，陕西2个片区65个县（区）被列入中央有关部门公布的《革命文物保护利用片区分县名单（第一批）》，占该名单收录县（区）总数645个的10%。在中央和陕西省的大力支持下，陕西革命文物保护利用工作成效显著，已拥有各类革命纪念馆51座，70余处纪念馆和革命旧址对外免费开放，19座革命类博物馆和纪念馆完成了博物馆数字化工作并进入陕西数字博物馆。5年来，陕西革命纪念馆、革命旧址举办展览、开展活动和参观人数分别达到900余个、2400余场次和8000万人次。①

2019年是秦始皇帝陵博物院建院40周年，40年间秦陵博物院共接待观众超过1.2亿人次，接待各国元首和政府首脑224位，两度夺得国家科技进步二等奖，多次获得国内外重要奖项。

① 《陕西举办革命文物保护利用工作情况新闻发布会》，陕西省人民政府门户网站，http://www.shaanxi.gov.cn/jbyw/xwfbh/140956.htm。

（四）陕西美术创作等发展状况

用美术作品反映历史更有利于文化的创新和传承。2019 年 6 月，由国家文物局指导的“丹青记忆守望家园——第六届中国文化遗产美术展”在延安举办，这届美展由“圣地延安——红色胜迹”“革命旧址——波澜壮阔”“良渚文化——文明曙光”三个部分组成，参展作品包括《梁家河》《周祀方泽歌·登歌》《宝塔山》《良渚颂》等，反映了文物保护单位的历史文化风采，具有特殊的意义。

陕西通过举办美术展览展示全省美术工作者的优秀作品。2019 年 10 月，举办了“陕西省庆祝中华人民共和国成立七十周年美术作品展览”，展出了 500 余幅近 5 年来的陕西美术创作，包括中国画、油画、版画、水彩粉画等，体现了全省美术创作的最高水准。9 月，举办了“向人民汇报——陕西书画 70 年回顾展”，展出了石鲁、赵望云、刘文西、赵振川等著名画家的作品，刘自椟、吴三大等书法大家的作品。9 月，为庆祝新中国成立 70 周年，还在西安举办了“赓艺弘明”书画作品展。

2019 年 9 月，在西安举办了“第六届丝绸之路国际艺术节今日丝绸之路国际美术邀请展”。这次国际美术邀请展共展出了国内外的 1000 余件优秀作品，其中国内入选作品共 627 件，包括中国画（125 幅）、油画（38 幅）、版画（25 幅）、水彩（20 幅）、雕塑（40 件）、书法（236 幅）和摄影（143 幅）。这些作品中“丝路”题材数量相当多，如中国画《丝路·跳跃》《丝路秦声》《丝路丹山映雪晴》《丝路起点》《丝路》《丝路花语》《丝路变迁》《丝路使者》《丝绸路上——藏族青年写生》《生态丝路之野骆驼》等，油画《一带一路·中欧班列》《丝路意韵之五》《丝路印迹》，版画《丝绸之路系列版画》《丝路民俗之旅》《新丝路·新纽带》等，水彩《丝绸之路上的老纺织厂》，雕塑《丝路悠悠》《丝路欢歌》《丝路龙迹》，书法“行书录丝绸之路诗词数首”“行草书丝绸之路诗二首”“行书历代咏丝路诗词选录”“楷书《丝绸之路赋》”等，摄影《我给海上丝路大船描水线》《丝路大喜日》等；有表现中外交流交通和外国情景的作品，如中国画《中俄万里茶道》，摄影《全州韩屋村》《尼亚加拉大瀑布》《孟加拉渡船》《古巴》《孟加拉小国脚》《印度普什卡骆驼节》《莫斯科地铁》《乍得土族》《活力非洲》；有有关陕西题材的作品，如中国画《秦岭祥峪》《终南印象》《咏华山》《云横秦岭气吞大壑》《秦岭——太白山》等，油画《西出长安》《最美秦岭》，摄影《灞水润长安》《陕北定边风光》等；有以宗教文化为题材的作品，如油画《鸠摩罗什与克孜尔石窟》，版画《石化的梦·敦煌》，摄影《莫高窟雪韵》《麦积山西崖大佛》《朝圣节》《朝圣之符》等；有关于少数民族题材的作品，如中国画《羌族少女之三》，摄影《塔吉克》，油画《草原上的母亲》《2016年8月阳光下的喀什噶尔》，等等。展品题材宽广，表现细腻，为观众奉献了一场丰盛的美展。

2019年10月，陕西省美术博物馆在西安主办了“高原·高原”第八届中国西部美术展中国画年度展。这次美展分为“西部人画西部”、“学术邀请展”和“高原论坛”三个板块，展出了包括崔振宽、苗重安、张振学等美术家作品在内的249件作品。他们还就中国画进行了探讨。

2019年陕西美术活动和人才培养工作得到了国家的资助。根据公示名单，陕西获得国家艺术基金2019年度资助的项目包括传播交流推广资助项目：陕西省美术博物馆馆藏清代皮影国际巡展（陕西省美术博物馆）、陕甘宁青新主题性美术作品巡展（西安中国画院）、延安解放区木刻版画展示平台建设（西安建筑科技大学）。艺术人才培养资助项目：“一带一路”中国画创作人才培养（西安美术学院）、科技美术考古学人才培养（西安外国语大学）、汉唐帝王陵数字化考古艺术复原人才培养［一般（地区）项目，西安美术学院］、设计考古人才培养［一般（地区）项目，西安美术学院］。宝鸡文理学院的汶振鑫（中国画创作）、西安中国画院的孙陶（中国画创作）、西安工程大学的卢沛（中国画创作）、西安美术学院的殷朋朋（版画创作）、榆林市榆阳区信天游艺术品有限公司的杨彦飞（工艺美术创作）、陕西艺术职业学院的梁少琴［一般（地区）项目］、延安大学的孙会强［一般（地区）项目］、西安美术学院的周仲铭［一般（地区）项目］则分别得到青年艺术创作人才资助项目的资助。

三 陕西省各地文化发展状况

（一）西安文化发展状况

西安市文化发展欣欣向荣，文化与旅游融合相得益彰，成果丰硕。西安市充分利用其文化资源丰富的优势（如拥有世界文化遗产 6 处），文化旅游融合工作进一步推进，2019 年上半年共接待国内外游客 1.39 亿人次，同比增长 21.89%，全市旅游业总收入达到 1457.77 亿元，同比增长 27.03%。①这是西安文旅融合工作在 2018 年取得重要成绩基础上的发展。2018 年西安市国内外游客总数达到 2.47 亿人次，同比增长 36.73%；旅游业总收入达到2554.8 亿元，同比增长 56.42%，旅游业增加值占到全市 GDP 的 8.74%。2018 年西安市在全国副省级城市中的旅游收入与游客数量均居第一位，是国内最受欢迎的旅游目的地。2019 年 10 月，2019 世界文化旅游大会在西安举办。这届由西安市人民政府等主办的文化旅游大会以“文旅交融·智能驱动”为主题，包括文化旅游推荐会、西安旅游国际化发展论坛、文旅产业发展论坛等部分，有助于扩大西安文化旅游的影响力。

为推动西安市文化产业发展，2019 年 11 月西安市通过了《关于加强文化领域行业组织建设的实施意见》和《关于进一步深化国有文化企业改革的实施意见》。在各方努力下，西安文化产业稳步发展，2018 年西安市新增加的规上文化企业达到 130 家，规上文化企业总量达 486 家。西安将公共文化服务体系建设与文化旅游融合工作相结合，2018 年新建实体书店 842 家，并且荣获 2018“中国书店之都”称号。为改善社会和旅游环境，

① 《上半年西安共接待游客 1.39 亿人次》，腾讯网，https://xian.qq.com/a/20190823/000968.htm。

2018 年西安市还建成旅游厕所 267 座，此外还大力支持发展 14 个文创和旅游特色小镇。[①] 2019 年上半年西安市新增博物馆 10 座，使得全市博物馆总数达到 150 座。同期，西安市下达 2320 万元财政奖补资金，用于支持建设 116 个农村文化礼堂。

2019 年，西安文艺成果喜人。6 月，西安话剧院创作排演的话剧《柳青》荣获第十二届中国艺术节颁发的第十六届“文华大奖”。西安剧目《柳青》、《丝路传奇·花木兰》（音乐剧）、《我们是秦俑》（儿童剧）等荣获 2019 年度国家艺术基金资助项目。西安重视培育文化旅游品牌，以此推动文化旅游融合发展，2018～2019 年西安重点举办了首届世界匠人大会、“西安年·最中国”、“春满中国·醉西安”、“夏爽中国·嗨西安”、唐都长安 1400 年等活动，使它们逐渐成为人们认同的重要文旅活动，为西安的发展创造新动力。

（二）榆林文化发展状况

榆林重视精神文明建设工作。2019 年 11 月榆林市开展了评选第五届“爱榆林·我是榆林好网民”活动，鼓励网民自觉认真践行社会主义核心价值观。[②] 2019 年，榆林音乐剧《余子俊》荣获陕西省第十五届精神文明建设“五个一工程”奖。5 月，榆林市郭晨琛、刘雅林、刘憨等入选“中国好人榜”，另外还有 3 人入选“陕西好人榜”。3 月，榆林开展了第七届“榆林好人”评选活动。

榆林文化资源丰富，其不可移动文物占陕西全省的 28% 以上，达到 13883 处；国家、陕西省、榆林市和榆林各县非物质文化遗产代表性项目分别达到 11 个、59 个、185 个和 227 个，其国家、省、市、县四级非遗代表

---

① 《陕西省举办“奋力追赶超越　庆祝新中国成立 70 周年”系列新闻发布会　第一场介绍“风雨七十载　奋斗铸辉煌　西安追赶超越谱华章”》，陕西省人民政府门户网站，http：//www. shaanxi. gov. cn/jbyw/xwfbh/145774. htm。

② 《榆林市第五届“爱榆林·我是榆林好网民”评选结果出炉》，榆林市人民政府，http：//www. yl. gov. cn/xwzx/ylywe/58617. htm。

性传承人分别达到14人、60人、311人和452人。[①] 为更好地保护和利用榆林文化资源，2019年9月榆林专门举办了石峁遗址申报世界文化遗产的启动活动。2019年，10座榆林传统村落——罗硷村（榆阳古塔镇）、镇靖村（靖边靖镇）、中角村（绥德中角镇）、园则坪村（子洲县裴家湾镇），佳县螅镇的荷叶坪村、刘家坪村和位于横山区的贾大峁村（横山街道）、响水村（响水镇）、五龙山村（殿市镇）、王皮庄村（赵石畔镇），入选第五批中国传统村落名录，有利于保护反映榆林传统文化的古村落。

榆林充分利用各种条件，推动公共文化事业发展。全市达标的县级文化馆和图书馆分别达到7个；全市已建成的乡镇（街道）文化站和村（社区）级文化服务中心分别达到117个和1954个；全市包括文博系统博物馆（12座）在内的登记注册博物馆共有23座。14835万元用于直播卫星、广播电视"村村通""户户通"工程的建设和维护工作，保障了边远地区群众接收广播电视的权益。[②] 陕北民歌博物馆建成开放，"榆林古城六楼民间文化展演"被列为国家级文化服务示范项目。同时，榆林府谷县图书馆还成为全省面积最大的县级公共图书馆。2018年8月，榆林广播电视台迁入新闻大厦。

榆林认真推动文化与旅游融合，在定边开展环千年盐湖汽车场地越野拉力赛，在子洲进行山地自行车赛，在吴堡开展黄河大峡谷国际漂流赛，围绕"博物榆林、唱响榆林、美食榆林、休闲榆林"等主题，将"清爽榆林"由旅游周发展成为旅游季。2019年，它们还努力打造"陕北榆林过大年"等品牌，开展沙地避暑旅游季系列活动。2018年，赴榆林旅游人数达到4333万人次，旅游收入达到253.9亿元。[③] 全年接待游客数和旅游综合收入分别增长34%和33%。[④]

---

① 《榆林改革开放40年文化事业成就综述》，榆林网，http：//www.ylrb.com/2018/1112/415119.shtml。

② 《榆林改革开放40年文化事业成就综述》，榆林网，http：//www.ylrb.com/2018/1112/415119.shtml。

③ 榆林市人民政府：《榆林打造旅游品牌活动纪实》，2019年11月。

④ 2019年榆林市政府工作报告。

榆林努力为群众提供优秀文化成果做出贡献。2019 年，榆林神木市文化馆演出的舞蹈《毛乌素沙漠的女人们》为陕西赢得了第十八届群星奖，此外榆林作品器乐合奏《庆丰年》和陕北说书《山里回来年轻人》入围本届群星奖决赛。榆林注重影剧场建设，截至 2018 年，共有影剧院 38 个（剧院 9 个、电影院 29 个），艺术表演团体 12 个。[①] 2018 年，榆林市政府购买公共演出达到 1894 场次，农村公益电影放映达到 54263 场次。为促进文化发展，榆林举办了 2019 榆林文化创意设计大赛。2019 年 8 月，榆林举办了“陕北民歌新时代——榆林·陕北民歌大赛”总决赛，积极促进陕北民歌的创新与发展。2019 年榆林优秀的广播连续剧《树娃》（反映“榆林治沙精神”）在中央人民广播电台播出，实现了“零突破”。为了丰富群众文艺生活，2019 年榆林还开展了为期 3 个月的“陕北民歌新时代——群众广场歌汇”活动，进一步增强了陕北民歌的群众基础。

（三）延安文化发展状况

延安注重全面推动精神文明建设，利用其丰富的革命历史文化资源推动红色教育，2019 年上半年红色教育培训 11.8 万人。2018 年红色教育共培训 29.3 万人。延安有效促进了文化与旅游融合工作，2019 年上半年接待游客同比增长 15.2%，达到 3432.8 万人次；实现旅游综合收入同比增加 21.3%，达到 233.2 亿元。[②] 2018 年全年游客总量达到 6344 万人次，同比增长 25.4%；全年旅游综合收入 411 亿元，同比增长 37.5%。2018 年，延安举办了首届民歌艺术节，全域旅游示范市、红 5A 景区创建的快速推进，均有利于文旅融合事业的发展。这一年延安芦山峁新石器时代遗址成为 2018 年中国六大考古新发现之一。[③] 2019 年 10 月，陕西省委宣传部、延安市委市政府等部门举办了 2019 延安文化传承博览会，举办活动 20 余场。

① 2018 年榆林市国民经济和社会发展统计公报。

② 《延安市人民政府延安市 2019 年上半年国民经济和社会发展计划执行情况的报告》，http：//www.yasrd.gov.cn/Item/Show.asp？m = 1&d = 10114。

③ 2019 年延安市人民政府工作报告。

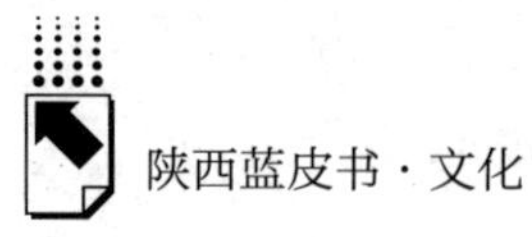

2018 年至 2019 年，以延川和志丹县为代表的建设新时代文明实践中心工作特色鲜明，成效突出。

延安重视公共文化事业发展。2018 年陕北说书馆主体完工，“延安过大年”这一特色品牌入选第四批国家公共文化服务体系建设示范项目。截至 2018 年，共建立起 133 个文化馆（站）和 13 家公共图书馆。2018 年电影公益放映覆盖全部行政村，总共放映 3.2 万场。全市广播电视事业稳步发展，2018 年电视和广播节目综合人口覆盖率均超过 99.6%，全年电视新闻和广播新闻播出时长分别达到 58242 小时和 64018 小时，数字电视用户达到 27.27 万户。新闻报刊方面，《延安日报》共发行 349 期，发行量达到 3.6 万份。①

延安持续推进文化产业的发展。2019 年上半年延安全市规模以上 64 户文化企业，营业收入增速较往年同期明显提高，同比增长 29.2%，达到 4.26 亿元。其中文化制造业同比增长 12.9%，实现营业收入 946 万元；文化批零业同比增长 7.3%，实现营业收入 2563 万元；文化服务业同比增长 31.5%，实现营业收入 39125 万元。延安规模以上文化企业中文化服务业企业占比较大，达到 50 户。宝塔区是延安文化产业最为发达的地区，2019 年上半年规上企业营业收入达到 2.02 亿元。②

（四）铜川文化发展状况

铜川持续推动精神文明建设，成效显著。铜川出台各种相关的道德模范奖励帮扶实施办法，加大奖励程度，鼓励道德模范行为，营造学习道德模范的良好氛围。近年来，铜川荣登“中国好人榜”者达到 36 人，荣获全国道德模范提名奖者 2 人，全市每 10 人中就有 1 名注册志愿者。③ 2019 年 9 月，

---

① 2018 年延安市国民经济和社会发展统计公报。

② 陕西省统计局：《延安：规上文化企业营收稳定　效益显著》。

③ 《陕西省举办“奋力追赶超越　庆祝新中国成立 70 周年”系列新闻发布会　第四场介绍“加快转型升级　建设幸福铜川”》，陕西省人民政府门户网站，http://www.shaanxi.gov.cn/jbyw/xwfbh/146399.htm。

铜川市承办了由中央文明办主办的“中国好人榜”发布仪式暨全国道德模范与身边好人现场交流活动，对弘扬社会主义核心价值观起到了促进作用。2019 年 10 月，铜川举办了“不忘初心、牢记使命”红色文献专题展，宣传革命历史。

铜川重视文化与旅游融合工作，充分利用境内陕甘边照金革命根据地和药王山、玉华山、王石凹煤矿遗址等革命文化、传统医药文化、宗教文化和现代文化资源，推动红色旅游、康养旅游、丝路旅游、工业遗址旅游、美丽乡村旅游，2018 年获得“中国最具魅力旅游城市”称号，全年国内外游客总量突破2110. 1 万人次，同比增长 20. 55%，实现旅游总收入 134. 64 亿元，同比增长 28. 34%。[①] 2019 年上半年，铜川市旅游接待人数和旅游总收入分别较 2018 年同期增长 20. 1% 和 21. 7%。[②] 2019 年，铜川宜君县被省政府命名为第三批陕西省级旅游示范县。铜川通过举办文化节活动促进文化与旅游共同发展，2019 年 10 月成功举办了“第五届中国孙思邈中医药文化节”，另外还举办了铜川樱桃旅游节等。

铜川公共文化事业和文化产业稳步发展。2018 年，铜川成功创建了国家公共文化服务体系示范区，2019 年 1 月顺利通过国家公共文化服务体系示范区验收。铜川千人拥有公共文化服务设施面积达 597. 3 平方米，公共文化场馆达 63 个，市、区（县）文化馆和图书馆国家三级馆以上标准率100%。[③] 铜川举办各种文化盛会，促进文化事业发展。2019 年 10 月，陕西省第五届农民工诗歌朗诵会在铜川举办，方便群众享受文化发展成果。

文化产业方面，2019 年上半年铜川市的文化办公用品类消费累计增长了 20. 7%。[④] 2018 年，铜川文化产业投资增长 47. 6%，较上年提高 9. 9 个百分点。2018 年铜川文化产品消费稳定增长，金银珠宝、通信器材和报纸

① 铜川市人民政府：《我市文化旅游事业 2018 年成绩单出炉》。

② 铜川市统计局：《2019 年上半年铜川市经济运行情况》。

③ 铜川市人民政府：《我市喜获第三批国家公共文化服务体系示范区授牌》。

④ 铜川市统计局：《2019 年上半年铜川市经济运行情况》。

杂志类分别增长了11.9%、25.9%、19.0%。[①] 2018年，铜川广播剧《别样春晖》《桃花汛》得到陕西省项目扶持；电影《塬上》荣获多项国内外大奖；动画片《孟姜女》成为国家新闻出版广电总局2018年推荐的优秀国产电视动画片。2018年，铜川建成耀瓷大师创意园。

（五）宝鸡文化发展状况

宝鸡精神文明工作开展得有声有色，2018年至2019年以凤县为代表的新时代文明实践中心建设成果显著。2018年全市获得“中国好人”和“陕西好人”称号者达到33人。

宝鸡文化与旅游融合工作稳步推进，仅2019年国庆节期间就接待游客783.8万人次，取得旅游综合收入44.58亿元，全域旅游成效明显。[②] 2019年9月，宝鸡市被国际旅游联合会评为“最美中国文化旅游城市”。2018年全年游客接待量同比增长27.5%，达到10185.8万人次；旅游综合收入同比增长32.6%，达到768.45亿元。2018年，扶眉战役纪念馆改造工程完工，中国工合纪念馆、周文化景区等建成并开放。宝鸡市千阳县成功进入全国百佳乡村旅游目的地行列。宝鸡拥有丰富的文化资源，有包括国家重点文物保护单位（21处）在内的各类文物点3436处，包括国家一、二、三级文物［分别为374件（组）、1303件（组）和9042件（组）］在内的馆藏文物59783件（组）。它们是宝鸡文旅融合的重要保障，宝鸡48个各类旅游景区（点）中，人文景区达27个。宝鸡文旅产品创新力度大，秦花蜜泉、碳纤维拐杖登山杖系列获得“2019中国特色旅游商品大赛”金奖，合十有礼·如愿福袋和钛合金拉杆箱分获这届商品大赛的银奖和铜奖。宝鸡重视举办各种文化活动，促进文化发展。2019年8月在凤县举办了“第八届宝鸡

① 2018年铜川经济发展报告。

② 《国庆假期宝鸡旅游接待游客783.8万人次，实现旅游综合收入44.58亿元》，https://mp.weixin.qq.com/s?__biz=MzA5MjA1MjUxNg==&mid=2650353986&idx=1&sn=4068256e8d32b620f7eae43b39e17225&chksm=887e9c09bf09151f8c7fbfb764e09e7b1da8f50b457b05782cf46d3da4b1347b20b1b0de03db&mpshare=1&scene=23&srcid=&sharer_sharetime=1570497026508&sharer_shareid=320f59da4b83eac60bec08aa322cecc9#rd。

市文化旅游节暨凤县第十二届古凤州生态民俗文化旅游节”，以促进宝鸡文化和旅游事业的发展。

宝鸡公共文化事业发展亮点频仍。宝鸡重视向民众提供广播电视服务，全市广播和电视覆盖率均达到99.9%以上。① 2019年11月，宝鸡市文化艺术中心建成开放。该艺术中心集音乐厅、群艺馆、科技馆、图书馆和青少年活动中心于一体，它的建成开放有助于进一步推动宝鸡文化事业的发展，为群众享受高质量文化成果提供了新平台。

宝鸡文化产业稳步发展，成效显著。2019年11月，为促进文化产业发展，宝鸡专门召开了文化产业发展大会。2018年，宝鸡全市规模以上文化企业总数（146户）、营业收入（44.59亿元）和利润（1.37亿元），同比分别增长35.2%、21.5%和85.8%，全市文化产业投资增长56.7%。宝鸡规上文化企业中总数最多（108户）、数量增长最快（2018年增加32户，增长42.1%）的是文化服务业；文化制造业（19户）与文化批零业（19户）数量相等，但前者数量同比增长（26.7%）较后者（11.8%）快。从规上文化企业营业收入看，文化制造业达到29.74亿元，占全市规上文化企业营业收入总额的2/3；文化服务业达到13.66亿元，占比超过30%，但其年度增长达到40.8%，远快于文化制造业（增长15.0%）的增长速度。文化制造业和文化服务业在宝鸡文化产业中具有举足轻重的作用。从吸纳就业人员数量看，文化服务业吸纳从业人员6105人，占规模以上文化企业从业人员总数（10779人）的56.6%，文化制造业吸纳从业人员3886人，占从业人员总数的36.1%，文化批零业从业人员也达到了788人。从文化企业发展规模看，2018年宝鸡市规模以上文化企业中已经有13户年营业收入超过亿元。②

文化建设领域，2019年10月宝鸡颁发第七届“秦岭文学奖”，奖励6位作者创作的小说、诗歌、散文，促进宝鸡文学发展。2019年，宝鸡积极

① 2019年宝鸡市政府工作报告；2018年宝鸡市国民经济和社会发展统计公报。

② 陕西省统计局：《2018年宝鸡市规模以上文化产业运行平稳》。

筹备举办纪念北宋思想家、哲学家、教育家、“关学”创始人张载诞辰1000周年系列活动，这有助于传统优秀文化的学习和传承。2018年全市获得全国性奖项的作品达到8部。

（六）咸阳文化发展状况和前景

咸阳大力推动宣传思想工作，认真推进县级融媒体中心建设，努力按期完成融媒体签约和上线运行。咸阳还认真开展以彬州为代表的新时代文明实践中心建设工作。

咸阳文化产业快速发展，成为推动咸阳经济和陕西文化制造业的重要引擎。继2018年文化产业增加值增长14%后，2019年咸阳文化产业呈现加速发展态势，以CEC·咸阳8.6代液晶面板生产线项目、冠捷显示科技（咸阳）、大数据运营中心、029艺术区等为代表的咸阳文化产业焕发出勃勃生机，进入新的发展阶段。2018年，咸阳共创建省级文化产业示范基地4个。

咸阳文化和旅游融合取得新成效。2018年咸阳全年接待游客5288.26万人次，同比增长15.5%；全年旅游总收入385.96亿元，同比增长32.1%。[①] 2018年，咸阳有四个市县获得“全国百佳乡村旅游目的地”称号，分别是兴平、彬州、礼泉、泾阳；入选“中国最美乡村”的是彬州拜家河村。2019年国庆节期间，咸阳游客数量达841.52万人次，实现旅游收入48.84亿元，居全省第二位。[②] 咸阳举办各种旅游节和展会等，推动文旅融合。2019年3月，举办了咸阳妇女书画精品展。4月，咸阳举办了2019咸阳渭河国际风筝节；同月，举办2019中国·咸阳第十一届国际标准舞锦标赛。5月，咸阳举办了丝路咸阳·2019面食博览会；同月，举办了中国·永寿第十六届槐花旅游文化节。9月，咸阳举办了庆祝中华人民共和国成立70周年大型交响音乐会。10月，咸阳首演了反映家庭联产承包责任制背景下农村发展的大型秦腔原创现代戏《春上五陵塬》。9月至11月，咸阳举办

---

① 2018年咸阳市国民经济和社会发展统计公报。

② http：//www.xianyang.gov.cn/xyxw/jryw/663792.htm.

了主题成就展。

咸阳重视基础文化设施建设，重视开展重点文化工作。截至2018年，咸阳拥有剧场、影剧院11个，公共图书馆12个，广播节目和电视节目综合人口覆盖率分别达到了99.75%与99.89%。[①] 到2018年，咸阳完成市、县两级第二轮地方志编纂任务。2019年，咸阳渭城区综合档案馆、文化馆开馆。2019年10月，咸阳在秦峰美术馆举办了陕西省群众摄影优秀作品展。

咸阳通过举办文化艺术节形式推动城市发展。2019年5月，咸阳启动了第二届咸阳市文化艺术节。这届艺术节以"人文新咸阳　礼赞新中国"为主题，包括国学经典诵读优秀节目展演、经典歌曲合唱音乐会、红色经典戏曲音乐会、非遗剪纸传承技艺展演、"丝路炫彩品咸阳"旅游商品大赛、"管弦天籁丝路悠扬"乐器大赛、"影像世界大美咸阳"摄影大赛、"我和我的祖国"舞蹈大赛、时装舞蹈大赛、美术大赛、秦腔大赛、微视频创意大赛、青年歌手大赛、主题征文大赛、主持人大赛等多项重点赛事和展演展览活动。

（七）渭南文化发展状况

渭南重视文化和旅游融合工作，深入推进全域旅游示范市创建工作。2018年共接待游客7200万人次，旅游综合收入同比增长35%以上，达到570亿元。全年新增加4A级景区2家。[②] 渭南重视红色文化资源的开发与利用，2018年成功举办渭华起义90周年纪念活动。

渭南大力推进公共文化事业发展，2018年一元剧场文化惠民演出达2516场，全市充分发挥其12个文化馆、137个文化站、11个艺术表演场馆和13个艺术表演团体的功能，服务群众。2018年，全市广播电视事业稳步推进，努力办好广播（2套）和电视（2套）节目，使全市电视、广播综合覆盖率分别达到97.83%和96.28%，确保农村数字电影放映覆盖率达到

① 2018年咸阳市国民经济和社会发展统计公报。

② 2019年渭南市政府工作报告。

100%。[①] 综合文化服务中心在全市99.7%的行政村建起，镇文化站、村农家书屋则实现了全市全覆盖。[②]

渭南重视开展好精神文明建设工作，以富平为代表的新时代文明实践中心建设全面推进。制定《渭南乡风文明工作导引》，通过“五个融入”（融入居民公约、人际关系、特色文化、法治建设、新时代文明风尚）、“万条家训进万家”、基层巡回宣传宣讲等活动，促进精神文明建设；打造“一元剧场”“四进零距”“送戏下乡”等品牌，让群众用最少的付出，享受高质量文化成果。

渭南文化产业持续增长。2018年，渭南规模以上文化企业营业收入同比增长24.2%，达到31.7亿元。其中文化制造业营业收入同比增长32.5%，达到18.1亿元。渭南规模以上文化企业111家，其中营业收入占据全市半壁江山的文化制造业有18家，文化服务业和文化批零业分别为37家和56家。2018年渭南各区县文化产业增速较快，3个区县同比增速超过50%，6个区县增速在20%～30%。[③]

（八）汉中文化发展状况

汉中充分利用自身资源，大力推动文化和旅游融合，取得好成效。2018年汉中完成26个市级文旅项目投资92.5亿元，促进了天汉文化公园等项目建设。2018年全年旅游总收入306亿元，增长了32%，[④] 接待游客总人数5200万人次。[⑤] 仅2019年国庆节期间汉中就接待游客526.45万人次，实现旅游收入27.8亿元。[⑥] 汉中通过举办2019中国最美油菜花海汉中旅游文化

① 2018年渭南市国民经济和社会发展统计公报。

② 《陕西省举办“奋力追赶超越　庆祝新中国成立70周年”系列新闻发布会　第五场介绍“乡村振兴的渭南实践”》，陕西省人民政府门户网站，http：//www.shaanxi.gov.cn/jbyw/xwfbh/146882.htm。

③ 陕西省统计局：《2018年渭南文化产业发展简析》。

④ 2019年汉中市政府工作报告。

⑤ 《铸就天汉辉煌　再谱宏伟篇章》，《汉中日报》2019年9月6日。

⑥ 《我市国庆假期接待游客526万多人次》，《汉中日报》2019年10月9日。

节（油菜花节被评为全国“十大花节花会”）的形式，赋予文化与旅游融合以汉中特色。汉中重视保护利用革命历史文化资源。2019 年 4 月，汉中市在西乡县举行了红四方面军钟家沟会议会址揭牌及开放仪式。红四方面军在这次会议上做出了进军四川、创建川陕革命根据地的决定。汉中还成功创建国家历史文化名城，成为中国优秀旅游城市。文化和旅游融合有利于推动汉中文化、旅游双丰收。近两年来，汉中成功打造了实景演出《天汉传奇》、舞台剧《汉颂》、电视纪录片《汉中天坑》等精品力作，宣传了汉中，促进了旅游业发展。

汉中持续加大文化领域投资力度，促进文化全面发展。2019 年上半年，汉中用于文化、体育和娱乐业的投资增长 79.5%，对文化发展产生了积极推进作用。与此同时，汉中文化消费稳定增长，2019 年上半年文化办公用品类消费增长 24.5%，文化旅游体育与传媒领域财政支出增长 31.5%。[①] 限额以上贸易企业中，金银珠宝类、体育娱乐用品类和书报杂志类分别增长 35.6%、21.2% 和 18.3%，[②] 体现了汉中文化产品消费的强劲能力。在这种背景下，汉中文化产业持续发展，2018 年全市规模以上文化企业净增加 24 家，文化产业增加值增长了 14%。[③]

汉中有效发挥全市 11 个公共图书馆、12 个文化馆和 177 个文化站的作用，深入促进公共文化事业发展；协调全市剧场（4 个）、影院（26 个）和广播电视部门的力量，确保民众看电影和收看广播电视的权益，电视和广播人口覆盖率分别达到 99.6% 和 99.4%。[④] 汉中还为贫困户安装广播电视“户户通”3900 余套。2018 年，汉中开展的文化下乡、惠民演出、公益电影放映等活动 2.76 万场次，有力保障了民众享受优质文化成果的权益。文物保护方面，汉中认真开展对全市 284 处各级文物保护单位（包括全国重

① 《2019 年上半年全市经济运行综述》，http://www.hanzhong.gov.cn/xxgk/gkml/tjxx/tjfx/201907/t20190718_592014.html。

② 《2018 年汉中市经济运行综述》，http://www.hanzhong.gov.cn/xxgk/gkml/tjxx/tjfx/201901/t20190130_567566.html。

③ 2019 年汉中市政府工作报告。

④ 汉中市 2018 年国民经济和社会发展统计公报。

点文物保护单位 19 处）的保护和利用工作。[①] 近年来，汉中累计建成基层综合文化服务中心 1858 个,[②] 有效保障了基层公共文化服务水准。

2019 年，汉中文化产业亮点不断，精彩纷呈。11 月，讲述脱贫攻坚内容的电影《秦巴之恋》（在宁强拍摄）首映；汉中 2019 文化惠民演出收官之作精品原创话剧《四叶草》免费公演；宁强县新时代文明实践中心和融媒体中心挂牌成立；镇巴天坑大量 2 亿年前古生物化石的发现丰富了这里的文旅资源。10 月，扶贫题材电影《雏凤新声》在汉中略阳开拍；汉中群众艺术馆成立理事会，建立群艺馆理事会制度，为公共文化服务开辟新篇章。9 月，2019 首届陕西汉文化旅游节在汉中举办；举办了新中国成立 70 周年汉中文博事业发展成果展；汉中市歌舞剧团建团 70 周年，在红星剧院专门举办了专场演出。4 月，城固县博物馆新馆开馆。

（九）安康文化发展状况

安康文化产业有序快速发展，2018 年新增加规模以上文化企业 35 家，文化产业增加值增长 14. 1% 。[③] 文化产业投资增长 19. 2% 。[④] 2018 年 1 ~ 11 月规模以上文化制造业、文化批零业和文化服务业营业收入同比增长率分别达到 26. 6% 、22. 9% 和 45. 0% ，带动规上文化企业营业收入同比快速增长（30. 3% ）。从实现营业收入情况看，规上文化制造业最为突出，2018 年1 ~ 11 月达到 26. 6 亿元，占到全市规上文化企业同期营业收入总额（35. 4 亿元）的 3/4，这主要得益于玩具制造、音箱设备制造、雕塑工艺品制造业的快速增长；2018 年 1 ~ 11 月，以景区浏览服务、行业广告服务、表演业等为主的文化服务业企业实现营业收入 8. 1 亿元，是推动规上文化企业快速发展的另一板块。从企业数量上分析，文化服务业企业（89 家）最多，占全

---

① 《汉中：乡村文化产业蓬勃发展》，http：//www. hanzhong. gov. cn/xwzx/bmdt/201911/t20191122_615961. html。

② 2019 年汉中市政府工作报告。

③ 2019 年安康市政府工作报告。

④ 2018 年安康市国民经济和社会发展统计公报。

市133家规上文化企业的近七成，新增数量大（2018年1~11月增加24家）；文化制造业企业（28家）增长速度最快，较上年同期增加11家，同比增速超过64%，新增企业带动营收大幅增长。①

安康加大文化与旅游融合步伐，稳步推动全域旅游，2018年全市接待游客人数和综合收入分别增长20.9%和28.6%，② 接待游客达到4578万人次，旅游总收入293.81亿元。③

公共文化服务领域，2018年安康启动了国家公共文化服务体系示范区创建工作。全年建成649个基层综合文化服务中心，进一步加快了汉江大剧院、安康美术馆等文化场馆建设步伐。④

2019年10月，紫阳俏姑子民歌演唱团民族舞蹈《送饭调》获得首届全国民间舞蹈汇演活动金奖。⑤

（十）商洛文化发展状况

商洛重视宣传工作，2018年举行各类群众宣讲活动3500多场次。

商洛文化和旅游融合工作成果突出，全域旅游快速发展。2018年，全市游客总数达到5851.36万人次，实现旅游综合收入达到327.68亿元，同比分别增长了22.4%和25.8%。⑥ 为大力促进文旅融合发展，商洛还推动了景区建设，加快了旅游度假区、旅游特色名镇、乡村旅游示范村的发展，将九天山、音乐小镇发展成为4A级景区，增加了金丝峡、木王山、商州北宽坪镇等旅游度假区、旅游特色名镇。2019年，商洛开始建设智慧旅游项目并完成一期基础建设，使其成为陕西省内第一家实现市、县两级数据共享的智慧旅游管理平台，能够与全市12家4A级以上景区进行大数据和实时监控连接，有利于对景区的监测与指导。文化产业方面，2018年商洛新增规

① 陕西省统计局：《安康1~11月规上文化企业营收快速增长》。

② 2019年安康市政府工作报告。

③ 2018年安康市国民经济和社会发展统计公报。

④ 2019年安康市政府工作报告。

⑤ http://whhlyt.shaanxi.gov.cn/Article/information?id=8600.

⑥ 2018年商洛市国民经济和社会发展统计公报。

上文化企业7家，规上文化企业总数达38家。

商洛重视公共文化服务建设，推动文化惠民工程，保障民众广播电视收看权益。2018年共建成了355个基层综合文化服务中心，广播和电视人口综合覆盖率分别达到97.71%与99.20%。[①] 2019年3月，商洛公布第三批非物质文化遗产名录，33个项目成为第三批非物质文化遗产，其中民间文学类包括牧护关传说故事等5项，传统音乐类1项（商州唢呐特技演奏），传统戏剧类2项（商州彩调、镇安皮影），传统体育游艺与杂技类1项（商州高台芯子），传统美术类3项（商洛大漆泥塑、商州面花、洛南匠作画艺），传统技艺类15项（包括传统水晶手工制作技艺、猫碗），传统医药类3项（盘龙七药酒技艺、镇安民间传统正骨术、镇安烫伤治疗术），民俗类3项。

2019年，商洛文化产业亮点突出，新成果频繁涌现。为鼓励商洛新闻事业发展，2019年商洛有关单位主办了2018年度商洛新闻奖评选活动，评出了《从脱贫攻坚到乡村振兴》《山阳茶叶从丝路走出国门》《40年巨变看商洛》等一等奖。1月，商洛举办2019第五届中国诗歌春节联欢晚会；举办“我们的中国梦——文化进万家”系列活动，38个文艺小分队开展活动1300多场次，社会效果显著。2月，商洛春节期间接待游客303.73万人次，同比增长14.15%，实现旅游收入17.62亿元，同比增长18.26%。3月，商洛开展创建省级文明城市十项活动，取得显著效果；表彰2018年最美文艺工作者；表彰文化先进工作者。4月，商洛在柞水举办2019中国秦岭生态文化旅游节；2019中国秦岭（金丝峡）国际兰花节在商南举办。5月，大型商洛花鼓现代剧《情怀》在南京文化艺术节展演。6月，《商州老字号》出版发行；端午小长假商洛接待游客180.42万人次（增长24.74%），综合收入10.46亿元（增长29.14%）；商洛举办“欢悦四季　丹江放歌”群众文化品牌活动。7月，商洛发布第二季度“商洛好人”名单。8月，2019中国漫川文化旅游戏剧节在商洛山阳举办。9月，

① 2018年商洛市国民经济和社会发展统计公报。

商洛举办“为祖国放歌”戏剧之乡戏曲名家演唱会，纪念中华人民共和国成立70周年；举办“壮丽70年、奋斗新商洛”群众文艺演出；陕西省第二届“乡村振兴·美丽家园”农歌大赛总决赛在商洛举办；宣传片《美哉商洛》发布；举办“大美秦岭媒体论坛暨社长（总编）看商洛”主题活动；举办2019“中国农民丰收节”主题活动。10月，商洛举办庆祝中华人民共和国成立70周年成就展；商洛100多件文化产品到南京文化科技融交会参展；举办商洛首届盲人网络歌手大赛；电影《李长庆》在山阳启动，这是商洛反映脱贫攻坚典型人物的首部影片。11月，商洛新闻战线25人获得了中国记协颁发的“资深新闻工作者”证书和徽章；主持人雷蕾（商洛广播电视台）获得2019“金牌主播”全国百优主持人殊荣。另外，商洛5件作品荣获2018年度陕西新闻奖。为发挥文化在脱贫攻坚方面的特殊作用，2019年商洛创编上演了反映脱贫攻坚战内容的大型商洛花鼓现代剧《情怀》。

四　陕西省文化发展展望和建议

（一）陕西文化产业将加快发展，进入一个新的发展阶段

随着各项支持文化产业的政策出台和实施，陕西省文化产业将得到更全面更有力更科学的发展。在省委、省政府支持下，陕西将进一步加大项目补助、资本金注入、股权投资、融资补贴、绩效奖励等力度，促使一批重大文化产业项目、重大文化产业园区快速推进，对陕西文化产业和经济发展做出新贡献。陕西将通过扶持大型国有和民营文化企业集团重点文化产业项目的方式，使其落地生根，开花结果，全力助推文化产业再上新台阶。陕西将加大推动文化企业跨地区、跨行业、跨所有制兼并重组和股改等重大经济活动的力度，使陕西文化企业具有更为强大的竞争力；将通过提高中小文化企业孵化器与加速器的效率，加大文化企业众创空间和示范性产业聚集区的作用，让更多优秀中小文化企业脱颖而出，茁壮成长，为

全省文化产业的快速发展添砖加瓦；将进一步力推文化与科技、文化与旅游、文化与互联网等领域的融合发展，提升陕西文化创意、数字出版的影响力，提升网络视听、动漫游戏等越来越受重视的新型文化业态带动文化产业发展的能力。陕西还将采取得力科学的举措，如帮助有关企业上市融资、发行企业债和推行 PPP 模式等，协助文化企业创造条件，舒缓其在金融机构项目融资方面的困难，力促文化与金融融合，为企业发展提供新动力。

（二）陕西公共文化事业将进一步完善和提升，满足群众对高水准公共文化服务的需求

随着《陕西省公共文化服务保障条例》等相关法规的颁布和实施，陕西在公共文化服务领域将投入更多的力量，推动公共文化服务水准的大幅度提高。①随着各项支持政策的到位，优秀公共文化产品的制度体系将更加完善，公共文化服务内容将更加丰富。②陕西各级政府将进一步加大不同行业、部门和区域之间公共文化资源的整合力度，提高公共文化管理运行效率，通过文化服务网络的互联互通，实现资源共建共享。③陕西将进一步做好公共文化下沉工作，加强基层综合性文化服务中心建设，提高基层公共文化服务能力。通过图书馆、文化馆总分馆制建设，让基层综合性文化服务中心以分馆等形式与更高一级图书馆、文化馆形成更为紧密的业务关系，有利于资源向基层流动。随着数字网络和现代配送体系的完善，基层公共文化服务能力将进一步加强。④陕西将更有效挖掘优秀传统文化、革命历史文化、社会主义先进文化和地方特色文化，并将之与公共文化服务密切结合，使得民众在享受公共文化服务的同时，有效传承优秀传统文化，弘扬革命历史文化，利用好秦腔、民歌、腰鼓、剪纸等特色地方文化，为建设社会主义先进文化做出新贡献。⑤陕西将加大鼓励和推动社会力量参与公共文化服务的力度，通过政府购买公共文化服务的形式，引导社会力量参与公共文化服务；将挖掘陕西科技力量，加强文化专用装备、软件、系统的开发应用，促进文化与科技融合工作。

（三）优化陕西文化产业结构的建议

陕西需要进一步调整文化产业结构，增加文化制造业在文化产业中所占比例。截至2018年末，陕西印刷、包装、造纸、烟花爆竹规上生产企业109个，其中前三项为101个，占全省181个规上文化制造企业的比重近60%，文化制造业科技含量需要进一步提升。全省文化制造业增加值占全部文化产业增加值的比重为18.4%，低于全国平均水平（40.6%）22.2个百分点。与此同时，全省只有15家文化企业营业收入超过10亿元，它们所实现的营业收入共为245.3亿元。① 无论是从文化制造业占文化产业比重看，还是从文化制造业行业科技含量分析，陕西科技含量较高、实现营业收入较多的文化企业数量，较之于文化制造业强省相对较少，需要采取引进和重点扶持等方式，巩固提升优势文化产业，补齐文化制造业短板，提高现代文化制造业在文化产业中所占比例，重点发展电视机制造、印刷设备制造、广播电视电影设备制造、可穿戴智能文化设备制造等文化装备生产业。

黄金、珠宝首饰及有关物品制造行业是陕西文化产业发展中的薄弱环节，需要进一步加强。2015年，我国黄金首饰市场规模超过1800亿元。陕西企业中没有入围中国黄金珠宝加工和销售十大企业的，发展这一文化产业领域有助于推动陕西省文化产业发展。

陕西应利用科技优势，提高文化产业科技含量。西安等地区在增材制造领域（3D打印）有一定优势，应将增材制造与文化创意相结合，推动3D打印及智能制造研发的产业化，并依托陕西境内国家级增材制造示范基地，推动增材制造服务于内容创作生产类文化制造业。

---

① 《2018年陕西文化产业运行情况分析》，陕西省人民政府门户网站，http：//www.shaanxi.gov.cn/sj/cxfb/135788.htm。

宏观视野篇

Macro-perspective Reports

B.2 挖掘陕西优秀文化资源 增强文化自信研究*

陕西省社会科学院课题组**

摘　要： 挖掘陕西文化资源，对于进一步增强文化自信工作具有重要的意义。陕西拥有丰富的革命历史文化资源、传统优秀文化资源和现代文化资源，为科学利用和增强文化自信提供了条件和基础。采取完整、系统、科学的举措挖掘陕西文化资源，对推动文化建设、增强文化自信具有重要的作用和意义。

关键词： 文化资源　文化自信　陕西

* 本文系陕西省社会科学院重大课题“挖掘陕西优秀文化资源　增强文化自信研究”的研究成果。

** 课题主要执笔人：樊为之，陕西省社会科学院文化研究所副研究员，研究方向为历史文化。

陕西拥有各类丰富的文化资源，是发展文化的宝贵财富，科学挖掘陕西优秀文化资源对于坚定文化自信、培育和践行社会主义核心价值观、传承弘扬中华优秀传统文化、展示中华文化独特魅力、提高舆论引导水平、繁荣文化产品创作生产、丰富人民群众精神文化生活、提高文化开放水平具有重要的现实意义。

一　挖掘陕西优秀文化资源与增强文化自信的重要意义

（一）挖掘陕西优秀文化资源、增强文化自信具有重要现实意义

挖掘陕西优秀文化资源，有助于进一步做好增强文化自信——这个事关国运兴衰、文化安全与民族精神独立性的重要工作。增强文化自信在建设中国特色社会主义强国事业中具有举足轻重的重要意义。

文化渗透在社会建设的方方面面，无论是对“道路”开拓者、“理论”创造者和“制度”设计者，还是对亿万践行者的见识、态度、能力、觉悟和意志等都能够产生深刻影响。文化自信是建设社会主义文化强国的动力之源，对自身文化的坚信无疑能更有力地鼓舞和振奋民众投身中国特色社会主义建设的大潮中。从世界范围和人类历史发展进程看，文化自信在提升民族和国家文化力量、赢得文化优势，进而引领人类文化中具有毋庸置疑的重要意义和作用。

挖掘包括陕西文化资源在内的中华优秀文化资源，是我们“自觉地担当起中国人作为中华文化主体的权利与责任”的具体体现。任何文化都需要依托具体主体（特定人群）而存在，是相关民族和群体拥有生存发展的权利与责任的体现。主体在不同阶段对自身文化和外来文化的描述和判断有不同的标准与态度，但实事求是地对待自身文化的本质和特性，承担其文化主体的权利和责任则是一个民族成熟和自信的表现。我们需要承认并尊重文化主体的历史地位，不能推卸文化主体的具体权利与责任。

（二）挖掘陕西革命文化资源对增强文化自信具有重大意义

陕西光辉灿烂的红色文化是我们增强文化自信的宝贵资源。革命战争年代，中共中央在陕北十三年，领导中国人民创造了彪炳史册的辉煌成就，也留下了丰富的革命历史文化资源。

挖掘陕西革命文化资源对于传承和弘扬延安精神具有重要意义。习近平总书记在陕西调研时指出，伟大的延安精神是党的性质和宗旨的集中体现，是党的优良传统和作风的集中体现。延安精神教育滋养了几代中国共产党人，始终是凝聚人心、战胜困难、开拓前进的强大精神力量。挖掘延安时期的革命历史文化资源，对于我们保持延安时期的忘我精神、昂扬斗志和科学精神，为建设和发展中国特色社会主义不懈奋斗具有重要意义和作用。

挖掘陕西革命文化资源，有利于提供强劲的精神动力，增强文化自信。以西北革命根据地和延安时期历史等为代表的陕西革命历史是中国共产党革命历史的组成部分，对革命文化的形成具有不可或缺的作用。而在中国新民主主义革命特殊历史时期形成的革命文化所体现出来的精神追求、精神品格、精神力量是其他文化所不能替代的，在中华民族文化系统中有着独特的精神标识。对陕西革命文化资源的大力挖掘，有助于提升我们的精神追求，锻造精神品格，加强精神力量，坚定对包括革命文化在内的中华文化的自信，推动中华民族伟大复兴的实现。

（三）挖掘陕西优秀传统文化资源对增强文化自信意义重大

中华优秀传统文化为中华民族提供了丰厚滋养，是人类宝贵财富，对中国人的思想和行为方式产生了潜移默化的影响，其最核心内容已成为中华民族最基本的文化基因。陕西拥有丰富的优秀传统文化资源，它们和我国其他地方的优秀传统文化一起成为我们在世界文化激荡中站稳脚跟的根基，为世界文化提供丰富的养分。

通过挖掘陕西优秀传统文化资源，正面宣传中华优秀文化和历史，学习和掌握中华优秀文化中的各种思想精华，加强爱国主义、集体主义和社会主义教育，对于人民树立和坚持正确的世界观、人生观、价值观、历史观、民族观、国家观、文化观很有益处，对于增强中国人的骨气和底气大有裨益。

陕西优秀传统历史文化有鲜明特点，它体现了中国社会生活和思想文化的“多向多元发展”事实，体现了我们历史复杂多样、“和而不同”的特点，展现了文化纽带在中华民族不断凝聚壮大过程中的重要作用，为中华民族最基本“文化基因”的形成和传承做出了重要贡献。挖掘陕西优秀的传统历史文化，能够帮助我们抵御那些根据自身需要随意剪裁历史和现实的不良思潮，从而以理性为基础正确理解和设计我们发展的方向和状态；能够防止那些因将中国传统文化“碎片化”而走向历史虚无主义和文化虚无主义的趋向，帮助我们把好中华优秀传统文化的脉络，通过自我扬弃与自我超越，担当好今天的历史使命；能够帮助我们振兴中华民族精神，夯实构筑民族思想文化自尊、自信、自立的精神家园的基石。

（四）挖掘陕西现代文化资源对增强文化自信意义重大

现代文化是工业社会以来新产生的文化，是人们当下形成的理念、行为、习俗等。陕西社会主义先进文化建设成果就是陕西现代文化建设成就。我国社会主义现代化建设成果是现代文化发展的重要资源和保障。挖掘陕西现代文化资源，发展文化事业，对于坚定马克思主义居于指导地位的社会主义先进文化的自信，对于坚定中国特色社会主义的“道路自信、理论自信、制度自信、文化自信”，对于促进各方面事业发展具有重要意义。

挖掘陕西现代文化资源，推动文化建设工作，有助于更好地反映我国社会主义建设和改革开放的伟大成就，鼓舞士气，增强自信，弘扬主旋律，加强正能量；有助于在全省更为广泛地普及马克思主义中国化最新成果，推动全省精神文化产品创作生产和哲学社会科学发展，提高社会文明程度；有助于提高全省人民群众的文化参与度和获得感，保障全省人民基本文化权益，丰富社会精神文化生活和满足群众不断增长的精神文化需求。

二　挖掘陕西文化资源，推动陕西文化发展的现状和成就

（一）挖掘陕西革命历史文化资源、增强文化自信的现状和成就

1. 陕西革命历史文化资源特别珍贵，具有重要价值和鲜明特色

陕西革命历史文化资源具有弥足珍贵、数量丰富、重点集中、类型众多、分布广泛等特点。以陕甘为中心的西北革命根据地是土地革命战争时期仅存的较为完整的大范围革命根据地，是各路红军长征的落脚点和八路军奔赴抗战前线的出发点。中共中央在陕北十三年，经历了土地革命战争时期、整个抗日战争时期、解放战争时期，领导全国革命走向胜利。延安时期革命活动在中国革命历史中具有举足轻重的作用，延安时期、西北革命根据地时期等阶段的革命活动为陕西保留了大量珍贵的红色文化资源。

全省共有不可移动革命文物 1224 处（1310 个点），已向国家文物局报备的革命文物 983 处，其中全国重点文物保护单位 15 处（40 个点）、省级文物保护单位 239 处；有可移动文物 774 万件（套），其中革命文物 10.4 万件（套），已向国家文物局报备革命文物 42662 件（套）。[①] 目前陕西共有革命遗址 2025 处，确切证明属于原址、有保护利用条件的革命遗址 1959 处。[②] 据 2010 年陕西党史部门统计，仅延安就有革命旧址 445 处，馆藏革命文物 52807 件（套）。陕西红色文化资源不仅包括中国共产党领导中国革命过程中留下来的革命文物、机关旧址、重要会议旧址、名人故居、革命纪念馆和烈士陵园等物质形态的文化资源，也包括中国共产党在革命年代形成的政治、军事、党建、经济、文化、社会、法律等领域的各项制度、革命成果、培育的革命精神等非物质形态的文化资源。

---

① 《陕西举办革命文物保护利用工作情况新闻发布会》，陕西省人民政府，http：//www. shaanxi. gov. cn/info/iList. jsp? tm_ id = 166&cat_ id = 14945&info_ id = 140956。

② 《陕西省委宣传部举办新闻发布会介绍新时代陕西红色资源发挥作用情况》，陕西省人民政府门户网站，http：//www. shaanxi. gov. cn/jbyw/xwfbh/144129. htm。

陕西革命历史文化资源分布广泛，重点集中。陕北、关中、陕南众多地区均有革命历史遗址。2019 年，中宣部等多部门公布的《革命文物保护利用片区分县名单（第一批）》中包括陕西 65 个县，分布在陕甘片区（有西安、铜川、咸阳、渭南、延安、榆林市的 38 个区县）和川陕片区（有西安、宝鸡、汉中、安康、商洛市的 27 个区县）两片区，占到此次公布总数（645 个县）的 10%。有相应的革命史实和县级文物保护单位以上级别的革命文物是这次确定分县名单的主要依据。

陕北是革命历史文化资源的富集区。从 1935 年到 1948 年 3 月，中共中央在陕北领导全国革命，为陕北地区留下了大量珍贵的革命历史文化资源。延安市全部 13 个区县、榆林市 12 个区县中的 11 个区县被列入第一批《革命文物保护利用片区分县名单》中。挖掘陕北的革命历史文化资源，对推动陕西文化发展、增强文化自信有重要作用。

2. 陕西重视红色文化资源的保护工作，取得了显著成效

陕西根据“保护为主，抢救第一，合理利用，加强管理”的方针，保护革命历史文化资源，一大批革命遗址被列入国家、省、市、县各级文物保护单位名单，得到保护。延安革命旧址、西安事变旧址等成为第一、二批国家文物保护单位。2001 年，陕西颁布了全国首部革命文物保护条例《延安革命遗址保护条例》，2019 年进行修订工作。

为保护革命文物，陕西制定了一系列革命文物保护规划，如《陕西省省级以上文物保护单位保护管理规划》《延安革命纪念地旧址保护总体规划（2012～2025）》等，为革命文物保护提供了依据。

国家和陕西省重视对陕西革命文物的保护维修工作。在革命文物保护“一号工程”中，对延安 13 处具有代表性的革命旧址进行全面保护维修。此外，国家投入大量资金对陕北革命旧址进行了保护修复。陕西按照文物保护法要求，完成了“四有”（有保护范围、有保护标志、有记录档案和有保管机构）工作。2019 年 6 月 8 日，陕西省政府和国家文物局联合主办，陕西省文物局和延安市人民政府承办了主题为“保护革命文物，传承红色基因”的第 14 个全国文化与自然遗产日国家主场城市活动，对促进保护陕西

革命文物、传承革命精神很有意义。

3. 挖掘陕西革命历史文化资源，深入开展研究和宣传工作

国家和陕西重视通过爱国主义教育基地宣传革命历史文化，挖掘陕西红色文化资源。全省现有国家级爱国主义教育基地 19 处，多数属于革命历史性质的爱国主义教育基地。它们是陕西爱国主义教育基地核心力量，在陕西爱国主义教育活动中担负着重要的作用。陕西省重视爱国主义教育基地的管理工作，专门颁布了《陕西省爱国主义教育基地建设管理办法》和《爱国主义教育基地考核评价细则》。

编创出版革命历史文化著作是挖掘陕西红色文化资源、增强文化自信的重要方式。中共中央在延安时期和陕甘宁边区革命历史是研究的重点，至 2019 年全国出版的有关延安时期、陕甘宁边区的各类图书不下 200 种，出版的图书包括《陕甘宁边区政府文件选编》（十四卷）、《中共中央在延安十三年史》多卷本等，一批有关延安时期历史的图书荣获国家出版大奖。2013 ~2018 年，国家图书出版基金资助了 20 余种有关延安时期和陕甘宁根据地等陕西革命文化方面的图书，体现了国家对挖掘陕西革命历史文化资源的重视，这些都有助于增强文化自信。

研究陕西革命历史是挖掘陕西红色文化资源、增强文化自信的重要方式。21 世纪以来国家社科基金项目中针对延安时期党史立项数十项，内容涵盖了陕西革命历史的政治、经济、社会、党的建设、文艺等诸多方面，陕西获得的这一领域项目数量可观。这些研究有助于从延安时期党的建设成就和经验方面增强文化自信，从延安时期政治、经济、文化、社会等建设方面取得的成就和培育的精神方面增强文化自信。哲学社会科学工作者发表了大量相关论文，中国知网所收录的文章中，关键词含有“延安时期”的文章就达到 3483 篇，其中期刊文章 1983 篇，博士硕士论文 541 篇；关键词含有“陕甘宁边区”的文章有 4201 篇，其中期刊文章 3393 篇，博士硕士论文 457 篇。他们的文章研究宣传了陕西革命历史，对弘扬革命精神、增强文化自信产生了重要作用。

通过影视、舞台作品等反映革命历史是挖掘陕西红色文化资源、增强文

化自信的重要方式。中央和陕西等省份拍摄了《千里雷声万里闪》《长征大会师》《习仲勋》《延安十三年》《红旗漫卷西风》《陕北启示录》《大鲁艺》《红军东征》《延安延安》等反映延安时期和其他陕西革命题材的大量影视作品、文献纪录片。陕西编排上演了《延安保育院》《黄河大合唱》《延安记忆》《延安保卫战》等红色舞台剧，传播红色文化，增强文化自信。

举办革命题材陈列展览，推动红色旅游是挖掘陕西红色文化资源、增强文化自信的重要方式。至2019年，陕西拥有各类革命纪念馆51座，举办了大量的革命题材陈列展览。近5年来，中央财政投入2.72亿元，省财政投入5515万元，支持革命纪念馆免费开放、陈列展览等工作，革命纪念馆（旧址）举办展览900多个，开展活动2400场次，参观人数达到8000多万人次。[①] 其中延安革命纪念馆举办的陈列展览《铸魂——延安时期的从严治党》荣获第十五届（2017年）全国博物馆十大陈列展览精品推介优胜奖。“延安精神永放光芒”等大型展览在全国引起强烈反响。

陕西红色旅游成效显著，在增强文化自信工作中发挥了特殊作用。40个陕西红色旅游景点被收录进《全国红色旅游经典景区名录》，延安市延安革命纪念地系列景区包括17家景点，主要是中共中央在延安时期的旧址等。陕西挖掘自身红色旅游资源，大力推动红色旅游。2018年延安共接待游客6343.98万人次，实现旅游综合收入410.7亿元，分别增长25.4%和37.5%。[②] 促进了经济发展，宣传了革命思想，有助于增强文化自信工作。

陕西各级党校、干部学院和高校等院校通过开展相关教学活动，挖掘陕西红色文化资源，增强文化自信。它们设立宣讲中共中央在延安时期党史的课程，编写相关教材，在革命旧址建立教学点开展现场教学，增强学员对革命文化的自信，产生了良好的效果。

---

① 2019年6月5日陕西省政府新闻办公室新闻发布会发布。

② 《2018年延安接待游客6343.98万人次　实现旅游综合收入410.7亿元》，腾讯网，https：//xian.qq.com/a/20190117/004393.htm。

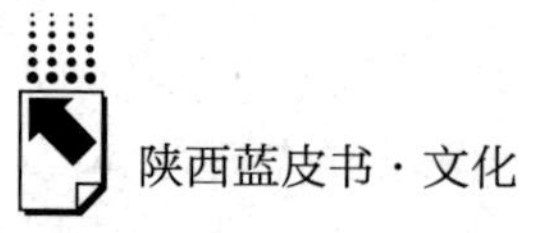

（二）挖掘陕西优秀历史文化资源、增强文化自信的现状和成就

1. 陕西优秀历史文化资源数量多、价值高，具有深远影响力

陕西传统历史文化资源享誉世界，是华夏传统文化资源的重要组成部分。陕西世界文化遗产现有 3 处 9 个点（包含长城），中国世界文化遗产预备名录 33 个点，全国重点文物保护单位达到 235 处，省重点文物保护单位 1131 处。陕西全省不可移动文物 49058 处，其中古遗址 23453 处、古墓葬 14367 处、古建筑 6702 处、石窟寺及石刻 1068 处、近现代重要史迹及代表性建筑 3213 处、其他 255 处。全省 522 家国有可移动文物收藏单位共收藏各类文物 7748750 件。全省备案博物馆 303 座，其中文物系统博物馆、国有行业博物馆、非国有博物馆分别有 161 座、56 座、86 座，一、二、三级博物馆分别达到 9 座、13 座、17 座，陕西尚有文管所 223 处。① 陕西历史博物馆、秦始皇兵马俑博物馆、黄帝陵、半坡遗址博物馆是国家级的爱国主义教育基地。

陕西拥有丰富的非物质文化遗产，三项非物质文化遗产成果（西安鼓乐、中国剪纸中的安塞剪纸和延川剪纸、中国皮影戏中的华州区皮影戏）入选联合国人类非物质文化遗产名录，国家级、省级、市级、县级非物质文化遗产分别达到 74 项、587 项、1415 项和 4150 项，国家级、省级、市级、县级非物质文化遗产项目代表性传承人分别达到 50 人、385 人、1281 人和 3977 人。另外陕西还拥有国家级的文化生态保护实验区——陕北文化生态保护实验区和羌族文化生态保护实验区。

陕西的优秀历史文化遗产举世瞩目，1987 年列入世界文化遗产保护名录的秦始皇陵兵马俑，吸引了包括 200 多位国家元首和政府首脑在内的世界各地游客参观，赢得了他们对中国古代辉煌文明的赞誉。这些对中国传统文化资源的赞誉，不仅是对中国古代文明的肯定，同样是对一脉相承的中华文化的肯定。国际友人对中华文化的赞许无疑会增强我们对自身文明

① 陕西省文物局：《陕西省文物基本数据》。

的认同与信心。

2. 陕西开展大量工作，保护优秀历史文化遗产，效果显著

制定相关法规是陕西保护历史文化资源的重要举措。陕西制定了一系列法规保护文化遗产，如《陕西省文物保护条例》《陕西省石峁遗址保护条例》《西安城墙保护条例》《西安历史文化名城保护条例》《西安市周丰镐、秦阿房宫、汉长安城和唐大明宫遗址保护管理条例》《陕西省非物质文化遗产条例》《西安市丝绸之路历史文化遗产保护管理办法》《陕西省重大文物安全事故行政责任追究规定》《陕西省黄帝陵保护管理办法》《陕西省人民政府关于进一步加强文物工作的实施意见》等，产生了良好的效果。

陕西重视对文物保护的规划工作，编制了《陕西省文物保护总体规划（2009～2020）》《陕西省文物事业“十三五”发展规划（2016～2020）》等，为文物保护管理工作指明方向，为文物保护提供了依据。

多年来，陕西文博领域挖掘历史文化资源，开展了大量的优秀文物对外展出工作，对宣传中华文化做出了重要贡献。

（三）挖掘陕西现代文化资源、增强文化自信的现状和成就

陕西社会主义先进文化建设成效显著，“长安画派”“文艺陕军”等优秀艺术家群体和他们创作的优秀作品体现了陕西现代文化发展的勃勃生机，是文化自信的有力保障。陕西文化产业发展日新月异，是全省文化建设的重要组成部分。建成的文化产业体系门类较为齐全，产业链较为完整，拥有国家级文化产业示范区（1个）、国家级文化产业示范基地（11家）、国家认定动漫企业（8家），另外还有一批省级文化产业示范基地（41家）和省级文化产业示范单位（101家）。

1. 陕西重视现代公共文化服务体系建设，为文化自信保驾护航

为推动全省现代公共文化服务工作，陕西制定、下发了一系列法规文件，成立相关部门，从制度和组织层面保障工作的顺利开展。2019年3月，陕西省人大通过了《陕西省公共文化服务保障条例》。近年来，陕西还下发了《关于加快构建现代公共文化服务体系的实施意见》《陕西省基层综合性

文化服务中心建设实施方案》《关于做好政府向社会力量购买公共文化服务工作的实施意见》等政策性文件，成立公共文化服务体系建设协调组、第二届陕西省公共文化服务专家委员会和专家库，为现代公共文化服务体系的具体操作提供法律依据、政策保障和专业服务。

近年来，陕西现代公共文化服务建设取得了显著成效，有效保障群众享受文化建设成果。陕西共有国家公共文化服务体系示范区4个（宝鸡、渭南、铜川、安康），文化先进县56个（包含24个国家级），30个民间文化艺术之乡（包含7个国家级）。全省共建111家公共图书馆（三级以上图书馆89家），文化馆119家（三级以上文化馆98家），乡镇（街道）文化站1108个，村（社区）基层综合性文化服务中心15475个，建成率80.3%。数字阵地建设方面，陕西建成了五级文化共享工程网络体系，建设公共电子阅览室2938个，覆盖率超过75%。

现代公共文化服务体系在挖掘优秀文化资源、增强文化自信中肩负重要任务。它们所提供的服务，让群众深刻感受到文化建设的成就，感受到现代文明在推动人类历史进步中的伟大力量和作用，感受到新时代社会主义文化在促进国家建设、弘扬和践行社会主义核心价值观、推动新时代社会文明发展方面所具有的强大动力，从而进一步增强文化自信，坚定道路自信、理论自信和制度自信。

2. 大力发展文化产业，促进文化与旅游融合，为文化自信贡献力量

陕西采取各种有力措施大力发展文化产业，促进文化与旅游融合。近年来陕西制定了一系列政策，促进文化产业发展，推动文旅融合，如2018年陕西省工商行政管理局、中共陕西省委宣传部出台了《关于进一步加快文化产业发展的意见》，2018年陕西省人民政府办公厅发布了《关于进一步扩大旅游文化体育健康养老教育培训等领域消费的实施意见》，2017年陕西省出台了《关于进一步加快陕西文化产业发展若干政策措施的意见》，省财政厅、中共陕西省委宣传部印发了《省级文化产业发展专项资金管理办法》，2013年陕西省人民政府出台了《关于实施项目带动战略促进文化产业发展的意见》，等等。这些政策在推动文化产业发展、促进文旅融合方面发挥了

自身的作用。

陕西文化产业发展成果丰硕。2018 年，陕西省规模以上文化企业数量较上年增长 30%，达到 1299 个。规上文化企业营业收入达到 962.7 亿元，从业人员超过 12 万人。文化服务业从业人员占全部从业人员的 67.7%，达到 82163 人。陕西新兴文化产品和服务呈现快速发展态势，规模以上电影放映企业、文艺创作与表演企业、动漫和游戏数字内容服务企业、休闲观光行业和各类游乐园等都得到了较快发展。

随着文化和旅游深度融合，陕西推出一批优势文旅企业、重点文旅产业项目和优质文旅产品，旅游事业得到了进一步的发展。2019 年上半年，全省接待境内外游客约 3.7 亿人次，旅游总收入同比增长 21.45%，达到 3736.31 亿元。上半年共建设全省重点文旅项目 600 余个，完成投资超 800 亿元。

通过挖掘优秀文化资源，陕西不仅发展了文化产业，促进了文旅融合，更重要的是展现了陕西文化的感染力、吸引力，展现了群众对自身文化的热爱和自信，展现了我们文化的强大魅力和在世界上的影响力。

3. 创作大量优秀作品，通过提高文艺作品感染力增强文化自信

近年来，陕西有效挖掘优秀文化资源，创作了一批群众喜闻乐见的优秀文艺作品，丰富了人们的文化生活，提升了我们的文化影响力。多年来，陕西文学界为全国读者奉献了一批批优秀的文艺作品，并赢得了“文学陕军”的称号。继路遥、陈忠实、贾平凹之后，2019 年 8 月陕西作家陈彦凭借长篇小说《主角》获得了第十届茅盾文学奖。陕西作家的文学作品得益于厚重的陕西文化积淀，通过文学的形式将陕西文化奉献给读者，增强了对自身文化的认同感。

三　挖掘陕西优秀文化资源、增强文化自信的基本原则

挖掘陕西的优秀历史文化资源，增强文化自信，要坚持马克思主义在意

识形态领域的指导地位，在马克思列宁主义、毛泽东思想、中国特色社会主义理论体系，特别是习近平总书记治国理政新理念新思想新战略指导下开展。要正确认识和深刻把握社会主义核心价值体系，在此前提下挖掘陕西文化资源，增强文化自信，弘扬中华民族精神，认真学习领会中华优秀传统文化，展现时代精神，树立正确对待世界其他文化的态度。

挖掘陕西的历史文化资源，不能够无原则地全盘接受，而是应该取其精华，去其糟粕，有鉴别地加以对待，有扬弃地予以继承，提炼其中符合历史发展趋势的精神和价值，使之与当代文化相适应，与现代社会相协调，与当前主流价值观一致，和发展现实文化有机统一起来，紧密结合起来，通过创造性转化与创新性发展，为最大多数群众所接受。要按照新时代特点和社会主义核心价值观的要求，对那些具有一定借鉴价值的中华优秀传统文化内涵，利用现代技术手段和表达形式进行创新性改造，通过补充、拓展、完善等，激活其生命力，增强其影响力和感召力。

挖掘陕西优秀传统文化，要深化对其重要性的认识，挖掘其价值内涵，构建其传承发展体系，激发其生机与活力。通过文化传承发展工程，传承中华文脉与文化基因，提升民众文化素养，增强优秀传统文化的生命力和影响力，增强文化自觉与文化自信，加强文化安全，提升文化软实力。

挖掘陕西优秀文化资源，需要推动群众广泛参与，将挖掘优秀文化资源、促进文化发展的过程转变成增强群众文化获得感和认同感，推动对现代社会主流思想理念、价值标准、审美风范的认同过程；转变成推动社会风尚不断向上、精神追求不断提高的过程；转变成参与世界文化交流，展现中华文化魅力和民众对自身文化自信的过程。

挖掘陕西优秀文化资源，需要坚持创造性转化和创新性发展的原则。在优秀传统文化创造性转化和创新性发展过程中，使中华民族文化基因与当代文化进一步适应，与现代社会更为协调。

挖掘陕西优秀文化资源，需要将资源转变成优秀的精神文化产品，转变成繁荣哲学社会科学、促进社会精神文化生活丰富多彩的强劲动力。

增强文化自信工作，同样需要培育和践行社会主义核心价值观，通过文化建设与创新工作，提高人民思想觉悟、道德水准、文明素养，培养青年人的正确价值取向，大力倡导忠于祖国、忠于人民的情怀。

文化对外宣传必须秉持正确的态度，坚持文明多彩、文明平等和文明包容的态度，高度认识我们文化外宣工作对于促进人类文明交流互鉴的价值，推动文明平等、反对国际文化格局中傲慢与偏见现象。让世界人民充分认识到中华文明的独特性、伟大性；认识到在文明问题上，生搬硬套、削足适履不仅不可能，而且十分有害。在国际上努力营造尊重一切文明成果、珍惜一切文明成果的良好氛围。

深化行业改革，推进体制创新，挖掘优秀文化资源，增强文化自信。要树立科学挖掘文化资源、推进“大文化”发展理念，促进文化、文物、旅游、科教等行业改革和体制创新，在发展陕西文化事业、文化产业、文旅融合等工作中，强调彰显陕西优秀文化在增强文化自信中的优越性和责任。通过突出优秀的陕西文化要素，增强对民族文化的自豪感和自信心。

四　挖掘陕西优秀文化资源、增强文化自信工作主要内容和做法

挖掘陕西文化资源，增强文化自信，需要完成大量的具体工作，包括挖掘陕西文化资源，以立足中国、借鉴国外，挖掘历史、把握当代，关怀人类、面向未来为指导思路构建中国特色哲学社会科学，打造充分体现中国特色、中国风格、中国气派的学科体系、学术体系、话语体系。

挖掘陕西文化资源，增强文化自信，需要努力做好宣传舆论工作，在坚持党对新闻舆论工作领导、坚持正确新闻舆论导向的前提下，推陈出新，创新宣传方法手段，推动新旧媒体融合发展。需要充分利用现代科学技术，挖掘陕西文化资源，加大文化自信的力度。要求我们科学认识网络传播规律，提高使用网络管理网络、通过网络传播陕西文化成果的水平，使互联网这个最大变量变成推动陕西文化事业发展的最大增量。

增强文化自信要求我们更加有效地开展好对外宣传工作，要将挖掘陕西

文化资源而形成的文化成果通过卓有成效的外宣工作传播开来，帮助我们讲好中国故事，说清说透我们的道理，在国际社会树立起中国真实形象，体现出我们的文化自信。通过正确传播当代中国价值观念，为我们赢得更多国际话语权，提高国家文化软实力和我国在世界文化格局中的定位与国际影响力。

在对外宣传过程中，要将推介文化成果与阐释我们建设成就的制度优势、动力来源、文化特质等问题相结合。不仅要自身宣传，要通过创新对外话语表达方式提高我们的宣传效率，还要邀请外国传媒参观我们的成就，按照他们国家受众的习惯和特点，用融通中外的概念、范畴、表述，宣传我们的建设成就和文化成果，使我们的故事更多为国际社会和海外受众所认同。

（一）挖掘陕西革命历史文化资源、增强文化自信的主要内容与举措

将挖掘陕西革命历史文化资源与开展“不忘初心、牢记使命”教育活动相结合，用延安精神，借鉴延安时期的宝贵经验，开展好新时期的学习教育活动。

将挖掘陕西革命历史文化资源与繁荣陕西哲学社会科学工作相结合，扶持陕西具有重要文化价值和传承意义的学科，如中共中央在延安时期的研究、西北革命根据地的研究工作。

将挖掘陕西革命历史文化资源与各类教育工作相结合，挖掘陕西红色文化精神内涵，服务教育事业。一方面，建立特色鲜明的陕西革命历史文化教育体系。主要是打造一批具有陕西特色的红色文化研学基地、革命精神培训基地、革命理想信念教育基地、红色实践育人基地和红色旅游教育基地，充分发挥延安干部学院等在陕干部培训学院优势，探索更多将干部学院、党校理论教学与革命遗址实地教学相结合的有效方式，提高教学水平。另一方面，组织干部人员以各种形式开展爱国主义和革命传统教育，学习中国共产党党史，学习延安时期光荣历史，传承党的优良传统，弘扬延安精神，让革命文化为中华民族复兴大业提供不竭的精神动力。

进一步利用云计算平台、互联网技术等现代科技成果，提升陕西革命历

史文化的影响力、感染力、吸引力。将布展方式（如实物、照片、图标、雕塑、模型等）与数字技术相结合，模拟再现重要历史场景、革命先辈感人事迹，反映延安精神诞生时的时代风貌，让英雄的高尚情操感动更多群众，增强革命历史文化魅力。

将挖掘陕西革命历史文化资源与发展红色旅游紧密结合，让游客在潜移默化中学习革命历史，增强对革命历史的崇敬之情。首先要通过各种方式，采用先进技术进一步提高对革命文物的保护水平，保持红色旅游底色，维护原有历史氛围。其次要大力提升全省红色旅游规范化水平及陈列布展、讲解解说工作。加强审读排查工作，按程序报批其所涉及领袖人物和重大事件内容。重视利用文献档案，丰富陈列、解说的内容与形式，增强陕西红色旅游的知识性、吸引力和感染力。

将挖掘陕西革命历史文化资源与促进新闻出版、广播电视电影、舞台表演等事业发展紧密结合，出版更多革命历史优秀图书，拍摄更多受观众欢迎的影视作品，排演具有轰动效应的正能量红色舞台剧，通过各种举措科学挖掘陕西革命历史文化资源，认真做好增强文化自信的工作。

（二）挖掘陕西优秀历史文化资源、增强文化自信的主要内容与举措

将挖掘陕西优秀文化资源与传承弘扬中华优秀传统文化相结合。陕西拥有丰富的中华传统文化资源，挖掘这些优秀文化资源，需要我们开拓更多传承载体和传承渠道，培养更多的传承群体，充分发挥文化在塑造人们精神、增强做中国人骨气和底气中的作用。需要我们将挖掘与创新相结合，梳理好其历史渊源、发展脉络和时代影响，阐明其独特创造与价值理念，厘清其内涵并赋予其新的内容，以现代表现形式改造其陈旧表现形式。

充分挖掘和阐发陕西优秀传统文化，需要明确优秀传统文化的具体范畴。优秀传统文化应该囊括中国古人提出的宝贵思想，包含自然和人类社会关系的哲学——如道法自然、天人合一；对理想社会模式的定义——天下为公、大同世界；确定群体之间、个体之间彼此关系的准则——和而不同、和

谐相处；对自我奋斗与道德理念的认同——自强不息、厚德载物；对优秀行政官员行为标准的认定——为政以德、政者正也，清廉从政、勤勉奉公，以民为本、安民富民乐民；对个体行为标准的认定——经世致用、知行合一、躬行实践，俭约自守、力戒奢华；政治理念中体现危机意识的话语——安不忘危、存不忘亡、治不忘乱、居安思危等，它们为人们认识和改造世界提供有益启迪，为治国理政提供有益启示，为道德建设提供有益启发。优秀传统文化还应该包含那些与时代价值相趋同的理念，如讲仁爱、重民本、守诚信、崇正义、尚和合、求大同的价值，革故鼎新、与时俱进的思想，脚踏实地、实事求是的思想，惠民利民、安民富民的思想等。

挖掘陕西优秀传统文化资源，要做好对传统文化资源重要组成部分——文物的保护工作。陕西文物资源异常珍贵、丰富，周秦汉唐等中国历史著名朝代在陕西建立都城。对待陕西的古代文化资源，要秉持正确的古城保护理念、文物保护理念，保护好它们的历史文化价值，传承历史文脉。对历史遗留的具有重要文物价值的城池、建筑等修旧如旧，保留原貌，防止建设性破坏。对陕西的古代建筑按照原有规制，使用原材料、原工艺维修；尽可能原址保护，减少迁建，突出文物本体、保持风貌协调；坚持最小干预，注重日常维护和在预防性保护等原则下得到妥善的保护。采取加强全省文物执法机构和队伍建设、严惩文物违法行为、重视文物消防安全等措施，为陕西文物营造一个安全的环境。通过依法保护，将文物保护纳入城乡建设总体规划，提倡文物保护人人参与、保护成果人人共享，理顺政府主导与社会参与的关系，让正确的文物保护理念深入人心，在全省上下创造保护爱护文物的良好氛围。

挖掘陕西优秀传统文化资源，增强文化自信，要系统梳理全省传统文化资源，研究好利用好陕西馆藏文物、古建、古籍等文物资源，研究清楚文物的历史断代、沿革传承，遗存的地域环境，所包含的科学成分，挖掘它们在历史传承中的真实信息和文化价值。通过向公众揭示各类文物的自身价值和关联故事，让人们加深对中华文明的理解和热爱，增强对中华文化的信心。

通过博物馆文物展览、大遗址建设工程、古建筑和近现代建筑维修与开放、优秀历史文化纪录片制作播放和互联网技术的深度宣传等工作，发挥历史文化资源的教育功能和文物保护单位的公共文化服务作用。

挖掘陕西优秀传统文化资源，增强文化自信，需要在具体操作层面，采取更加多样与灵活的方式，如通过研读文化经典教材、临摹古代经典碑帖等，培养青年对古代文化的兴趣；通过非物质文化遗产的传习活动，让现代人更加了解古代社会的生产生活方式，更全面地理解传统文明的真谛。

整理出版陕西优秀的传统文化典籍，将典籍以数字化形式呈现给读者。加强史志编修、旧志整理工作，通过中华文化基因校园传承，举办中华诗词美文经典诵读、戏曲演唱与传承、国学讲堂、非物质文化表演与传承、文化讲坛、专题展览，以及典籍文物数字资源共享等方式，传播陕西优秀的传统文化，让陕西传统文化在新时代以新的形式展现其独特魅力。

将具有地域特色的陕西传统文化融入全省新型城镇化和新农村建设中，让优秀传统文化、历史记忆成为新时代民众精神生活的组成部分，为文明建设贡献新力量。

挖掘陕西文化资源中促进不同文明之间相互学习借鉴的历史经验，进一步提高利用文化文物资源优势的能力，更好地开展陕西文化外宣工作。借助“一带一路”文化交流平台，与世界各国展开积极的交流与对话，做出更大的成就。通过在海内外，特别是丝绸之路沿线国家举办精品文物展览，联合进行考古发掘、文物保护、申遗准备等配合“一带一路”倡议，通过讲好文物故事，配合外交大局，扩大中华文化的影响力，传播好中华文化，增强文化自信。

（三）挖掘陕西文化资源、推动社会主义文化建设、增强文化自信的主要内容与举措

将挖掘陕西优秀文化资源与现代公共文化服务体系建设工作相结合，将民众享受公共文化成果与增强文化自信相统一。将弘扬中国优秀传统文化、革命历史文化、反映社会主义建设成就的文化产品，以政府购买公共文化服

务的形式提供给群众。充分利用已有的公共文化资源（如各地的文化馆、文化站、图书馆、博物馆），并结合现代信息传媒技术开发数字文化馆、图书馆、博物馆，根据不同群众的特点，制定类型多样、丰富多彩的文化套餐，提供全面服务，提升群众对文化服务的满意度和对自身文化的认同感与自信心。

将挖掘陕西优秀文化资源与完善现代文化市场体系、现代文化产业体系相结合。通过发展骨干文化企业，推动国有文化企业联合重组和跨所有制并购重组，打造一批“专、精、特、新”中小微文化企业，加强文化企业挖掘陕西优秀文化资源的能力。加快构建陕西现代文化市场体系，繁荣农村文化市场，加大陕西重点文化产业带与城市文化中心建设力度，加快优秀文化资源转变成文化产品的步伐，推动陕西由文化资源大省转变成强省，进一步推进其文化影响力和辐射力。

发展新兴产业，挖掘文化资源，增强文化自信。在发展动漫游戏、数字虚拟旅游等新兴业态与新兴产业，推进文化产业发展，增进文旅融合过程中，科学地将陕西本土文化要素与工业制作、商业贸易、科学教育等元素有机结合，让陕西文化元素通过各种体验性、参与性、交互性的活动，体现出强劲的影响力、渗透力、感染力和亲和力，展现出陕西文化在增强文化自信方面的独特魅力。

挖掘陕西文化资源，增强文化自信，就要在全省进一步构建好现代公共文化服务体系这一推动陕西培育和弘扬社会主义核心价值观的重要载体。采取建立全省公共文化服务财政保障机制、推进公共文化服务立法、推进重大文化惠民工程、健全公共文化服务体系建设协调机制等举措，解决好陕西在公共文化服务体系建设方面面临的城乡差距、区域差距和群体差距等问题。要通过推动制度和体制机制创新，解决公共文化服务体系建设存在的体制机制性矛盾，有力统筹部门资源和社会资源，大力促进公共文化服务体系建设。按照《国家基本公共文化服务指导标准（2015～2020年）》，建立陕西全省城乡公共文化服务标准体系。科学、规范、高效地开展公共文化建设与服务工作。努力实现陕西全省基本公共文化服务均等化，特别是在贫困地区采取“一县一策”的精准投入方式，科学协调政府、市场、社会三者关系，充分发挥政府主导作用，加大政府向社会力量购买公共文化服务力度，引入市场机制，鼓励社会力量与资本，共同推动陕西公共文化服务体系建设工作。

通过促进文化与旅游相融合，挖掘陕西的文化资源，扩大陕西文化国内外影响力，增强文化自信。在文旅融合过程中，充分挖掘陕西优秀传统历史文化资源、革命历史文化资源和包括科技教育成果在内的现代文化资源，打造延安圣地和周、秦、汉、唐等文化品牌，发展一批别具陕西地域文化特色的文化旅游名城、名镇、名村和文旅发展重点项目，彰显陕西文化魅力，传播爱国守信、勤劳质朴、宽厚包容、尚德重礼、务实进取的精神。发挥好以西安为中心建立的融合发展核心区优秀历史文化、革命历史文化和现代文化资源丰富的优势，传播中华优秀历史文化，宣传革命历史，倡导现代科学精神，增强文化自信；发挥以延安为中心建立的文旅融合发展核心区不可或缺的革命历史文化资源厚重优势，宣传革命历史，让实事求是、理论联系实际、全心全意为人民服务、自力更生、艰苦奋斗的精神世代传承；发挥黄帝陵国家文化公园的历史文化优势，从历史的角度宣传中华民族优秀传统和精神。

加强文旅融合，在参观文化遗产过程中增强文化自信。要加强总体规划布局，进一步健全文旅融合体制机制。要挖掘文化资源内涵，大力推进文化资源产品与市场开发，通过促进文旅融合，增强文化自信。要通过创新加强文旅融合模式的特色化、差异化，在模式设计上重视提升文化自信功能。要通过金融、人才等支持市场主体培育，培育更好更多有助于增强文化自信的市场主体，加强文旅融合支撑体系建设。

强化各种要素，挖掘文化资源，增强文化自信。在发展“互联网 + 文化/旅游”，推广陕西相关文化宣传/旅游平台、大数据、智慧服务等技术，加强文化产品、文化旅游产品的创意设计、研发与销售等，促进丝绸之路文化旅游等活动过程中，重视挖掘陕西文化资源，扩大陕西文化影响力，进而增强文化自信。

将挖掘陕西优秀文化资源与繁荣文化产品创作生产相结合，创作更好更

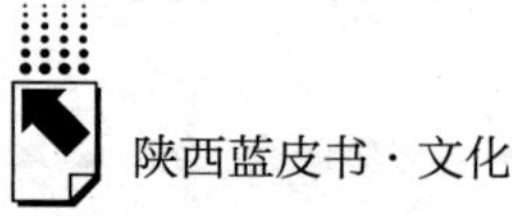

多讲述国家民族宏大故事，体现中华文化精神的文学、戏剧、影视、音乐、美术、舞蹈等文艺作品。

将挖掘陕西优秀文化资源与推动贫困地区贫困人口文化跨越发展相结合，发掘整理那些地区的优秀文化，以多种形式表现宣传它们的文化，向它们提供流动文化服务车、电视、报刊图书、公益电影等。

挖掘陕西文化资源，增强文化自信，需要重视陕西具有优势新兴文化业态的发展工作，强调文化产业的整合与互动。挖掘文化资源、增强文化信心，和拓展新兴文化业态、促进文化产业发展紧密相关。采取相应措施专项支持与帮助具有鲜明陕西文化特色的优秀内容产品，有利于在国内外文化建构与交融过程中，塑造中国文化整体形象，培育文化影响力和自信度。

B.3
陕西优秀传统文化创造性转化和创新性发展研究*

赵　东**

摘　要：　陕西有着辉煌灿烂的历史文化，在中华优秀传统文化中占有重要地位。近年来，陕西不断对优秀传统文化进行创造性转化和创新性发展，取得了很大成就，但由于种种因素目前还存在一些问题与不足。结合调查研究，建议进一步高度重视优秀传统文化传承创新；大力引进培养经营型文化创意人才；着力加强陕西优秀传统文化研究与阐释；全面推动陕西优秀传统文化保护与振兴；积极推进优秀传统文化教育普及；优化陕西优秀传统文化传播和交流方式；建设“礼仪陕西”，促进全民优秀传统文化实践养成。

关键词：　优秀传统文化　创造性转化　创新性发展　陕西

陕西在中华民族历史上有着特别重要的地位，为中华优秀传统文化的形成和发展做出了重大贡献。新时代，党和国家要求实施中华优秀传统文化传承与发展工程，创造性转化和创新性发展是重要的基本原则。陕西优秀传统

---

* 本文系2019年度陕西经济社会发展研究重大课题“陕西优秀传统文化创造性转化和创新性发展研究”（立项号：19SXZD07）成果。

** 赵东，陕西省社会科学院副研究员，博士，陕西文化产业发展研究中心主任，研究方向为文化资源与文化产业。

文化创造性转化和创新性发展，是中华优秀传统文化传承与发展工程的重要组成，也是实施工程的具体体现。创造性转化和创新性发展陕西优秀传统文化，对陕西省深化“扎实加强文化建设”、强化“文化陕西”形象、坚定文化自信、推进“文化强省”建设，以至对我国推进社会主义文化强国建设都有着重要的现实意义。

一　陕西优秀传统文化及其创造性转化和创新性发展概况

陕西优秀传统文化，从内到外表现于思想层面、知识层面、技艺层面和实物层面。它们相互交织，相互支撑，不可完全分割，是陕西优秀传统文化创造性转化和创新性发展的基本立足点。

在四个层面中，思想层面是优秀传统文化最为核心的要素，源于不同历史时期的社会人群，为一些时代杰出人士总结提炼又传播于社会并为后世所传承发展，涵盖了思想理念、传统美德和人文精神，通过知识层面、技艺层面和实物层面等进行着一代又一代的传递。知识层面涵盖了传统国学、节日民俗、生产生活等方方面面，可以是书本形式，也可以是口头形式，还可以是行为形式。技艺层面主要是在非遗领域，指各种绝学绝技、手艺工艺、传统艺术等，主要是行为形式，也属于知识，蕴含着思想。实物层面主要涵盖了历史遗址、文化遗产、服饰用品等，包含了传统的思想、知识以及技艺。

陕西历史文化辉煌灿烂，优秀传统文化遍布三秦大地。在思想层面，突出表现有：在陕西发展壮大起来的周人形成、奉行的农业思想、易学思想和以德为内核的礼治天下思想，老子在周至楼观台阐发的道家学说及其思想，秦汉从形式到内心的“大一统”思想、汉唐气象以及鲜明的开拓进取、兼容并蓄等思想，张载的“四为六有”及其创立的关学思想、李二曲的心性修养思想，西安碑林的书法思想，等等。

在知识、技艺层面，陕西存藏了古籍 5 万余种 160 万余册，涵盖经、史、子、集、丛各个部类；我国很多传统节日——春节、龙抬头、上巳节、端午节、七夕节、中秋节等都与陕西关系密切；拥有四批国家级“非遗”代表名录66项，五批陕西省“非遗”代表名录584项，其中很多民俗、非遗都是优秀传统文化的结晶。

在实物层面，陕西历史文物资源极其丰富，各类文物点近5万处，全国重点文物保护单位235处，省级文物保护单位851处，一级文物3000件（组），国宝级文物100多件（组），世界文化遗产3项，大遗址、王陵古墓、古建筑遍布省内。这些历史文物遗址很多都浸润了中华优秀传统文化的精髓。

在党和国家大力弘扬优秀传统文化精神的指导下，近年来陕西不断创造性转化和创新性发展优秀传统文化，取得了很大成就。

杨凌是周人和中国传统农业的发源地。经过不断传承和发展，杨凌已成为蜚声世界的农科城。针对周易文化，陕西成立了陕西省周易研究会等相关组织机构等，不断对周易文化进行科学性转化和研究拓展开发。在周礼方面，陕西宝鸡是著名的“周礼之乡”，中华礼仪文化美德不断在传承中发展。老子讲经之地周至楼观台及其附近的“财神故里”被开发为“中国道文化展示区”，一方面宣扬“道法自然”等道家思想，另一方面展示“勤劳致富”等进取精神。

陕西历年来不断做大清明黄帝陵祭祖庆典，弘扬从汉武帝以来的对人文初祖的祭祀文化，各地也不断开展对在陕西生长和建功立业的历史名人的祭祀活动，大力宣扬历史名人的丰功伟绩，以感召世人。秦汉“大一统”思想以各种形式得到了弘扬，汉唐盛世的开放改革、融合纳新、开拓创新等精神不断深入人们的思想。近年来，陕西关学研究不断加强，西北大学专门成立了关学研究院，取得了不少成果，以张载为代表的关学人物思想不断发扬。

在国学传承发展方面，陕西教育系统积极组织了系列国学知识进校园、进课堂活动，还编写了国学教材，成立了陕西省国学研究会、陕西师范大学国学研究院等机构，民间国学热更是不断掀起。

在节日方面，这两年以“西安年，最中国”为主题的西安春节文化旅游活动深入体现了陕西对优秀传统文化的创造性转化和创新性发展，还创造性将农历二月二“龙抬头”日设立为“农民节”；经过多年发展，端午节安康龙舟赛成为著名的国内节庆活动；2017 年 10 月 1 日，沣东新城昆明池·七夕公园盛大开放，2018 年七夕节人山人海，为“中国情人节”增加了巨大的魅力。

在非遗方面，国家级非遗项目安塞腰鼓、陕北民歌等在原生态的基础上不断注入新的时代元素，享誉省内外，频频走出国门；陕西传统剧目秦腔艺术不断吸收其他艺术的特色，废旧扬新，注重表现当代生活，贴近生活、贴近时代、贴近群众，并通过走进校园、依托互联网和制作电视专题片、VCD、DVD、录音带等形式，积极扩大传播范围；著名的华阴老腔还和谭维维一起登上了春晚舞台；还有更多的非遗项目都得到了生产性保护，面向现代社会生活，面向市场经济，面向科技发展，进行着创造性转化和创新性发展。

在文物遗址文化遗产资源方面，陕西不断对其加强保护和利用，大力促进文化创意与旅游产业发展。文物遗址等文化遗产附着了丰富的历史知识，凝练了古人的思想理念，饱含了传统技艺，很多都是优秀传统文化的重要载体，以文物遗址文化遗产利用驱动优秀传统文化创造性转化和创新性发展是一种有效捷径。从 2002 年大雁塔北广场建设开始，陕西依托文物遗址文化遗产驱动优秀传统文化创造性转化和创新性发展拉开了大幕，大唐芙蓉园、大明宫国家遗址公园、汉长安城遗址公园等一大批历史文化景观景区脱颖而出，依托文物遗址等建立起 200 多家博物馆，相关历史景点景区点缀三秦大地，相关文创产品不断推陈出新。在数字化时代，陕西省建立了全国首家数字博物馆——陕西数字博物馆，上线虚拟现实博物馆达到 142 座，同时，以秦汉新丝路数字文化（创意）产业基地为代表的一批企事业单位不断加快文物遗址数字化保护与开发步伐，取得了空前成就。总体上，文博大省陕西在文物遗址文化遗产创造性转化和创新性发展方面不断进步，陕西文化风貌不断彰显，陕西地域文化自觉和文化自信不断增强。

二 存在的问题与不足及原因分析

新时代，陕西在创造性转化和创新性发展优秀传统文化方面不断取得成就。但是，由于种种因素，目前还存在一些问题与不足。这些问题相互联系，相互制约，相互影响。

（一）对陕西优秀传统文化的理论研究不够充分，相关科普工作还不到位

优秀传统文化主要属于哲学社会科学中的文史哲范畴。近年来，在文史哲研究方面陕西成果不少，但从宏观上对陕西优秀传统文化的理论研究还不够充分，认知不足，具体表现在三个层面。

一是由于学科划分相对较细，缺乏打通文史哲三大学科的门类从而以文化的视角对陕西优秀传统文化进行宏观的理论研究，大多是不同学科的“碎片化”成果。二是在具体内容方面，限于文献资料等因素偏重于秦汉—明清时期的文化，而对于形成和发展于陕西最终深远影响中国传统文化并波及世界的周文化等研究远远不足，对于陕西人的传统优良思想品质等也挖掘不足。三是由于高校等科研机构的考核导向，很多专家学者更加着力于“高、精、尖”研究成果，而疏于对优秀传统文化知识的大众化普及，使得理论研究成果与实践之间缺少必要的有效融合，并存在一定的错位。

（二）发展现状和资源禀赋不相匹配，存在主客观原因

近年来，陕西对优秀传统文化不断创造性转化和创新性发展，取得了很大成就，但是目前发展现状还不尽如人意，和资源禀赋仍然不相匹配，基本上还处于“是文化大省，不是文化强省”的状态，很多优秀传统文化还没有得到有效的传承与发展。在覆盖面上，不少省内优秀传统文化资源还没有得到有效挖掘、研究和整合，很多还仅仅处于静态“保护”的状况，更多

还需要高质量发展。

如此现状，存在客观和主观两个方面的原因。在客观上，陕西历史文化辉煌灿烂，从中华文明肇始到清代，优秀传统文化源远流长，相关资源遍布三秦大地。因此，面对极大丰富的陕西优秀传统文化资源，要想在较短时间内既有覆盖面上的全涉及，又有高质量的创造性转化和创新性发展，基本没有可能，必须是一个长期可持续性的深入的系统工程。在主观上，陕西在经济上还是一个相对落后的省份，各地还都存在着“以 GDP 论英雄”的思想，在文化建设方面还有不足，对于优秀传统文化创造性转化和创新性发展还缺乏足够的重视，需要加强努力。

（三）重物态而轻非物化，深层次的内涵和价值体现不足

近年来，陕西优秀传统文化创造性转化和创新性发展取得了很大成就，但较为明显地存在着重物态而轻非物化的倾向。依托文物遗址资源，建立博物馆和相关文化景区，是当前很多地区传承和发展优秀传统文化的重要表现。陕西文物遗址资源极大丰富，多年来高度重视文物保护和博物馆建设，成果突出。在优秀传统文化创造性转化和创新性发展过程中，更容易利用并拓展这些丰富的文博资源。总体上，物态化的、相对表面的利用开发是当前陕西优秀传统文化创造性转化和创新性发展的重要内容，而深层次的内涵和价值体现不足，需要深度挖掘利用。

之所以形成重物态现象，与陕西丰厚的实物资源基础有很大关系。同时，由于社会上喜欢“看得见、摸得着”的成果，物态化的成果更为讨喜。更为重要的是，当前社会的主要任务还是经济建设，提升区域 GDP 是更多人的共识，物态化的内容更容易成为重大项目工程，更能促进 GDP 提升。相反，非物化的优秀传统文化创造性转化和创新性发展内容重在创意，本身需要大动脑筋，结果还不容易形成重大项目工程，成果往往“看不见、摸不着”，不一定讨喜，很容易费力不讨好。在创造性转化和创新性发展中，要体现深层次的内涵和价值，更需开动脑筋，以从内容和形式上都达到一定的效果。

（四）四个层面存在不同程度的文化创意性不足

文化创意是优秀传统文化创造性转化和创新性发展的核心要素。陕西优秀传统文化从外到内的实物、技艺、知识、思想四个表现层面，存在着不同程度的文化创意性不足。文化创意属于非常复杂的事项，而陕西文化有着强大的简洁、实效的秦文化底蕴，且骨子里有一种惰性，使其容易躺在祖先留下的丰厚而优秀的文化遗产簿上而缺乏必要的文化创意。

在实物层面，依托文物遗迹等资源，陕西建立了众多博物馆和历史文化景观。但是，在相关景区景点，存在不少简单的“水泥 + 钢筋”现象，缺乏灵魂性的文化创意，不能很好地阐释优秀传统文化的深刻内涵。还有很多文物遗址等资源很长时间都只能是静态保护和展览，甚至封存于地下或库中，缺乏相应的艺术创意和科技创意，使其文化内涵不能得到应有的挖掘和释放。在技艺层面，很多饱含优秀传统文化内涵的非遗资源因为文化创意不足，活态传承不够。例如，陕西国家级非物质文化遗产秦腔和陕北民歌至今传唱的大多还是传统的经典曲目，讴歌新时代的内容相对较少；凤翔木版年画被列入第一批国家级非物质文化遗产保护名录，但是目前主要是个别民间艺人在支撑而缺乏深刻的创意，在传承和发展中存在很大问题。在知识层面，陕西国学的传承与传播主要是在学习外地经验，陕西国学网竟然在北京开设，陕西民俗知识更是缺乏与时俱进的时代性创意。总体上，关于陕西的优秀传统文化知识普及缺乏创意性搜集、整理与传播。在思想层面，急需把周人的“德”与“礼”、张载的关学思想、历史上陕西人的优秀精神和思想品质等通过文化创意，与当代社会相结合，用更多容易让人接受的方式影响众人。

（五）文创人才不足，尤其是缺乏复合型文创人才

创造性转化和创新性发展优秀传统文化必须要有文化创意，在社会主义市场经济条件下很大程度上还需要经营等重要环节。目前陕西优秀传统文化创造性转化和创新性发展存在着问题与不足，很大程度上是由于文化创意人才不足，尤其是缺乏经营型文化人才。

尽管多年来陕西也涌现了一大批文创人才，依托陕西优秀传统文化创作出不少文学、书法、绘画、音乐、影视等文艺作品，但主要局限在文艺范畴，而真正能从文化产业层面进行创意策划的文创人才却比较紧缺。而且，除了直接创意、策划的文化创意人才外，陕西的创意性经营人才和创意性管理人才更为紧缺，尤其缺乏具有创意策划且善于经营和管理的复合型文创人才，这限制了优秀传统文化的持续性转化和发展。其中，省会西安相对较好，其余市县情况尤为严重。

三　建议与对策

“扎实加强文化建设”是习近平总书记来陕视察时提出的明确要求，建设“文化强省”是陕西十多年来的既定目标，大力传承和发展中华优秀传统文化是新时代党和国家坚定文化自信、推进文化强国建设的重要任务。陕西作为文化重镇，深入推进优秀传统文化创造性转化和创新性发展，既是新时代党和国家的政治要求，也是省域社会高质量发展的内在需求。根据当前现状和存在的不足，结合调查与研究，建议如下。

（一）高度重视优秀传统文化传承创新

全省上下要高度重视优秀传统文化传承创新，各级党委和政府要从坚定文化自信、发展和弘扬中国特色社会主义文化、实现中华民族伟大复兴的高度，切实将其摆上重要日程，列为“一把手工程”。在省级层面，成立优秀传统文化传承发展领导小组，由省委书记担任顾问，省长担任组长，宣传部部长与主管文化的副省长担任副组长，省文明办主任担任办公室主任，成员由省委副秘书长、省政府副秘书长、宣传部副部长、组织部副部长以及编办、教育厅、财政厅、文旅厅、网信办、人社厅、文物局、广电局、税务局、金融局、统计局、体育局、工信厅、住建厅、科技厅、商务厅、市监局、政研室、文史馆、社科院、社科联、文联、作协、外办等单位正职或主管副职组成。各市县相应成立领导小组。

（二）大力引进培养经营型文化创意人才

由省人社厅牵头，统筹全省各方面资源，搭建平台，完善引进、培养优秀传统文化创造性转化和创新性发展相关领域人才的体制机制，着力引进培养一批传统文化底蕴深厚、文化创意新颖、具有经营管理能力的复合型人才。建立健全重大文化项目首席专家制度，在各级政府、相关部门、高校、科研院所、文化企业单独或合作建立文化大师工作室，设置首席文化专家顾问，带动和培养一大批综合性文化人才。

由省教育厅牵头，着力实施文化创意人才培养工程，充分利用高校、科研院所文化人才资源，在西安交通大学、西北工业大学、西北大学、陕西师范大学等“双一流”高校建立文化产业人才基地，加强文化创意人才培养和相关学科建设。加强从省内高校、科研院所中选派青年人文社科类博士到省市部门、各个区县、文化企业挂职，充分给予这些高层次文化人才人、财、物调配权力。一方面最大限度发挥他们的作用，另一方面进一步培养他们成为高级复合型文化人才，指导陕西优秀传统文化传承发展。

（三）着力加强陕西优秀传统文化研究与阐释

建议依托西北大学的历史、考古等科研优势，吸收省内外科研力量，成立陕西史前文化协同创新研究中心，从历史、传说、考古等层面持续加强熠熠生辉的陕西史前文化研究。依托宝鸡文理学院周秦伦理文化与现代道德价值研究中心，从历史、文学、哲学、社会、农业等学科深入推进周文化研究，建议其以各种形式吸收省内外科研力量，升级为国家级周文化研究协同创新中心，专注周文化研究，深挖蕴含“仁爱”思想的周人德礼文化及其对当代社会的积极意义。建议由曲江管委会支持西安市老子文化研究会并整合相关力量在楼观台成立西安老子文化研究院，从学术角度深入推进陕西老子文化研究。

建议做实做强西北大学关学研究院，积极吸收省内外科研力量成立国家级关学研究协同创新中心，深入系统研究关学，大力弘扬张载的“四为六有”、蓝田吕氏“乡约”、李二曲的经世心学等关学思想文化。建议依托陕西省社会科学院文化研究所成立陕西省优秀传统文化研究协同创新中心，设立省级专项基金，发动省内外研究力量，打破文、史、哲、社等学科壁垒，从宏观的文化层面提炼陕西各个历史时期的优秀传统文化精神内涵，从而与各个高校学科内“碎片化”研究形成互补，整体把握陕西优秀传统文化的内在神韵。

（四）全面推动陕西优秀传统文化保护与振兴

建议在省文物局成立创意产业处，切实加强对优秀传统文化的数字化保护与利用，利用数字化先进技术和文化创意，加快让静态文物“活起来”。积极开展省级文博系统文创产品质量评估，加快构建完善陕西省文博创意产品现代市场体系。建议西安建筑科技大学牵头省住建厅和省文物局成立专门的陕西省传统村落文化研究机构，进行相关研究，推动传统村落在新时代焕发新活力。

强化秦腔、汉调桄桄等传统戏剧保护传承，加大对省内各戏曲团体发展、戏曲剧本创作、戏曲人才培养、戏曲市场培育等的扶持力度，在内容和形式上更加注重表现当代生活，贴近生活、贴近时代、贴近群众，面向现代社会，面向市场，面向科技发展，进行创造性转化和创新性发展。建议省戏曲研究院吸收经营管理人才成立专门的戏曲传承与发展中心，全面指导和推动全省传统戏曲文化产业发展。建议省艺术研究院成立专门的综合性传统艺术中心，从宏观文化层面把握陕西优秀传统艺术精髓；成立艺术文化产业中心，研究陕西省艺术文化产业发展。

积极推进陕西老字号品牌保护与创新，做好生产性保护。建议成立陕西省老字号企业协会，举办陕西中华老字号精品博览会。同时，建议做实做强西北大学中国节庆文化研究中心，并升级为中国民俗节庆文化研究协同创新中心，整合相关力量，加强对与陕西有密切关系的传统节日以及民俗文化的传承创新，做到与陕西老字号等物质文化遗产与非物质文化遗产共同转化、创新发展。

（五）积极推进优秀传统文化教育普及

建议由省教育厅组织，把中华优秀传统文化融入教育教学的各环节，并在相关院校开设陕西优秀传统文化专题教学课程。由省委宣传部、省教育厅牵头，以陕西新华出版传媒集团为主，编辑出版系列陕西优秀传统文化读物，推进已有图书产品结构调整，做好图书出版供给侧改革。深入论证、策划“陕西优秀传统文化丛书”“陕西历代书画大系”等大型丛书出版工作，面向大中小学生和广大干部群众普及《陕西优秀传统文化读本》。由省文化和旅游厅、省文物局组织强化陕西优秀传统文化阵地的建设使用，大力推进图书馆、文化馆、博物馆、美术馆、群文馆等文化场所建设，发挥其对优秀传统文化的教育普及功能。

充分发挥省市社科联科普部门职能，积极组织与传统文化相关的民间社团机构的专家学者面向广大群众举办各类传统文化公益讲座。还可以利用省内外相关基金、资金支持专家学者撰写传统文化科普类著作和文章，对此类著作和文章在科研考核、社科评奖和职称评定等方面予以必要的照顾，从而调动大专院校专家学者从事优秀传统文化科普教育工作的积极性。还可以由省市文化部门策划设计一批优秀传统文化大众传播项目，面向社会招标，以企业化模式深入推进陕西优秀传统文化科普教育。

（六）优化陕西优秀传统文化传播和交流方式

由省委宣传部牵头，强化文化创意，统筹各方力量，将陕西优秀传统文化的有益思想、艺术价值与时代特点相结合，积极创新表达方式，策划推出一批创新性、文化性、前瞻性的具有陕西特色和全国影响力的优秀媒体节目和栏目，不断推出底蕴深厚、涵育人心的传媒内容，全方位展示陕西省优秀传统文化的魅力。

在党报党刊引领的各个纸质媒介开设陕西优秀传统文化专栏，刊发相关理论文章、优秀传统文化创新发展的信息以及以文学、美术、书法等形式表现的传统文化内容。通过陕西广播电视台引领全省弘扬优秀传统文化，优化陕西广播戏曲、故事、秦腔等频道，增加传统诗词、曲艺等内容，改组陕西电视台体育休闲频道为文化体育、旅游休闲两个频道，增加传统文化内容。向先进省份卫视学习，大刀阔斧改革创新陕西卫视，充分彰显陕西历史文化特色，大力加强中华优秀传统文化传播。

（七）建设“礼仪陕西”，促进全民优秀传统文化实践养成

建议全省上下，在深入推进“厚德陕西”道德建设基础上，开展“礼仪陕西”建设，与“厚德陕西”形成内外配合，提升社会文明程度，强化“文化陕西”品牌形象，促进广大民众优秀传统文化实践养成，加快陕西优秀传统文化创造性转化和创新性发展。

建议由省委文明委制定《关于建设“礼仪陕西”的实施意见》，配合“厚德陕西”活动的“六德”工程，在全省开展实施“知礼、明礼、懂礼、习礼、守礼、重礼”的“六礼”工程。由省委宣传部（省教育厅）组织选取陕西师范大学、西北大学、陕西省社会科学院、西安文理学院、宝鸡文理学院等高校（研究机构）成立陕西省中华礼仪文化研究中心，列入陕西省哲学社会科学重点研究基地，加强对中华传统礼仪文化研究，守正创新。由省教育厅牵头，在中华传统礼仪基础上，借鉴西方礼仪内容，结合时代特点，编制系列新时代《中华礼仪读本》，由省文明办推进，加强礼仪文化进学校、进机关、进社区，使广大中小学生和干部群众知礼、明礼、懂礼、习礼、守礼、重礼。由省文明办和省教育厅组织，在全省大中小学生中开展具有传统底蕴的现代礼仪大赛，大力弘扬礼仪文化。

B.4

全媒体时代陕西媒体发展研究报告

陕西省社会科学院课题组*

摘　要： 新时期，构建全媒体传播格局既是推动媒体融合发展不断深化的新动力，也是媒体深度融合的必然趋势。报告深入分析了全媒体的概念、内涵，认真梳理其发展趋势和机遇挑战，指出随着媒体及其传播格局的不断演变，全媒体时代的网络舆论生态、文化生态等日益复杂，陕西媒体在应对新变化新挑战方面存在内容生产和传播创新不够、部分话语缺位、整体竞争性不强等诸多不足。基于此，报告提出全媒体时代陕西媒体应牢牢掌握舆论场主动权和主导权、探索跨区域跨领域发展、做好媒体供给侧改革、大力推动新型主流媒体建设以及依法治网、严格监管等对策建议。

关键词： 全媒体　主流舆论引导　陕西

一　全媒体时代的内涵

全媒体的概念最初来自传媒应用领域，指不同类型媒体的简单组合，即“多媒体”。后随着媒体技术的发展和实践应用的不断深化，全媒体涵盖的不

---

* 课题组组长：王长寿，陕西省社会科学院文化研究所所长、研究员，研究方向为文化产业、公共文化、区域经济。课题组成员：邓娟，陕西省社会科学院文化研究所助理研究员，研究方向为新闻与传播学理论；颜鹏，陕西省社会科学院文化研究所助理研究员，研究方向为文化经济与文化产业管理。

仅是多媒体的表现手段、多介质的传播渠道，更是一种产业形态和社会形态。

习近平总书记强调，“全媒体发展到一定阶段，就出现了全程媒体、全息媒体、全员媒体、全效媒体”，[①] 从不同维度阐释了“全媒体”的内涵，是对全媒体发展作出的经典论述。

全程媒体。指突破时空限制，全过程报道，即时性发布。不论是事件的开端还是结果，不论是事件演变的过程还是细节，媒体的信息生产和发布都无处不在、无时不有，全流程跟踪、全方位挖掘、全角度解析。

全息媒体。指突破物理限制，内容多形式立体化呈现，媒介多形态并存。一方面，依托信息数字化技术，从图文声像展示，到视频、VR/AR 虚拟重构，媒体信息呈现的内容更全面、更深刻，更强调体验性和感染性；另一方面，依托物联网万物可连技术，媒体根据不同对象、不同场景，提供的内容和服务更有针对性，更适宜。

全员媒体。指突破主体限制，多元参与，广泛互动。人人都有麦克风、人人都是传播者和接收者，信息生产与传播“无人不用”“无所不及”，突破了传统媒体的主体范围，也从以往“我写你看”“我说你听”的一对多传播，变成多对多传播。信息传播不再是简单的复制，而是不断地再生产，跟帖、评论变成了信息生产，阅读、转发、分享构成了传播过程。

全效媒体，指突破功能限制，内容、社交、服务等合而为一，精准高效。首先，媒体传播精准有效。依托云计算、大数据和人工智能等技术手段，媒体对用户的把握更加清晰明确，分众化差异化传播可实现精准推送、及时反馈、实时调整，有效提升信息生产的传播效果和传播效率。其次，媒体平台功能多元复合。为最大限度地吸引和沉淀用户，媒体突破信息传递单一功能限制，形成集信息、社交、政务、娱乐、生活等于一体的服务平台。

在全媒体的框架下，全程媒体、全息媒体、全员媒体、全效媒体是媒体融合纵深发展的主要内容和重要指标，也是媒体深度融合的必然趋势和发展目标。

---

① 范以锦：《做大做强新型媒体的重要策略和必然选择》，《青年记者》2019 年第 7 期。

二 全媒体时代的发展趋势

全媒体时代，信息无处不在、无所不及、无人不用，舆论生态、媒体格局、传播方式随之发生深刻变化，[①] 主要呈现以下几种发展趋势。

（一）媒体格局深刻演变

1. 智能化

随着互联网技术发展进入下半场，人工智能、VR/AR 等技术和应用进一步成熟，“智媒”（智能化媒体）成为未来全媒体发展的一种主要趋势，例如擅长挖掘信息的传感器，提升生产速度的机器人写作，以“聊天机器人”、算法机制为代表的智能推荐机制等。这些智能化媒体形态大多已有雏形，它们在微观上重塑传媒产业的业务链，改变整个领域的业态面貌，宏观上将成为未来媒体发展尤其是创新突破的逻辑起点。

2. 平台化

媒体的平台化和平台的媒体化趋势明显。一方面，为满足用户需求，沉淀用户，各类媒体纷纷搭建多种传播平台，功能上也逐渐从单纯的信息传播扩展为一专多能的综合性服务；[②] 另一方面，各类电商、视频、社交平台拥有海量的用户资源、强大的社交扩散能力，其社会动员、参与功能不断增强，成为新的传播主体。

3. 移动化

截至 2018 年 12 月，我国手机网民规模达 8.17 亿，网民使用手机上网的比例高达 98.6%，传播移动化趋势明显。全媒体时代，移动互联网技术的突飞猛进，手机、可穿戴设备的更新换代，尤其是 5G 技术和应用的成熟，都为媒体移动化发展提供无限空间。未来，以手机为代表的移动设备、

---

① 《推动媒体融合向纵深发展 巩固全党全国人民共同思想基础》，《人民日报》2019 年 1 月 26 日。

② 钱晓文：《对传统媒体经商与转型的理论思考》，《青年记者》2014 年第 33 期。

移动屏等将成为传播的核心终端，信息、服务等的生产和传播将随时随地、无处不在、无时不在。

（二）传播方式不断创新

1. 场景化

随着移动应用、物联网、社区媒体、直播等新应用新业态不断涌现，场景成为信息传播中一种新的时空描述维度。人体、物品、智能终端及各种环境始终可定位、可连接，媒体不仅能洞察个体在特定空间、环境和关系中的具体需求，还能根据不同场景、不同用户智能推荐其所需要的信息与服务，即以场景为依托，迅速找到并推送与之相适应、相配套的产品，提供差异化、个性化、有针对性的服务。

2. 社交化

截至 2018 年 12 月，我国即时通信用户规模达 7.92 亿，网民使用比例为 95.6%；手机即时通信用户达 7.80 亿，占手机网民的 95.5%。从微博、微信开始的社交化传播，将长期存在并成为一种普遍策略，人际关系网络演变为传播的重要基础设施。其一，用户被激活为传播渠道。内容和服务通过社交网络传播，既满足了用户信息需求，又扩展了用户在社交圈中的“存在感”，活跃社交热度，基于此，信息内容和用户“渠道”在社交平台上形成合谋。其二，用户参与信息生产和传播。用户通过互动、评论和分享等方式，深入参与内容、服务生产和传播，不断扩大传播影响力。其三，用户成为永久资源。基于海量用户资源和强关系生态，社交化传播便于媒体扩大影响力、开发资源和寻找营利模式。

3. 可视化

视频依然是未来传播的主要形式，“在场感”成为主要诉求。全媒体时代，基于通信技术和移动终端的不断发展，信息全过程传播、全方位覆盖、全天候延伸成为可能，用户更多地谋求“进入”新闻事件现场，体现自己的“在场感”，以自己的主观视角来观察现场。传统内容生产传播中用户与现场分离的“现场感”，将变成用户真正的在场感和主角感。

（三）舆论生态复杂多变

1. 网络及移动网络成为舆论工作的主战场、主阵地

全媒体时代，网络及移动网络广泛而深入地渗入人们的生产生活，其信息传播、观点扩散、社会动员能力越来越强，影响力空前扩大，成为各类风险的传导器和放大器，是舆论工作、文化建设的主战场、主阵地。

2. 网络治理、媒体管理持续向好

近年来，我国不断加强网信、媒体领域立法，依法治理、科学监管，网络空间清朗有序，媒体发展规范运行。行政主管部门依法清理违法违规的内容和传播主体，改进不合规的内容和平台，逐步肃清网络传播环境，形成健康有序、规范运行的网络发展空间。这既是我国未来全媒体发展的基础，也将是长期存在的发展环境。

3. 网络文化形态不断演变

基于自身技术逻辑和社会发展阶段特点，互联网传播中，新的文化形态和社会心理层出不穷，复杂多变，未来，“后真相”、社群、粉丝文化、网红经济等在一定时间内将普遍存在，对媒体融合、舆论引导和文化建设带来一定的影响。

（1）“后真相”。新媒体时代，伴随社交媒体的急速发展，信息量及渠道极大丰富，相较于事实采访报道，人们更倾向于整合事实、传播观点。网络舆论环境愈加复杂，出现了公共舆论诉诸情感而非客观事实等“后真相”现象，新闻传播的观点化与情绪化，导致社会“割裂”加剧。

（2）社群文化。互联网传播中，人们摆脱传统社会分工、身份和角色带来的限制，基于兴趣、爱好、身份等自由组合，平等协作，形成社群，具有很强的去中心性。但同时，社群文化又具有极强的排他性，极易产生“回音壁”效应甚至出现偏激共振。

（3）粉丝文化。指以情感认同为主，以某一个产品、品牌、个体等为纽带，将具有共同兴趣与价值取向的人连接在一起，并通过某些集体行动来推动他们的归属感与参与感。除了演艺娱乐界，许多新媒体、企业在社交传播之外，也纷纷打造高忠诚度、高情感度的粉丝关系。

（4）消费主义文化。全媒体时代，传播载体和渠道的丰富便捷，使用

户参与信息生产、传播成为常态。尤其是短视频和直播平台的兴起，使普通人一夜成名变为可能，也带动网红经济的火爆。网红经济实际是裹着流量的外衣，藏着电商的基因，极易带来过度消费和畸形消费。以其为代表，网络环境中，消费主义文化不断演变却始终存在。

（四）用户环境和用户需求

1. 用户结构形态发生变化

截至2018年12月，我国10～39岁群体占整体网民的67.8%，网民以中青年群体为主，并持续向中高龄人群渗透。低学历、低年龄、低收入等“三低”人群不再是网络主力军。未来，受过良好教育、有着较为稳定工作和中等程度收入的中间阶层将从网络上“沉默的少数”变成“积极发声的多数”，从后台走向前台，成为网络主导性力量。

2. 垂直细分化需求旺盛

全媒体时代，基于广告精准投放需求，垂直性媒体平台进入快速增长期。除了大的垂直领域，越聚焦、越垂直、越重要、更细分的小领域更有机会，超级专业细致的内容需求旺盛。同时，圈层背景下，消费分层更明显，不同层次的人消费不同类型的内容和产品。原来被大多数人忽视的、底层的内容消费和产品服务，依然存在红利。

3. 个体表达和隐私保护不断博弈

全媒体时代，用户广泛参与信息生产和传播，个体的每个账号和门户，都是传播的一个节点。个体生活社交化分享与隐私保护不断博弈，情感与公共利益诉求共存，公共议题和个体生活的边界不断交叉、消融。未来公共与私人的边界、隐私保护、信息保护将成为持久的课题。

三　全媒体时代的发展机遇

构建全媒体传播格局，既标志着未来媒体发展的方向和趋势，也是当下媒体深度融合的新动力、新机遇。

（一）技术赋能

当前，伴随着人工智能、5G 网络、物联网、区块链、AR/VR 等新一轮信息技术的成熟和应用，新媒体、新技术、新业务、新形态迭代升级，为全媒体创新发展和转型升级提供了新的可能和支持。构建全媒体传播格局，是媒体应对新一轮技术革命和产业升级的必然选择，技术从底层不断驱动新技术、新业态、新模式的产生和发展，既是媒体发展的时代背景，势不可挡，更是媒体追赶超越、转型升级的重要机遇。

（二）政策利好

当前，媒体融合逐步从相加阶段迈向相融阶段，从“你中有我、我中有你”发展为“你就是我、我就是你”。[①] 深化媒体融合、构建全媒体传播格局是当前媒体行业顺应时代大势、应对挑战的必然选择，也是自我改革、守正创新的科学布局。围绕搭建全媒体传播格局，习近平总书记亲自谋篇布局、着力推进，从理论到政策，从战略到路径，为媒体行业进一步发展指明方向、指引路径、指导发展。这些理论阐释、战略定位、路径探索等，对媒体发展提出了新的要求，带来新的机遇，是媒体行业守正创新、锐意改革的重大利好，也是产业调整、资源重组的政策机遇。

（三）环境优化

不同于信息野蛮生长和病毒式扩散的媒体早期发展环境，当前我国网络空间治理成效初显，媒体尤其是新媒体进入规范化发展轨道，良性竞争成为市场常态。理论框架不断明晰，“正能量是总要求，管得住是硬道理，用得好是真本事”；法制环境不断完善，行政监管日趋严格，依法治网、技术治网成效明显；基于区块链技术的发展和应用，内容知识产权保护进程显著加快，上述这些都为全媒体发展提供了优良的环境基础和有力的系统支撑。

① 王凤翔：《对“四全媒体”论的思考》，《记者观察》2019 年第 9 期。

（四）媒体专业主义精神的回归

基于当前及未来全媒体用户结构的变化，尤其是中间阶层的崛起，人们对信息报道客观、真实、理性的诉求不断增强。同时，面对新时期媒体传播“后真相”、信息茧房、数字鸿沟等问题，用传统主流价值导向驾驭“算法”“人工智能”，加强事实核查，保持理性、克制的媒体素养等专业主义诉求不断加大。并且，主体上也不再局限于传统大众媒体，而扩展为所有参与传播活动的个体，[①] 这为新时期媒体发展及舆论工作提供了新的发展逻辑和文化生态。

四　全媒体时代媒体发展面临的风险和挑战

全媒体时代，人们获取信息的渠道和平台更加广泛、便捷，在极大便利和高效的同时，不可避免地也面临着一系列的风险和问题。

（一）主流意识形态掌控力弱化

全媒体时代，基于互联网自由、开放、无限等特点，任何组织和个人都可以充分利用互联网传播自己的思想观点，原来政府专控的信息发布权和社会舆论引导权被打破，人们对主流意识形态的认同度有所下降，大大削弱了主流意识的主动权和引导力。尤其是当前我国正处于社会转型期、矛盾凸显期和利益调整期，人们的思维活动更加趋于独立、多样、多变，互联网的普及也为各种错误思潮的传播提供了便利。社会主义核心价值观的宣传受到其他价值观的侵扰，各种非马克思主义和反马克思主义社会思潮的传播得到扩展，社会影响有所扩大，主流思想意识尚未占据新媒体应用的广阔市场，使得党对意识形态的掌控力可能弱化。

---

① 张香萍、李军：《新闻算法推送的困境、出路与展望》，《编辑之友》2019 年第 4 期。

（二）媒体格局重构减弱主流媒体权威性

全媒体时代，一方面，信息无处不在、无所不及、无人不用，媒体覆盖之全、受众之广、传播之快前所未有；另一方面，媒体的界限越来越模糊，“互联网+”对大众传播已产生并持续产生巨大的甚至“颠覆性”的变革，传统媒体的垄断地位被彻底打破，媒体格局发生重大变化。网络信息量大，传播速度快，具有高度的开放性、透明性、互动性和便捷性等特点，互联网已经成为亿万网民获得信息、交流思想的新天地，成为各种社会思潮和利益诉求的集散地，成为意识形态较量的主战场。思想文化领域的各种杂音削弱了我国主流意识形态的凝聚力和感召力，对主流媒体的公信力、权威性形成强烈的挑战。

（三）传播平台的改变致使主流媒体受众锐减

作为兼有公共和文化属性的媒介组织，传统媒体的传播内容、渠道甚至影响范围基本可控，容易从源头把握信息传播的主动性。而在“人人都有麦克风、人人都是通讯社”的全媒体时代，信息传播格局转变为“多对多”的开放性传播方式，很难从信息源头或传播环节进行控制，社会治理难度加大。全媒体环境下，受众已经不再从单一化的渠道获得新闻信息，微博、微信等新媒体、新闻网站及客户端、电视、报纸等都是其信息源。传统媒体的用户被分散到各个新兴媒体当中，主流媒体在舆论场主动权和主导权方面面临重大挑战。

（四）舆论生态巨变造成舆论监管风险和法律缺失

全媒体时代，各舆论场“众声喧哗”，情绪多事实少，不可避免地出现虚假信息传播和垃圾信息泛滥的局面，新闻真实性和传媒的宗旨受到了很大的挑战，舆论监管风险大增。兼之网络舆情监管在我国起步较晚、发展不均衡，现行的法律、法规还存在滞后问题，执法机关在执行法律的过程中遇到各种难以解决的问题和困难，对出现的新情况、新问题、新矛盾还没有与之相适应的法律法规规范，网络版权等有关法律法规仍存在较大不足，相关法律规定与维权渠道的缺失以及高昂的维权成本，让多数媒体在受到版权侵害时缺少维权意识和行动。随着大数据、云计算等技术的发展，保护个人隐私及数据安全成为法律的模糊地带，诸如侵犯版权、侵犯隐私等乱象层出不穷，媒体运营的法律风险大增。

（五）思维观念转化不到位致使媒体融合深度不足

媒体生态方面，信息来源、内容同质化严重，优质产品较少，有竞争力的媒体集团较少。新媒体从业者没有把握好传媒的宗旨和社会作用，从而失去可信度，使新兴媒体尤其是自媒体平台存在一定的信任危机。传统媒体“三微一端”平台对全媒体时代的功能特性认识不深，内容制作与发布技术掌握不够，甚至不懂得如何在新平台构思标题、制作内容和利用多媒体，更多的是把报纸上的内容简单加工或原样搬至新平台上。不少地方对全媒体的理解往往只是停留在行政规划和部门调整上，对互联网传播规律和新媒体发展趋势缺少必要的了解，有的换汤不换药，有的新瓶装老酒，致使媒体融合局面迟迟打不开。

五　全媒体时代陕西媒体发展存在的主要问题

全媒体时代，基于新的信息传播和叙事模式，媒体的传播渠道乃至传播地位受到巨大冲击，不仅技术层面迎来提档升级的挑战，而且内容表达上、叙事方式上的转型升级也迫不及待。[①]“解决好‘本领恐慌’问题，真正成为运用现代传媒新手段新方法的行家里手”[②]，媒体还有很长的路要走。

① 蒋芝英：《新时代新型主流媒体如何有效传播主流意识形态》，《中国党政干部论坛》，2019年第5期。

② 冯莉、丁柏铨：《以媒介融合之力，提升主流媒体舆论引导水平——以人民日报、新华报业、上海报业2019年全国两会报道为例》，《传媒观察》2019年第4期。

（一）当前媒体内容生产和传播创新不够，传播力建设存在不足

全媒体时代，媒介生态发生根本性的改变，各类组织和个体成为传播主体，广泛而深度参与新闻信息传受、舆论表达和舆论引导，媒体发挥和实现引导力，面临着异常严峻的挑战和考验。实际工作中，陕西部分媒体内容生产上仍存在官腔十足、官气浓重，内容枯燥、语言乏味，文风不好、令人生厌等问题，少数媒体报道中回避或屏蔽重要信息，对敏感、热点问题回应不及时，多数媒体传播手段创新不够，渠道、平台建设不足，运用互联网思维中的服务思维进行内容生产的能力不够，这些都反复损害着媒体的传播力、引导力、公信力和影响力建设，若不彻底改善，便面临媒体无人看、无人读、无人关注的困境，媒体发展甚至生存都岌岌可危。

（二）当前媒体信息反馈交流不足，引导力建设仍需加强

全媒体时代，舆论生态复杂多变，如何在众声喧哗中牢牢掌握舆论主导权、确保各类阵地可管可控，不断提升做好意识形态工作的能力是未来媒体建设的关键。陕西多数媒体尤其是传统媒体一是囿于过去单向直线式传播，缺乏互动与反馈机制，往往忽略普通群众的反馈意见，难以实现交流互动；二是缺少对大数据等互联网技术的应用，信息互动交流通道不畅，针对性不强，群众的理解和接受度不高。①

（三）当前媒体存在部分话语缺位，公信力建设仍需加强

全媒体时代，移动互联网成为信息和观点传播的主要平台，陕西部分媒体在占领主战场上存在一定的不足，在推动党媒思维和互联网传播深度融合，将传播党的思想主张、引领社会主义核心价值观的内容生产和符合移动互联网规律、生态的传播方式有效融合，培育以党媒思维为“骨”、互联网思维为“血肉”的新型主流媒体思维方面存在不足。部分媒体在舆论引导中，

① 杨煌：《全媒体时代，思想理论评论的新挑战及其突破》，《新闻战线》2019 年第 5 期。

不能有效将服务群众与引导群众相结合、将满足需求与提高素养相结合，无法积极为群众解疑释惑、澄清误区，不能有效引导社会思潮和社会舆论。[①]

（四）当前陕西媒体整体竞争性不强，影响力建设亟待提升

全媒体时代，媒介生态发生颠覆性的变革，陕西媒体尤其是传统媒体不仅面临适应新技术、新环境的压力，而且需要不断破除固定思维，创新理念，在转型升级中寻求突破，进而全面提升竞争力和影响力。第一，与优秀媒体相比，陕西各类媒体内容生产和产品运营能力总体不足，缺少有影响力和号召力的媒体内容和产品。第二，与全国其他省份相比，陕西各类媒体中，主流媒体尤其是传统媒体综合实力排名靠后，省内新媒体发展较慢，缺乏有竞争力的媒体集团，区域媒体影响力不足。

六　全媒体时代陕西媒体发展的对策建议

习近平总书记指出，建设全媒体新格局要因势而谋、应势而动、顺势而为，坚持一体化发展，坚持移动优先，以技术驱动产业提升，加强媒体管理，做大做强主流舆论。[②] 实践中，陕西要认真贯彻习近平总书记的要求，深化认识，务实行动，扎实工作，锐意改革，建设具有中国特色、符合陕西实际的全媒体传播格局。

（一）强化党的领导，牢牢掌握舆论场主动权和主导权

（1）强化党对新闻舆论工作的领导。构建全媒体格局，本质在于做大做强主流舆论，打造新型主流媒体，扩大主流价值影响力版图，核心在于坚持党性原则，各级党委要自觉承担起政治责任和领导责任，强化互联网思维，适应信息化要求，扎实落实党管媒体、党管宣传、党管意识形态的根本

① 司永慧：《提升领导干部意识形态工作能力的路径选择》，《党政干部学刊》2018 年第 3 期。

② 蔡振红：《学懂弄通重要论述　做实媒体融合发展》，《新湘评论》2019 年第 9 期。

任务。确保党对媒体重大事项的决策权、宣传内容的终审权等，加强媒体企业党的建设。

（2）坚持把政治方向放在第一位。全媒体时代，党管媒体，必须坚持正确政治方向，站稳政治立场，增强“政治家办报”意识。以新时代中国特色社会主义思想和党的十九大精神为指导，增强“四个意识”、坚定“四个自信”，自觉承担起举旗帜、聚民心、育新人、兴文化、展形象的使命任务，[①] 自觉坚持守正创新，做党的主张最职业的传播者，人民利益最坚强的捍卫者。

（二）优化顶层设计，探索跨区域跨领域发展

（1）坚持一体化发展。在全媒体框架下，做好全省媒体发展总体规划和整体布局。移动优先，鼓励新型主流媒体建好自己的可管可控的移动传播平台，牢牢占据舆论引导、思想引领、文化传承、服务人民的传播制高点。[②] 管好商业化、社会化的互联网平台，增强区域媒体发展活力。

（2）以“中央厨房”、数据库等为依托，整合媒体布局。当前，陕西各级“中央厨房”、数据库、云终端等基础设施建设取得很大成效，但也存在“村村点火、户户冒烟”的重复建设，成本高、投入大、内容同质化等问题。未来，一方面可加强“中央厨房”等与外部资源的对接，借力“中央厨房”进行业务推动式的媒体整合，倒逼媒体融合纵深发展，实现区域媒体整合；另一方面，通过提升“中央厨房”功能，推动采编流程再造，积极探索采编机制变革体系化，建立集采访、出版、渠道、传播、转化、评估于一体的运行体系。

（3）探索跨区域整合。在构建全媒体传播新格局的框架下，围绕丝绸之路经济带、关天经济一体化等区域发展需求，服务国家战略和区域一体化

① 《举旗帜　聚民心　育新人　兴文化　展形象　更好完成新形势下宣传思想工作使命任务——习近平出席全国宣传思想工作会议并发表重要讲话》，《时事报告》2018 年第 9 期。

② 习近平：《加快推动媒体融合发展　构建全媒体传播格局》，《思想政治工作研究》2019 年第 4 期。

建设需求，成立跨省域的全媒体联合体，搭建一体化共享和发展平台，寻找媒体发展新的突破口。

（三）盘活资源，做好媒体供给侧改革

（1）做好关停并转工作。当前，传统媒体主要问题是产能过剩，同区域媒体数量较多、竞争层次较低，① 陕西也不例外。下一步工作中，要冷静看待当前传统媒体停刊休刊趋势，做好部分媒体关停并转工作，一是淘汰落后产能，二是通过盘活资源，整合优势，优化重组，寻找发展生机。

（2）做好配套支持和市场引导。全媒体建设是一项综合性工程，实践中，党委和政府要从政策、资金、人才等方面加大支持力度。如政府从增大公共文化服务购买角度入手，通过购买媒体公共文化服务内容，既借由“输血”保证资金供给，又通过内容、服务的购买引导倒逼媒体功能提升，促进“造血”。同时，通过政策、资金等方面鼓励性引导，宽容失败，鼓励尝试，积极探索打造现象级媒体产品、头部媒体平台，甚至独角兽媒体企业。

（四）大力推动新型主流媒体建设

（1）紧抓技术赋能的机遇期，迎头赶上大潮流。新一轮信息技术是全媒体发展的重要基础和核心驱动力，作用与日俱增。实践中，媒体尤其是综合实力落后的传统媒体，虽然期待技术赋能实现突破性发展，但囿于自身实力，害怕失败，害怕尝试，常常把技术当噱头，不探索，不作为，错失发展机遇，越迟钝越落后。新时期，陕西媒体要建立科学适宜的技术发展观念。务实行动，在缺乏技术背景、技术人才的劣势下，可借助外力，以开放的心态寻找技术合作伙伴，探索可行的道路；勇于担当，在了解、把握技术内容的前提下，提前布局，做好技术人才和团队的储备；鼓励创新，大胆容错，

① 蒙少祥：《融媒体中心建设势在必行——平潭综合实验区打造融媒体指挥中心》，《中国报业》2018 年第 23 期。

激励各类新技术、新应用、新形态的发展。

（2）大平台发展，全领域服务。坚持一体化发展，融合新媒体建设，打造统一品牌的媒体平台，形成包含各种传播形式、覆盖多种终端的全媒体传播体系。同时，在做好新闻报道和舆论引导的同时，发挥自身优势，积极为地方政府及社会机构提供新闻产品、策划活动、形象宣传、社会活动以及新媒体技术支持等服务。发挥主流媒体掌握的公共文化资源、社会治理大数据等优势，形成集信息、政务、服务、社交、舆论引导等于一体的综合性大平台。①

（3）细分垂直领域，多元化发展。全媒体时代，专业是传统媒体独一无二的优势。细分目标用户，发布不同类型的内容产品，吸引集聚不同类型的用户，是媒体的核心竞争力。同时，未来单一新闻业务的赢利能力持续衰减，其作为舆论引导与影响力建设平台反而成为媒体的成本中心，寻找并增加新的赢利平台便成为必然。全媒体时代，陕西媒体要结合自身实际，坚持产业多元发展，寻找新的经济支撑点，培育新的经济支柱。以舆论阵地建设为核心目标，打造以赢利平台支撑舆论平台的媒体架构。②

（4）以加快内容变现激活传统媒体。实践中，媒体转型不论如何发展，传媒业永远需要专业的资讯内容生产者。内容的专业性始终是传统媒体在未来传媒格局中继续拥有话语权的基础，是媒体产品的核心竞争力。第一，深入推动内容供给侧改革，提升优质内容及定制化、个性化、专业化内容的生产，尝试“付费墙”“内容收费”等方式，在知识付费、有偿问答的内容市场占据一席之地。第二，内容的高端化代表着未来媒体的发展方向，主流媒体更要追求新闻的“原创、独家、深度”，减少一般性资讯，深耕深度报道和本地新闻领域，以扎实生产原创深度内容来获得媒体传播力与影响力。

（五）依法治网，严格监管，营造清朗有序的发展空间

第一，基于技术发展和应用深化，加快网络治理和媒体管理的立法工

① 孟令军：《媒体融合发展的路径、挑战与未来瞩望》，《传媒论坛》2019 年第 15 期。

② 陈国权：《传统媒体的未来》，《编辑之友》2017 年第 1 期。

作，推动全媒体建设有法可依，违法必究。第二，严格监管。坚持严查细审成为媒体监管常态，加大对假新闻、谣言、有偿新闻、水军等非法传播行为的查处和打击力度，同时立场鲜明地反对负面网络文化，如污文化、丧文化等，抵制各种贩卖焦虑、骗取流量的传播行为，提高媒体从业者和平台的底线意识。第三，加大版权保护工作，促使行业和平台加大对版权、原创和品牌内容等的重视程度。

行 业 篇

Industry Reports

B.5

陕西数字创意产业发展现状及趋势*

颜 鹏 吕 胜**

摘 要： 数字创意产业以文化内容生产为核心，以先进的数字技术和理念为载体，推动文化创意与创新设计，促进科技与文化的深度融合和其他相关产业的相互渗透，从而推动国民经济向更高质量的转型发展。数字创意产业已被列入国家战略性新兴产业规划范畴，成为国家重点培育的五个产值规模达10万亿元级的新支柱产业之一。数字创意产业的兴起和发展是文化产业结构调整和产业优化升级的必然结果，将会成为文化产业变革和新经济发展的重要引擎。

---

* 本文系2018年陕西省创新能力支撑计划之软科学研究计划一般项目（项目编号2018KRM061）和陕西省社会科学基金项目（项目编号2015D049）的阶段性研究成果。

** 颜鹏，陕西省社会科学院文化研究所助理研究员，研究方向为文化经济与文化产业管理；吕胜，中国石油天然气股份有限公司西北销售陕西分公司财务部主任、会计师、审计师、经济师，研究方向为产业经济、财务管理。

关键词： 数字创意　战略性新兴产业　产业融合　陕西

在全球经济数字化转型的大背景下，数字经济的发展意义和影响范围已远远超出了传统意义上的信息化发展。2016 年 12 月，数字创意产业被纳入《“十三五”国家战略性新兴产业发展规划》。2017 年 3 月，文化产业诸多产品和服务被纳入国家《战略性新兴产业重点产品和服务指导目录（2016 版）》。数字创意产业对提高经济效率、促进经济结构加速转变、培育壮大高质量发展新动能具有强大的驱动作用。数字创意产业有利于培养新供给、促进新消费，为深入推进文化领域供给侧结构性改革，培育文化产业发展新功能提供良好的契机。

一　数字创意产业的分类和特征

（一）数字创意产业的分类

数字创意产业分为数字技术和数字内容两方面。在数字技术方面，数字创意产业以虚拟现实、增强现实、全息成像、大数据、人工智能等新兴数字技术为支撑，以数字化、网络化、智能化为主要表现形式。在数字内容方面，数字创意产业不仅涵盖网络文学、游戏、动漫、影视、音乐、创意设计、出版发行、在线教育等业态，还能使传统业态的表现形式得到改善和提升，成为新兴数字创意产业的主要内容。根据数字创意产业分类表（2018 年版），数字创意产业可以分为数字创意技术设备制造、数字创意活动、设计活动和数字创意与融合服务四大类别，内含数字创意活动软件开发、数字创意技术设备制造、数字创意内容制作服务、新媒体服务、数字文化创意广播电视服务、其他数字文化创意活动、数字设计服务、数字创意与融合服务八个中类，电影机械制造、广播电视节目制作及发射设备制造等 42 个小类。

（二）数字创意产业的主要特征

数字创意产业是数字创意技术和表现形式在文化领域的具体体现，这是不断普及的互联网和数字技术推动传统文化产业向数字化转型升级的必然结果。说明数字创意产业与其他产业已经深度融合，成为文化产业转型升级的助推器。数字创意产业的本质属性是文化科技融合创新，具有创意性、引领性、低消耗、可持续的鲜明特点。数字创意产业首先要做到产业文化化，以文化艺术来提高产品的附加值，增强企业的文化凝聚力和整个行业的核心竞争力；其次要专注于新兴技术的研发与生产，让文化样式借助于新的技术手段获得新的表现形式，从而让数字创意产业不断孕育出新的业态模式，在新的碰撞中激发出更多创新的火花。数字创意产业具有高度经济价值，它是将原创的、分散的文化创意、创新和创想转换成为具有高度经济价值的产业。由于产业内部分工的不同，不同环节所创造的附加值也是不均衡的，形成了数字创意产业的“微笑曲线”。与此同时，数字创意产业也具有知识产权特性，对知识产权的依赖程度比传统产业更高。

二　陕西数字创意产业发展背景

（一）数字经济带动经济迅猛发展

近年来，我国数字经济蓬勃发展。在以社会技术进步和商业模式、消费模式的革新为特征的数字经济奠定的良好基础上，数字创意产业应运而生，成为文化经济转型升级的新契机。2014～2018 年我国数字经济总体规模从 16.16 万亿元提升到 32.31 万亿元，数字经济占 GDP 的比重从 26.10% 提升到 34.98%，文化及相关产业增加值从 2.45 万亿元达到 3.9 万亿元，文化产业占 GDP 的比重从 3.81% 提升到 4.22%。在国家“互联网 +”战略的推动下，陕西已将数字经济提上发展日程，紧紧抓住数字科技革命机遇，大力推动以互联网为核心驱动力的经济发展，并以提升创新能力与技术水平为基础，推动数字基础设施的改善，逐步向“互联网+文化”“互联网+工业”方向延伸。[①] 西部数字经济研究院发布的《陕西省数字经济发展报告（2018年）》指出，2017年陕西数字经济规模列全国第12名，较上一年上升4位。陕西数字经济指数为34.41分（满分100分），基础产业、基础设施、典型应用、发展环境和政务环境指数分别为3.9分、5.37分、10.59分、9.47分和5.28分，分别列全国第17位、第10位、第16位、第8位和第12位。虽然陕西数字经济发展起步较晚，在全国的水平位居中游，但陕西数字经济发展势头较好。[②]

（二）技术迭代机遇频频，数字应用环境大为改善

随着互联网的应用与普及，人们对于网络应用的接受程度越来越高，尤其是移动互联网端口。从全球视角来看，5G是下一轮信息科技革命的制高点，代表了新一轮科技浪潮。5G将催生万物互联，从互联网到移动互联网再到5G物联网，全新的生产生活方式或会到来。2018年6月20日，陕西新认定“中关村e谷（西安）核芯空间”等31家省级众创空间，其中数字经济领域的有6家。目前，陕西省内涉及数字经济领域的省级以上众创空间与省级以上孵化器分别达到40家和15家，其孵化面积将近80万平方米，在孵企业、团队共计2000家。2019年1月，陕西省首个移动5G联创开放实验室落户西安。陕西移动也已在工业、文化、旅游、教育、体育等方面进行智慧网络布局，助力陕西数字创意产业发展。5G给文化旅游业带来无限机遇，对于陕西积极推进的文化与旅游融合发展起到了不可估量的促进作用。西安已与中国移动通信集团、中兴通讯股份有限公司签订《5G战略合作框架协议》，在5G、云计算、大数据、人工智能、大视频、虚拟增强现实等技术整体解决方案层面进行全面合作。东华软件计划投资约30亿元在西

① 张鸿：《数字中国　智慧陕西》，《西部大开发》2018年第12期。

② 西部数字经济研究院：《陕西省数字经济发展报告（2018年）》，2018。

安高新区建设“东华丝路总部”，合力将西安高新区打造成为全球产业互联网创新经济高地、数字创新之城。[①]

（三）文化产业结构改善，数字创意产业潜力无穷

从 2019 年全国规模以上文化及相关产业企业营收情况来看，新闻信息服务企业营业收入为 6800 亿元，比上一年增长 23%，所占比重为 7.9%；内容创作生产企业营业收入为 18585 亿元，比上一年增长 6.1%，所占比重为 21.5%；创意设计服务企业营业收入为 12276 亿元，比上一年增长 11.3%，所占比重为 14.2%；文化传播渠道企业营业收入为 11005 亿元，比上一年增长 7.9%，所占比重为 12.7%；文化投资运营企业营业收入为 221 亿元，比上一年增长 13.8%，所占比重为 0.3%；文化娱乐休闲服务企业营业收入为 1583 亿元，比上一年增长 6.5%，所占比重为 1.8%；文化辅助生产和中介服务企业营业收入为 13899 亿元，比上一年增长 0.9%，所占比重为 16%；文化装备生产企业营业收入为 5722 亿元，比上一年增长 2.2%，所占比重为 6.6%；文化消费终端生产企业营业收入为 16532 亿元，比上一年增长 5.5%，所占比重为 19.1%。由此看出，以“互联网 +”为主要形式的新闻信息服务企业营业收入增长速度较快，已经成为新时期文化产业发展的主要趋势。

（四）政策措施逐渐优化，产业发展趋势向好

数字经济环境下政府为促进产业发展纷纷制定适宜的政策，政策文件的密集出台使数字创意产业迎来了前所未有的政策红利。2016 年底《“十三五”国家战略性新兴产业发展规划的通知》将数字创意产业首次纳入其中，提出发展以数字技术和先进理念为支撑，推动文化创意与创新设计产业加快发展，形成文化引领、技术先进、链条完整的数字创意产业发展格局。2017 年《文化部关于推动数字文化产业创新发展的指导意见》确定数字创意产

---

① 樊华：《一大批项目即将落户西安》，《西安日报》2019 年 5 月 13 日。

业的发展方向和路径，动漫、游戏、网络文化、数字文化装备、数字艺术展示等领域成为重点发展产业。陕西省2018年数字经济工作要点指出，以互联网和数字经济为引擎，推动枢纽经济、门户经济和流动经济发展，发挥信息化和数字经济驱动引领作用，加快培育发展新动能。西安市也已出台《西安市加快通信基础设施建设行动计划》《西安市大数据产业发展实施方案（2017～2021年）》《西安市硬科技产业发展规划》《西安市发展硬科技产业十条措施》等政策文件，力促数字创意产业发展。

三　陕西数字创意产业发展态势分析

陕西数字创意产业迎来了大发展，实现经济下行压力增大背景下的逆势增长。由于产业基础的差异性，陕西数字创意产业发展呈现以下特征。

（一）产业规模快速增长，产业转型升级加速

目前，陕西形成以数字创意活动、数字创意技术设备制造、数字创意与融合服务和设计活动四大门类为代表的数字创意产业，并以数字创意活动和数字创意与融合服务作为典型行业代表。全省从事数字创意的企业有200余家，非公有制企业占比85%。据测算，未来数字经济行业年产值规模约达200亿元。自2009年以来，陕西共有13家企业获得文化和旅游部、财政部和国家税务总局认定的动漫企业，分别是陕西嘉荷空间图像设计有限责任公司（2009）、西安新昆信息科技有限公司（2009）、西安长风影视文化传播有限公司（2009）、西安创梦数码有限公司（2009）、西安市亿利达网络信息技术有限公司（2009）、陕西飞鸟文化发展有限公司（2011）、西安曲江乐雅动漫有限公司（2012）、西安喜洋洋影视文化传播有限公司（2012）、西安骄阳创意数字科技有限责任公司（2015）、西安新起点动漫科技有限公司（2015）、陕西鸣达鑫雨科技发展有限公司（2017）、陕西数字新媒体艺术有限公司（2018）、陕西凯创韵风影视文化传播有限公司（2018）。西安维真视界影视文化传播股份有限公司、陕西嘉荷网络空间开发股份有限公司

荣获2018年进口免税资格动漫企业，继续获得进口免税资格。2018年，专注移动互联网数字广告领域的易点天下成为西安首家独角兽企业，产业涵盖手机游戏、旅游等领域，拥有全球超过2000家客户，共建“一带一路”国家和地区的用户数量就超过20亿。2017年易点天下营收超过25亿元人民币，估值约11亿美元。与此同时，西安高新区发布了三家潜在独角兽企业，包括铂力特、浦斯金融、诺瓦电子，还有西安奇芯光电科技有限公司等12家独角兽培育企业，分布在新型显示技术、光电芯片、智能硬件、信息安全、大数据、无人机等领域。

截至2018年6月底，陕西省移动互联网用户普及率为102.9%，跻身全国前十强，居第6位。与此同时，陕西省手机流量资费水平、家庭宽带接入资费水平均降幅显著，同比下降分别超过65%和10%，降幅高于全国平均水平。围绕下一代互联网（IPv6）技术，陕西省在基础软件开发、核心芯片设计、云计算、大数据、AR/VR以及移动互联网等领域形成了产业聚集。西安智多晶微电子有限公司研发了国内首款拥有自主知识产权的海鸥系列FPGA芯片产品，其性能和指标均已达到国际同类产品的先进水平。陕西聚集了中电20所、631所等122家产值过亿的网信企业。其中，华为、中兴、IBM、中软国际、软通动力、英雄互娱等规模超过千人的企业12家；新三板挂牌的网信企业50家；主板上市的网信企业2家，分别是广电网络和烽火电子。华为、中兴、中软国际、海康威视、三星等正全力将自身打造充实为年收入超过百亿级的企业，并致力于成长为全省建设网络强省和发展数字经济的中坚力量。

（二）行业布局逐步完整，产品市场布局渐趋完善

1. 数字创意技术设备制造类别

这一类别主要包括数字创意技术、设备制造两个中类和电影机械制造、广播电视节目制作及发射设备制造、广播电视接收设备制造、专业音响设备制造、应用电视设备及其他广播电视设备制造、电视机制造、音响设备制造、其他智能消费设备制造八个小类。可以看出，以上门类主要属于文化制

造业行业。由于这一行业的数据未知，仅能从陕西文化制造业大类中窥知一二。2017 年，陕西文化制造业企业单位数为 166 个，排全国第 16 名，前五名是广东、江苏、山东、浙江、福建；年末从业人员数为 27048 人，排全国第 18 名，前五名是广东、江苏、山东、浙江、福建；营业收入为 3037517 万元，排全国第 18 名，前五名是广东、江苏、山东、福建、河南；利润总额为 198635 万元，排全国第 18 名，前五名是广东、江苏、山东、河南、福建。

从文化及相关行业九大类别来看，数字创意技术设备制造主要包含在文化装备生产和文化消费终端生产两大类中。2017 年，陕西文化装备生产行业企业单位数是 21 个，文化消费终端生产行业企业单位数是 52 个，这两个行业的企业单位数占陕西文化产业企业单位数的比重为 6.09%；文化装备生产行业年末从业人员是 3397 人，文化消费终端生产行业年末从业人员是 4688 人，这两个行业的年末从业人员数占陕西文化产业年末从业人员数的比重为 7.45%；文化装备生产行业营业收入是 195763.6 万元，文化消费终端生产行业营业收入是 1313882.9 万元，这两个行业的营业收入占陕西文化产业营业收入的比重为 18.76%；文化装备生产行业利润总额是 8189 万元，文化消费终端生产行业利润总额是 53851 万元，这两个行业的利润总额占陕西文化产业利润总额的比重为 11.65%。

2. 数字创意活动类别

这一类别主要包括数字文化创意内容制作服务、数字文化创意软件开发、数字文化创意广播电视服务、新型媒体服务、其他数字文化创意活动五个中类和应用软件开发，动漫、游戏数字内容服务，互联网其他信息服务，数字出版，有线广播电视传输服务，互联网游戏服务等 19 个小类。从文化及相关行业九大类别来看，数字创意活动主要包含在内容创作生产和文化传播渠道两大类别。2017 年，陕西内容创作生产和文化传播渠道两大行业的企业单位数占陕西文化产业企业单位数的比重为 40.7%，年末从业人员占陕西文化产业年末从业数的 19.54%，营业收入占陕西文化产业营业收入的 29.41%，利润总额占陕西文化产业利润总额的 7.79%。

在广电网络升级方面，陕西已于 2017 年 4 月启动“丝路云”融媒体平台项目，前期已投入1500万元，建设了满足基本需要的融媒体云平台和“中央厨房”指挥调度中心。“丝路云”融媒体平台项目是陕西广播电视台作为省级主流媒体，坚守阵地，从“相加”到“相融”，进而推动全省各级各类媒体在内容、渠道、平台、经营、管理等方面实现深度融合的重大举措，成为宣传陕西省贯彻党中央重大决策部署丰富实践的关键阵地。同时，陕西还上线了“秦岭云”融合业务系统。爱奇艺、腾讯产品已按期上线，游戏、教育板块整体规划已经完成。VR试点、优酷和芒果正稳步推进。陕西省电信普遍服务项目光缆到达村数量2271个，实现业务开通村数量为576个。陕西还开展了广电乡村扶贫工程，已有87个县（区）启动了该项工程，为当地扶贫户提供数字电视服务。

在动漫游戏方面，陕西加快动漫产业供给侧结构性改革，完善动漫产业链，创造适宜动漫产业发展的外部环境，抢占西北乃至全国动漫产业创意高地，树立了“动漫陕军”的新形象。截至2016年末，全省动漫、网络游戏总产值超过20亿元，上缴利税超过1亿元，从业人员达2万余人，对相关产业的拉动比例达到1∶8，陕西文化创意设计服务投资额达到了56.8亿元，增速达到了102%。《红色延安》《六尺巷》《穆王八骏》《巧说本草》等一批具有陕西本土特色的原创动漫产品，获得了较好的行业口碑和市场份额。随着电子竞技市场需求的激增，电竞产业迎来了快速发展时期，拥有广阔的市场发展前景。曲江新区对发展电竞产业进行全面规划布局，大力实施“文化+电竞”战略，电竞时代全面开启。曲江新区联合英雄互娱共建总规模20亿元的曲江英雄互联网产业基金、联合索尼“中国之星计划”成立总规模3亿元的曲江电竞产业发展基金，为电竞产业快速发展提供金融支持。依托英雄互娱在曲江二期建设可容纳12000人的综合型场馆，打造国际化电竞比赛场馆。同时，曲江新区还制定了《西安曲江新区关于支持电竞游戏产业发展的若干政策（试行）》，鼓励企业在区内组织承办电子竞技赛事，对企业游戏开发补贴、游戏上线、人才公寓、宽带资费、俱乐部参赛、企业上市等内容进行了规定。目前，量子晨双创产业园于2018年3月落地，WE电子竞技俱乐部强势加盟。西北电子竞技中心已落户西咸新区沣西新城。陕西 CCEC 电子竞技协会于 2015 年 6 月 22 日在西安培华学院成立，这是陕西唯一由高校间组建的电子竞技团体。CCEC 高校电竞协会目前运营稳定，已经有高校 50 余所加入，正在筹备俱乐部的组建。

在数字出版领域，西安国家数字出版基地是 2012 年 6 月由原国家新闻出版总署批准成立的国家级数字出版基地。数字出版基地为数字出版相关企业提供办公场所并实行税收减免等，同时，出版社还可以通过项目申报获取国家出版基金的项目补助。陕西还成立了新华出版传媒集团数字出版基地，该基地数字化制作转码水平已达到超国标水平，与亚马逊、咪咕、多看、苏宁易购、掌阅、京东等国际国内行业顶尖单位密切合作。基于移动互联网技术的“数字图书馆”已投入市场，该基地开发了农家书屋 Web 版（农翼网网站）、数字阅听 App（书翼网、农翼网）、设备端数字图书馆等数字文化创意产品，可提供数字农家书屋、24 小时自助智能社区书屋、24 小时自助智能街区书屋、24 小时自助智能校园图书馆、家庭数字图书馆及全民阅读公共服务网络平台等公共阅读基础设施建设方案。

3. 设计活动类别

设计产业是代表数字创意产业的重要门类。这一类别主要包括数字设计服务中类，工程设计活动、规划设计管理、工业设计服务、专业设计服务四个小类。从文化及相关行业九大类别来看，设计活动主要包括在创意设计服务门类中。2017 年，陕西创意设计服务行业企业单位数占陕西文化产业企业单位数的比重为 13.43%，年末从业人员占陕西文化产业年末从业数的 10.69%，营业收入占陕西文化产业营业收入的 8.53%，利润总额占陕西文化产业利润总额的 12.25%。

西安设计产业门类齐全，产业规模和总体实力居全国前列，在工业设计、文化创意设计、建筑工程设计等领域拥有较为明显的特色优势。西安拥有各类设计机构超过 1000 家，设计企业超过 40000 家。西安飞机设计研究院、航天四院等设计机构在工业设计领域实力显著，嫦娥奔月、北斗导航等“西安设计”的成果已成为国之重器。在建筑工程设计领域，充满西安活力和魅力的城市地标比比皆是，如大唐芙蓉园、大明宫遗址园区、大唐西市等。在改造工业老厂区上西安具备较为突出的优势，大华 1935、老钢厂设计创业产业园、半坡国际艺术区的建成，既保留了独有的工业气息，又融入了最新的文化设计理念，散发着持久的文旅魅力。2019 年，西安正式推出一批富有深厚历史底蕴和文化色彩的异形交通卡片，包括玉玺造型卡、“唐妞”造型卡、杜虎符卡和玉佩卡等，使文创产品体现传统文化的精髓，让文创产业更加贴近生活，深受大众喜爱。

4. 数字创意与融合服务类别

这一类别主要包括数字创意与融合服务中类和互联网广告服务、科技会展服务、旅游会展服务、体育会展服务、文化会展服务、旅行社及相关服务、电子出版物出版、图书馆、博物馆等十个小类。从文化及相关行业九大类别来看，数字创意与融合服务主要包含在内容创作生产、文化辅助生产和中介服务两大门类中。2017 年，陕西内容创作生产、文化辅助生产和中介服务行业企业单位数占陕西文化产业企业单位数的比重为 32. 61%，年末从业人员占陕西文化产业年末从业数的 40. 53%，营业收入占陕西文化产业营业收入的 42. 39%，利润总额占陕西文化产业利润总额的 52. 11%。

（三）园区基地聚集、引领、辐射效应显现，重点企业表现突出

国家文化和科技融合示范基地是新时代文化科技创新最主要的抓手之一，是文化和科技产业提质升级的重要驱动。西安文化和科技示范融合基地是 2012 年第一批认定的国家级示范基地，其发展特色是文化科技推动“文化 + 文保 + 旅游 + 生态 + 民生”协同发展。自被认定以来，管理逐步规范，出台了《西安市国家级文化和科技融合示范基地建设实施方案》《西安国家级文化和科技融合示范基地示范园区和示范企业评价标准》，创建大量的文化科技融合领域双创服务平台。同时，西安市认定三批包括西安国家数字出版基地、西安软件园在内的 10 个文化和科技融合示范基地示范园区和包括西安曲江丫丫影视文化股份有限公司、西安新浪游戏开发

信息科技有限公司在内的83家示范企业。国家级文化与科技融合示范基地、国家级数字出版基地、国家级印刷包装产业基地的聚集、引领、辐射效应逐步显现，涵盖了基于网络传播服务的数字内容、动漫游戏和文化创意等新兴文化产业新业态，展现出骨干企业支撑、中小企业快速发展的良好局面，产业规模和企业聚集效应凸显，影视动漫、创意设计、电竞游戏等产业门类聚集发展。

西安文化科技创业城发挥市场配置资源的作用，创新建立“两级孵化器”，吸引二级孵化平台和投资基金，孵化创业团队纷纷入驻。西安北大科技园区已经汇集了大量优秀AR/VR企业，主要进行VR软件产品（游戏、视频、内容）的开发、VR模拟驾驶等应用系统类硬件研发以及对历史文化资源（如汉长安城）VR复原开发游戏、教育产品的研究与探索。西咸新区秦汉新丝路数字文化科技有限公司是秦汉新城与中国惠普有限公司携手打造的高科技企业，该公司的主要业务是为数字视效（CG）提供技术和增值服务，为文博机构提供综合数字解决方案，负责运营秦汉新丝路数字文化创意（产业）基地。秦汉新丝路数字文化创意（产业）基地整合、聚集了国内顶尖高科技资源以及秦汉新城的历史文化优势资源，通过打造秦渲云、秦汉历史文化资源云、秦汉数字文化服务云、秦汉文化教育云以及秦汉文化旅游云等，形成西北地区规模最大、国际技术领先的秦汉丝路文化云集群和数字文化企业集群，构建涵盖影视动漫、智慧旅游、数字博物馆、文创衍生品、展览展示、文化金融等数字文化创意产业全产业链。其中，秦渲云是为各类电脑动画、影视特效、建筑设计可视化、游戏以及商业广告等制作企业提供优质、高效、个性化的云渲染服务。2016年上线以来，秦渲云已为海内外数千家企业级用户提供了高效的数字渲染服务，通过云计算及大数据技术，形成了基于人工智能的数字内容渲染场景解决方案。2017年5月“西部动漫产业基地”正式落户西咸新区，已引进北京新画幅文化传播、飞鸟动漫、陕西龙图科技等优秀文化企业20余家。西部动漫产业基地和已有的西安高新区、碑林区、曲江新区三大动漫产业集群共同形成新的西安动漫产业集群。随着陕西动漫产业平台（2008年）、西安国家级动漫公共技术研发服务平台（2009 年）、陕西手机动漫公共技术服务平台（2011 年）及秦汉新丝路数字文化创意（产业）基地（2014 年）等一批基地平台陆续挂牌成立，陕西拥有更多的挖掘动漫产业创新空间和区域经济发展的基础。

（四）数字双创极为活跃，合作交流持续推进

陕西依托开发区和各产业平台搭建了文化产业投融资平台和动漫产业公共技术服务平台。随着双创、推进众创载体建设等政策的出台，陕西动漫产业平台形成了提供资源平台与园区骨干企业共同创建专业众创空间的模式。陕文投创建面向全国的艺术品交易平台、影视剧大数据评估平台和全省智慧旅游平台。陕西文交所面向全国开展艺术品质押融资业务，探索艺术品电子盘交易平台业务，成为全国业界赞誉的良好品牌，携手中科院西安光机所，设立“西安书画艺术品光谱技术实验室”，首次利用光谱技术为书画艺术品进行“X 光扫描”，通过引入光谱鉴定、定量分析，建立文化产业无形资产和提供艺术品的鉴定、评估、登记、托管、流转服务，有效推动文化资产的风险标准化。基于“陕西旅游网”系统整合全省旅游景区和文化演艺资源，实现线上购票、选座，线下扫码入园等功能，网站移动端已上线运营。陕文投集团通过对内孵化和对外投资双管齐下的方式，推动互联网、大数据、人工智能等高科技与文化产业结合，推动企业从传统业态向新业态转移，建立智慧旅游网络系统，开发运营陕西旅游网，网站已实现全省 160 家景区智慧闸机系统的对接；建立大数据影视版权评估系统，依托大数据与人工智能，版权公司研发了“剧医生”“剧博士”“剧统筹”等产品，探索建立了影视版权大数据综合应用平台；建立书画艺术品光谱鉴定平台。陕西文交所联合西安光机所设立了全国首家“书画艺术品光谱鉴定实验室”，已搭建实验室软硬件平台，初步建立了字画艺术品光谱成像技术采集系统。陕西广电网络传媒也与华为开展战略合作，在 5G/700M 融合无线网新技术推广、4K/8K 超高清电视平台建设以及基于华为云联合创新等领域深入合作。

四　陕西数字创意产业发展面临的问题

（一）产业发展潜力尚未全面激发，与其他城市相差太远

根据文化及相关产业年鉴，在全国 15 个副省级城市的排名中，西安 2017 年企业单位数是 445 个，居第 9 位，前五名是深圳、广州、南京、杭州、宁波，西安仅为深圳、广州企业单位数的 20% 左右。从年末从业人员数来看，西安 2017 年年末从业人员数是 54667 人，居第 11 位，前五名是深圳、广州、南京、武汉、杭州，西安仅为深圳、广州的 10% 左右。从资产总计来看，西安 2017 年资产总计是 9600928 万元，居第 9 位，前五名是深圳、南京、杭州、广州、武汉，西安仅为深圳、南京的 10% 左右。从营业收入来看，西安 2017 年营业收入是 5299866 万元，居第 10 位，前五名是深圳、杭州、南京、广州、青岛，西安仅为深圳、杭州的 10% 左右。从利润总额来看，西安 2017 年利润总额为 334133 万元，居第 11 位，前五名是杭州、深圳、广州、成都、南京，西安仅为杭州、深圳的 3% 左右。仅从西安数字创意产业来看，其总体实力还没完全发挥，相关数据排名依旧靠后。

（二）统计体系不完善，尚未纳入战略性新兴产业发展的高度

2017 年陕西省“十三五”战略性新兴产业发展规划提出，积极运用现代信息技术，重点发展数字出版、数字视听、数字教育和动漫游戏等数字产品，在音乐、美术、文物、非物质文化遗产和文献资源等方面进行数字化转化和开发，强化数字文化创意产品供给。基于新技术、新工艺、新装备、新材料、新需求，重点发展工业模型与模具设计、建筑设计、产品外形外观及包装设计、广告和平面设计，以及服装服饰、家居用品等时尚消费设计，提升数字创意设计服务水平。以物联网、数据分析、VR（虚拟现实）、AR（增强现实）、MR（混合现实）、全息投影等信息技术为基础，推动数字技术在制造、商贸、旅游、教育、医疗、展示展览等领域的深度融合，扩大数字创意

应用范围。虽然数字创意产业已被纳入战略性新兴产业的范畴，但关于数字创意产业的统计体系没有建立，2017 年战略性新兴产业发展数据尚未发布。

（三）文化产业投资不足，数字创意产业亦是如此

2018 年，陕西文化产业投资总额比上年增长 29.7%，是近年来推动投资增长的新动力之一。其中，新闻信息服务投资总额比上年增长 85.2%，占文化产业投资比重的 0.5%；内容创作生产投资总额比上年下降 5.9%，占文化产业投资比重的 10%；创意设计服务投资总额比上年增长 89.8%，占文化产业投资比重的 0.3%；文化传播渠道投资总额比上年下降 23%，占文化产业投资比重的 2.3%；文化投资运营投资总额比上年增长 157.3%，占文化产业投资比重的 5.4%；文化娱乐休闲服务投资总额比上年增长 29.9%，占文化产业投资比重的 70.2%；文化辅助生产和中介服务投资总额比上年增长 63.4%，占文化产业投资比重的 8.5%；文化装备生产投资总

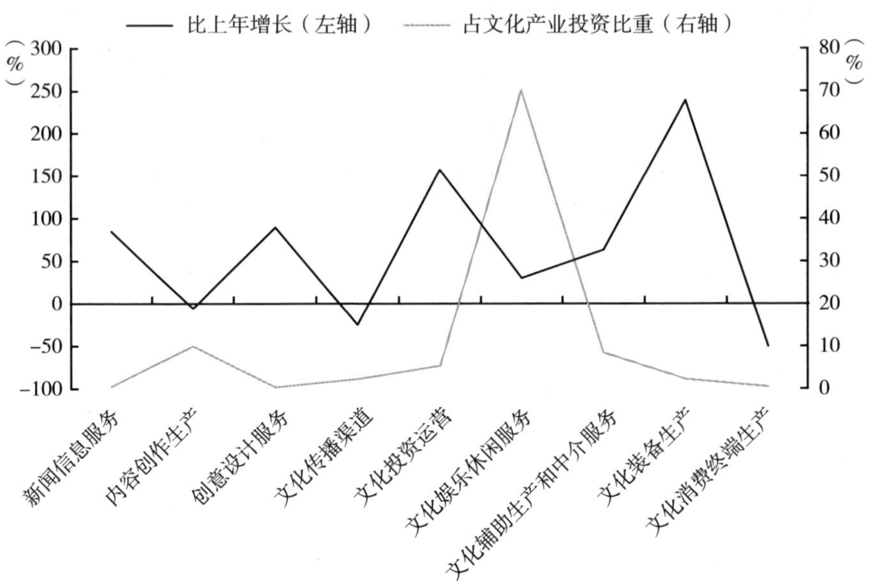

图 1　2018 年陕西文化产业投资增长及占文化产业投资比重

资料来源：《陕西统计年鉴 2019》。

额比上年增长239.2%，占文化产业投资比重的2.3%；文化消费终端生产投资总额比上年下降50.3%，占文化产业投资比重的0.5%。可以看出，与数字创意产业相关的内容创作生产、创意设计服务、文化传播渠道、文化辅助生产和中介服务、文化装备生产、文化消费终端生产的投资比重较小，产业配套融合发展明显不足，尚未成为引领陕西数字创意产业的主要行业。

五　基于文化科技创新的陕西数字创意产业发展趋势

文化科技创新驱动新兴数字技术的传播拥有了全新的渠道，数字创意产业迅速普及与发展。陕西制定合理的数字创意产业政策，促进数字创意产品的网络传播，促进数字创意产业的发展成为当务之急。数字创意产业的发展始终与数字技术息息相关，而数字技术又将历经自身发展的必要阶段。未来我们可以在进一步把握数字技术本身发展规律的同时加快数字创意产业的发展，使其成为文化产业转型升级的重要带动力量，成为产业融合发展的重要驱动力。

数字创意产业能够带动陕西文化产业转型升级。重视数字技术和文化装备的创新是数字创意产业重要的基础性驱动力。文化产业的转型和发展要紧紧抓住这一重大机遇，加快产业结构和形态的转换升级，为文化产业的腾飞创造新的可能。一方面，通过5G布局，加快网络基础设施演进升级，推动网络数字技术基础设施建设。加快数字创意产业领域内相互融合衔接，缩小产业边界，跨界发展。积极推动移动互联网、物联网、云计算、大数据技术在文化创意领域的应用，形成一批特色鲜明的数字创意产业园。在具备条件的骨干网信企业和孵化中小网信企业的园区中，择优开展陕西数字经济示范园（基地）试点建设。另一方面，加快数字创意产业与国民经济社会发展各产业门类的融合。数字创意产业能够与教育、贸易、物流等领域相结合，提升数字创意企业的品牌效应和文化内涵。要充分利用新兴科学技术加快文化产业数字化进程，从内容质量上强化文化品位和市场价值的提升，从创新模式上则鼓励业态联动。

数字创意产业不但能够满足日益增长的文化消费需求，更能改变区域经济发展结构，对增强区域核心竞争力具有重要意义。陕西优秀的传统文化可以作为数字内容创新的源泉，数字创意产业能够促进陕西优秀传统文化的保护和创新，为陕西传统文化持续注入新的时代内涵。陕西可以借助国家“一带一路”建设，持续推进文化和科技深度融合，开创经济发展新局面，全面激活历史悠久的文化产业活力，全面展示跨领域发展的新形象，在新一轮区域竞争中占据有利形势。2019 年陕西已开展数字经济试点示范工作，拟创建一批以数据为关键要素、以信息网络为重要载体、以数字业态创新为核心驱动力的数字经济示范区（基地）和项目（平台），探索数字经济发展路径和模式，带动区域经济持续健康发展。

加强要素保障，完善优化政策环境。加强人才、资金和数据保障，加快培养一批数字经济企业家和数字科技精英人才，引导产业投资基金更多地投向数字关键领域，撬动更多社会资本参与数字创意产业发展。构建省级信息资源共享机制，打通信息壁垒，建立覆盖全省的数据共享平台。完善优化政策环境，营造规范有序、鼓励创新的产业发展环境。健全数字创意产业法律法规，制定数据资源确权、流通和交易相关规定，引导数据有序流通。进一步出台数字创意产业的相关确定概念以及最新分类的标准等相关文件。高度重视基于科技文化创新驱动的数字创意产业的培育和发展，以科技与文化的深度融合营造新型发展空间，以文化体制机制的创新助推新型文化业态，释放科技、文化资源优势为陕西供给侧改革添砖加瓦，形成利于成果转化的“人才＋技术＋资本＋服务”的发展模式，推动陕西科技资源优势和文化资源优势向经济优势转变。

B.6
陕西电影产业的现状及对策研究

韩红艳*

摘　要： 陕西电影产业的现状表现为电影产品在数量和质量上都比之前得到了提高，电影的影响力得到提升，举办丝绸之路国际电影节和建立影视基地，产业聚集力逐渐增强，但是也存在市场认可度低、优秀电影作品偏少、产业聚集度低、电影队伍人才短缺、企业融资渠道不畅等突出问题。对此，本文提出的解决对策为：优化发展环境，推动电影产业链的完善；扎实推进电影精品生产；加强陕西影视人才队伍建设；由政府引导，拓展电影融资渠道。

关键词： 电影产业　市场　人才　陕西

为了实现中国电影从“电影大国”向“电影强国”转变的目标，2010年国务院办公厅发布了《关于促进电影产业繁荣发展的指导意见》。2015年，国务院审议通过了《中华人民共和国电影产业促进法（草案）》。这一政策法规的出台让2015年度国产电影总票房同比增长了48.7%。2016年，《中华人民共和国电影产业促进法》颁布，对电影产业的发展进行了指导。2018年，中共中央《深化党和国家机构改革方案》出台，电影管理职责划归于中宣部，成立了国家电影局。一系列政策法规的出台，是为了“更好发挥电影在宣传思想和文化娱乐方面的特殊重要作用”。

---

* 韩红艳，陕西省社会科学院文学艺术研究所助理研究员，研究方向为文化研究和文学评论。

2010年，陕西省根据中央的指导意见，制定了《关于促进电影产业繁荣发展的实施意见》，提出把陕西建设成为“电影强省”的发展目标。一系列政策的出台，对陕西电影而言，是机遇也是挑战。陕西电影曾在20世纪80年代大放光彩，获得众多的国际奖项，也让一批导演、编剧和演员名扬天下。但是随着社会的发展，陕西电影发展徘徊不前，与曾经拥有的根基不相匹配。陕西电影如何在新的发展形势下谋求发展壮大，成为陕西电影产业发展面临的最大问题。

一 陕西电影产业的现状分析

（一）陕西电影制片概况及分析

1. 陕西电影生产数量提升

从2015年到2018年陕西电影的立项以及拍摄情况可以看到，陕西电影无论是立项还是生产，都在逐年上升，持续增长，在全国的排名从第6名提升到第4名（见表1）。

表1 2015~2018年陕西电影立项生产情况

单位：部

年份	立项	生产	全国排名
2015	84	30	6
2016	108	42	4
2017	164	64	4
2018	169	76	4

2. 陕西电影以小成本为主，营销发行不佳

陕西电影以小成本为主。比如2015年拍摄的30部电影，投资在1000万~2000万元的有2部，800万~1000万元的有2部，500万~800万元的有3部，200万~500万元的有17部，200万元以下的有6部。小成本让影

片艺术和技术质量不高，导致投入产出比不高，票房也是无从保障。2015～2018年，陕西的电影基本以小成本为主，没有大投入和大制作。小成本也意味着没有资金进行电影的营销，而电影营销是票房背后的重要推动力，陕西电影在此方面则表现不佳。

3. 陕西电影票房收入情况

2015年全国票房收入为440.69亿元，2016年是492.83亿元，2017年是559.11亿元，2018年是609.76亿元，可以看到陕西的票房收入和全国票房的总收入曲线一致。独立影评人曾世湘预测，陕西2019年的票房收入将与上年持平，估计在14.5亿元左右。2015年陕西的票房占到了全国票房的2.40%，到2018年陕西票房占比为2.34%，基本没有变化（见表2）。因此，陕西电影产业没有形成强大的竞争力，在经济效率和社会效率之间没有形成很好的平衡。

表2　2015～2018年陕西电影票房收入情况

年份	影院数量(家)	票房收入(亿元)	同比增长(%)
2015	179	10.40	44.4
2016	210	11.51	10.7
2017	278	12.78	11.03
2018	321	14.27	11.66

（二）陕西电影的影响力较之前有所提升

在电影创作方面，陕西近4年拍摄的影片质量较以往有了提升，生产类型和题材也较以往丰富。2015～2018年，陕西一共生产了155部电影，21部影片登陆了院线，《塬上》《大漠雄心》《血狼犬》等15部影片在国内外荣获了41项大奖。特别是《塬上》获得第39届莫斯科国际电影节最高奖项圣乔治金奖。整体而言，陕西电影大多是主旋律电影，依托自身的历史文化特色，获得了众多的奖项。

（三）举办丝绸之路国际电影节和建立影视基地，产业聚集力逐渐增强

1. 举办丝绸之路国际电影节，搭建对外交流平台

丝绸之路国际电影节由陕西、福建两省轮流主办。2014 年，陕西成功举办了第一届丝绸之路国际电影节，并先后举办了第三届、第五届丝绸之路国际电影节，吸引了丝路沿线各国电影人和机构进行文化交流与合作，同时与一些国际电影节签订了合作协议，为陕西电影的对外宣传提供了很好的平台。对陕西的电影人来说，这将会拥有更多的机会学习和借鉴国外电影的制作经验，提高本土电影的工业化水平和艺术品质。

2. 建立丝路国际电影城和西影“电影圈子”

2019 年 7 月 9 日，陕文投集团在西咸新区沣东新城投资建设“丝路国际电影城”，这是陕西省“十三五”规划的文旅发展重点项目，有利于壮大陕西影视以及文化产业规模。2016 年 10 月，投资 10.3 亿元的“电影圈子 · 西影电影产业集聚区”开工建设。两年之后，“电影圈子 · 西影电影产业集聚区”建成。“集聚区涵盖了影视创作生产、影视拍摄、影视文化体验、教育培训、电影基金、版权运营、文化娱乐、艺术商业等多种业态、多样功能，包括西影中心、西影 TIME、西影电影艺术体验中心、胶片电影工业馆、光影剧场、西影生活美学馆、电影主题酒店等多个承载影视产业功能的建筑空间，以电影为核心，以产业为方向，助推‘电影 +’产业融合”。[①]

3. 举办国产影片推介会

陕西省自 2017 年以来，一共举办了四届国产影片推介会。比如 2019 年 6 月 12 日在西安举办了“2019 年暑期档暨陕西省第四届国产影片推介会”，全国的影视公司推介了“暑期档”的电影。推介会不仅给本省的电影行业带来了良好的社会效益，而且推动了本省电影票房的增长。四届国产电影推

---

① 曹瑞：《增强产业聚集　助力陕西电影发展》，《陕西日报》2019 年 8 月 7 日。

介会，首先让本省的城市影院及相关企业和全国的电影企业相互沟通交流，建立了合作的平台，让本省的电影产业得到发展；其次，推介会总结了本省城市影院的工作经验，对经营实践中取得的新思路和新方法进行了交流分享，可以得到共同的提升；最后，通过推介会，影院方可以更好地针对本省观众做好影片的宣传和放映工作，让好影片赢得人心，让观众为好影片“买单”。

二　陕西省电影产业存在的问题

（一）电影的市场化程度低，票房低迷

1. 电影产量虽高，但是产值太低

陕西的影视公司把“获奖”放在头等位置，对影片的商业价值考虑不多。目前陕西出台了相关政策，只要影片在“央六”黄金时间播出，就会给予300万元的补助，这导致一些小成本的制作，都在向“央六”推送，而不考虑市场的需求。近几年来，陕西本土的电影能在院线播出的是极少数，而且有的还只在少数影院播出，票房也很低。综观近几年的陕西电影，以主旋律的影片居多，大多是为了评奖或者得到政府的补贴。商业片太少，票房收益低，难以实现经济效益和社会效益的统一，“在创作生产既体现主流价值又占领主流市场的内容方面，仍旧是难题”。①

2. 陕西电影的研发力量不够，缺乏营销

电影虽然有宣传教育的功能，但是它讲究“润物细无声”，需要艺术地讲好中国故事，需要以市场为导向，按照电影的创作规律去生产。陕西影视公司在影片的研发方面力量不足，对电影市场的走向和观众的需求把握不准，没有明晰的受众和市场定位，影片无法满足观众的需求。没有市场的支持，导致了陕西电影经营模式单一，影片大多依靠“央六”电影频道的播

① 尹鸿、洪宜：《改革进行时：国有电影企业的现状与走向》，《电影艺术》2019年第4期。

出权获利，或者通过获取奖项用政府奖励来保证收益。

2015 年，中国电影市场经历了快速增长的阶段，这背后电影的营销功不可没，营销费用达到了 38 亿元。新媒体的营销费用为 5.78 亿元。陕西电影在营销发行方面所投资金和精力甚少，对新媒体渠道的运用不足。当前，传统的营销方式已经落伍，中国电影正式进入“新媒体宣发新时代”，“从整体看，中国电影的发行放映市场竞争越来越剧烈，互联网平台由于集用户、数据、信息、消费、传播于一体，越来越体现出新媒体平台的优势地位”。①

（二）优秀电影作品偏少，作品题材单一

1. 内容创新不足，精品太少

陕西省电影产品有数量缺质量，精品力作不多。陕西电影拍摄手法和理念相对陈旧，技术上落后，让陕西优秀的历史文化资源没有得到充分的挖掘。其原因在于：“在电影的创作生产领域，除中影和上影以外，国有电影企业大多只能承担一些政策性、政治性的电影生产项目，难以主导具有市场影响力的电影内容。多数国有企业通常是生产中低成本的影视作品，或者作为投资方之一参股电影的生产。国有电影企业缺乏影视产品的主导权、版权控制力，文创企业未来的发展将受到种种限制。”② 这给出了制约陕西国有电影企业的原因。陕西民营影视公司多，但是缺乏资本和人才，一直难以壮大。

2. 电影作品题材单一，缺少时尚感

陕西电影给观众的最大印象是“乡土气息浓郁”，以拍摄农村题材和历史题材为主，作品类型单一，同质化现象严重，特别是缺少都市、动作、青春类型的影视题材。“如何在影视创作中更好地彰显地域文化特色同时又能走出这一桎梏，不固守一片黄土地，从拍摄题材、形象风格上求新求变，是

① 尹鸿、李天语、孙俨斌：《2018 年中国电影产业备忘》，《电影艺术》2019 年第 2 期。
② 尹鸿、洪宜：《改革进行时：国有电影企业的现状与走向》，《电影艺术》2019 年第 4 期。

陕西影视文化品牌形象突围的关键所在”。[①] 从20世纪80年代西影集团拍摄的一系列电影到现在的电影，作品大多数是历史、农村题材，而在爱情片、喜剧片、动作片等占据市场份额的题材上，却没有大的建树。而且，在儿童片、动画片、科幻片、音乐片的生产中，几乎很少涉及。

（三）产业聚集度低，产业链不健全

1. 电影产业链尚未形成

陕西电影产业之所以还不够强大，关键之一在于电影产业聚集度不高，产业链不够完善。从电影的投资、制作、发行、放映等环节，以及影视基地建设、院线建设、演艺经纪等来看，都没有形成全产业链模式，而数字化技术、互联网的融入以及电影公司的规模化对电影产业的调整和优化，都需要去深入实践和发展。比如就陕西影视基地而言，政府扶持不到位，配套政策缺席。浙江横店影视城，有数百家影视企业，依靠的是优惠的税收政策和土地政策。陕西的曲江影视也入驻了一些企业，但是后继乏力，政府应该在减免税收政策方面给予优惠条件。

同时，陕西本土电影票房低，难以带动衍生品市场，即使有衍生品，也忽视衍生品的市场效益和实用价值。在欧美的电影产业市场中，电影票房只占到1/5，其他4/5依靠的是票房之外的衍生品。电影《哪吒之魔童降世》在市场大火，由于正版衍生品推出得比较慢，假冒品泛滥。只有电影的好票房才能保证衍生品的大卖，在电影没有播放之前，票房无法预测导致衍生品的授权无人问津，而当票房大火的时候衍生品开发滞后。因此，衍生品的开发体系迫切需要构建。摩点推出的哪吒衍生品实行了“众筹模式”，预售额突破了千万元，证明了动漫衍生品有巨大的市场潜力。陕西电影业缺乏开发衍生产品的人才和团队，缺乏版权意识和优质的电影，因此不能有效地将电影作品与人们的吃喝玩乐结合，如游戏、服饰、饮食、玩具和旅游等，不能有效地融入民众的日常生活意味着很难将文化资源和

---

① 王薇：《影视困境下的反思》，《西部大开发》2018年第6期。

文化消费紧密联结。“进行深入细致的市场调研，找准目标群体、开拓销售渠道并研发出相应衍生产品，是加快陕西影视产业发展的重要路径之一”。①

2. 小的影视企业众多，缺乏引领性的大企业

目前，陕西影视公司有400多家，总体来看实力弱规模小，缺乏跨行业、跨地区的大企业。国有的西影、陕文投、曲江影视这几年在电影生产方面建树不多。比如2015年，企业产量超过3部的有7家（年产2部以上的仅有1家），产量为2部的只有5家，注册资本多在1000万元以下。大一点的不过千万元，小一点的数百万元。民营的小公司居多，意味着没有雄厚的资金运作，产量不多，质量不佳，竞争力不强，这一直制约着影视公司的发展壮大。再加上陕西的经济不发达，民营资本很难进入影视行业，因而影视公司普遍实力不够强。虽然陕西省人民政府办公厅出台了《关于金融支持陕西文化产业做大做强的指导意见》，但由于影视行业的高风险很难把控，在实际中相关政策操作起来不容易。

3. 院线建设不足

电影对外传播的主要途径要依赖于院线，而陕西电影产业缺乏有影响力的电影院线，长安院线在西安本土的影院中独占鳌头，陕文投的省级电影院线“文投院线”基本覆盖陕西，但是在万达、中影、保利、太平洋等院线的冲击下，本土影院的份额在缩小，竞争力不足。这对陕西电影的大规模发行造成了一定的负面影响，成为制约陕西电影发展的问题之一。院线为了生存壮大，会在黄金档期安排进口大片和国产热门影片，排片率很高，抢占放映空间，而众多的中小影片和文艺片难排档期，排片率很低，不能保证放映空间，甚至主流院线进不去。影院存在的好坏取决于“地利和人和”，陕西本土影院起步早，地段和硬件设施不好。顶级影院都在核心的购物中心，越做越好，进一步挤占本土影院的发展空间。

---

① 杨艳伶：《陕西影视产业发展现状及对策分析》，《电影评介》2013年第12期。

（四）电影队伍人才短缺，人才储备不足

1. 电影的各门类均缺乏领军人物

知名导演、资深编剧和一线演员等核心人才是影视公司提升竞争优势的核心资源。各大影视公司近年来出现“抢人大战”，而陕西本土的影视人才严重流失。陕西电影产业人才引进、流动和对外开放合作互利共赢的大格局尚未形成，缺好导演、编剧、演员，缺好制片人和项目人，“长期以来，陕西缺乏既懂专业知识又懂市场运营和金融资本的影视复合型人才，这是制约陕西走向影视强省的重要因素。业内人士认为，陕西影视产业的一个突出矛盾是经营性影视人才稀缺，一些文化企业的领导人多数都是艺术家或文化人出身，没有接受过现代企业经营管理的系统学习和实践，缺乏市场运作经验”。①

2. 人才管理机制不健全，专业技术人员的梯队建设有待加强

影视业对管理人才的要求有三点，第一是要专业熟练，第二是懂得市场运作，第三是能很好地把握国家文化产业政策。在人才的管理上，不能用行政手段过度干预影视创作，如果一味地以行政干预，会形成恶性循环，造成人才流失。目前国有企业的管理人才，大多是上级主管部门任命，如果不懂专业很难开展工作，不懂市场很难让公司发展壮大，不能把握国家的文化产业政策，很难引领企业往更好的方向发展。目前，陕西人才流失严重，导致人才储备不足，比创作型人才更缺的是经营和管理人才，缺少好的制片人。人才梯队尚未建立，专业技术人才和高级管理人才数量在影视就业总人数中的占比不足1/3。特别是青年骨干缺乏，团队建设滞后，和陕西影视产业的发展需求不匹配。

（五）政府资金投入不足，企业融资渠道不畅

1. 政府的财政支持力度有限，影视投资整体偏低

陕西省“每年安排1亿元专项艺术基金，对列入省级重大文化精品项

---

① 王薇：《影视困境下的反思》，《西部大开发》2018年第6期。

目给予资助，影视作品资助金额一般不超过500万元”。① 相比之下，一些省份的扶持力度均高于陕西省。比如“规模达1.6亿元的湖南省文化产业发展专项资金采取贷款贴息、资金补助、投资参股等方式拉动社会资金，并带动14个市州设立了文化产业发展专项资金，用于支持当地文化产业发展”。② 因此，缺乏政府更多的资金扶持，而且政府大多扶持的是国有影视公司拍摄的主旋律影片。同时，国有企业和民营企业在影视产业市场中的占比严重不均衡，国有影视公司数量不多，但其产值占整个行业的主要部分。陕西民营影视公司数量众多，市场竞争力不强，有些公司缺乏长远的规划，喜欢盲目跟风，电影拍出来之后没有办法播出，这造成了民营影视公司数量上庞大、实力上很弱的局面，让影视投资整体偏低。

2. 没有形成电影生产融资渠道多元化

可以看到，陕西电影的资金主要由政府力量主导，民间资本难以流入电影行业，因而企业没有形成多元化的融资渠道。陕西省广电网络集团公司从2001年到2015年，一共募集资金60多亿元。而上海广电旗下的东方明珠吸纳了百视通之后，在2015年其市值近2000亿元。陕西影视企业众多，但资本市场不发达，导致民间资本难以进入。能拿出上千万元资金拍摄的影视公司很少，能拿出几千万元资金拍摄的公司极少。而现在的大片和热门影片都是上亿元的投资，最起码也是几千万元投资的中等制作。笔者曾经采访了陕西一家小型影视公司的负责人，他说自己目前在拍一部影片，拿出了自己的全部积蓄，还向亲朋好友借钱。小影视公司的影片如果票房不好，收不回成本，那么生存都成问题，或者只能倒闭。民营企业难以得到政策的优惠和扶持，又没有资本很好地运作，即使有心去做事情也很难实现。

① 《陕西省人民政府关于支持文化大发展大繁荣若干财税政策的意见》，《陕西省人民政府公告》2012年第18期。

② 张玲：《湖南：文化金融释放企业创新活力》，《中国文化报》2017年1月4日。

三　陕西电影产业繁荣的对策

陕西省有丰富的历史文化资源可以挖掘，有西影集团在国内外的影响力，同时丝绸之路国际电影节为陕西电影“走出去”和对外宣传架起了一座桥梁，这些良好的基础是陕西电影发展及壮大的优势所在。但是，和一些电影产业起步较早的省份相比，陕西电影产业已经错失先机，起步较晚，没有很好地利用自身的优势资源。目前，这些优势资源要利用和转化为电影资源，还需要时间“静待花开”。

（一）优化发展环境，推动电影产业链的完善

1. 加大行业政策创新力度，优化发展环境

2014 年，财政部联合发改委等六部门出台了《关于支持电影发展若干经济政策》，上海、湖北、重庆等地也纷纷出台相应政策。2015 年，陕西省新闻出版广电局起草了《陕西省关于支持电影发展若干经济政策的实施意见》（简称《实施意见》），从扶持电影精品、实行电影金融支持政策、推动电影工业发展、促进电影发行、支持影视基地和影院建设、推动电影版权运营、加强电影公共服务体系建设等方面，全面促进陕西电影发展。《实施意见》报送陕西省委宣传部，着力推动省委宣传部联合省发改委、财政厅等单位，争取尽快实施，为陕西电影发展提供强有力的政策支持。政府要加大扶持政策，探寻符合影视特点的税收制度改革和税收优惠体系建设，切实地让电影产业做大做强。

2. 积极构建产业平台，培育有影响力的企业

目前，陕西省设计构建一个集聚区、六大产业平台——影视产业集聚区、政府综合服务管理平台、影视剧本原创中心、影视金融担保平台、影视技术制作平台、影视宣传发行平台、影视衍生品开发平台①来形成自己的“全产业链模

① 高山：《拓展视野创新思路　影视陕军开启新旅》，《陕西日报》2016 年 3 月 28 日。

式”。西影、陕文投、曲江影视等影视集团在陕西省内规划建设影视城项目，部分项目初见雏形，如神木神影村影视基地、西安白鹿原影视城等，但是知名度不高，产业优势还需要加强。同时，陕西要积极建设陕西本土有影响力的影院，加大对长安院线的资金支持力度，加快自有控股影院的数量和规模，做大做强长安院线；拓展电视、网络等播映渠道，提高陕西电影的播放率。

要构建陕西影视集聚区，围绕主业做强西影集团，营建陕西电影创作的主流平台，努力扩大西影集团在全国的市场占有率。西影集团应以“大制作”为重心，着力推出在全国具有影响力、票房领先的产品。民营企业机制灵活，要走差异化和多元化的道路，而且要抱团取暖。“在坚持国有属性前提下，打破国有资产条块分割的隔绝，最大限度地让市场去配置、优化、整合资源，给予企业更大的自主性，尊重文创行业和影视行业的产业规律，形成能够释放人的创新精神和企业生产力的体制机制，最终形成若干家产业链完整，能够跨区域、跨媒介、跨领域的大型综合性国有影视传媒集团”。[①] 民营影视机构应积极开发中小成本影片、动画片、电视电影等领域。要壮大民营企业，“陕西民营影视公司有必要整合资源，走集约化发展道路。以影视产业为中心，整合创意、技术、人才、资本和市场，构建业务组合体和经济体，培育核心竞争力”。[②] 最近几年，电影界都在倡导要提高中国电影的“工业化”，只有形成了相应的标准和规范，才能让行业升级，否则作坊式的模式很难发展壮大。中国电影工业化程度还处在一个初级阶段，而陕西电影还处在“手工作坊”的阶段。

（二）扎实推进电影精品生产，增强核心竞争力

1. 打造剧本创作中心，对原创电影进行扶持

扶持原创电影剧本创作，把剧本研发作为自己的核心竞争力，在陕西打造电影剧本生产和版权交易中心。比如可以举办全国性的电影剧本评选，向

---

① 尹鸿、洪宜：《改革进行时：国有电影企业的现状与走向》，《电影艺术》2019 年第 4 期。

② 刘祥文：《陕西民营影视公司运营策略分析》2012 年第 6 期。

相关的杂志社推荐优秀的剧本刊发，并且推荐给相关影视机构；建立电影剧本创作基地，为剧作家搭建剧本交流和交易的平台，这不仅能有效提升剧本的创作热情，而且能让剧本创作符合市场化运作规律；定期邀请资深业内人员举办一些高端论坛，分析剧本创作存在的问题和市场的需求等；对一些有潜力的编剧进行培训，加大对创作人才队伍的培养和支持；陕西有“文学陕军”的影响力，可以资助电影与各种文学作品进行相互转化。

对本土原创电影加大扶持力度，资助原创的优秀影片摄制。一些有口碑的电影在市场上不太受欢迎，可以在艺术院线播出，实行票价优惠、政府补贴。这样可以吸引更多的观众到影院观看，培育观众的审美能力。或者在网络上进行播放，提高其影响力。同时，对网络电影进行扶持。“2018 年中国院线电影增速放缓，网络大电影却逆势而上，成为中国电影产业的重要部分。这说明电影与互联网行业的融合已经进入了一个更加规模化、产业化和专业化的增长期”。[①] 网络电影具有成本和票价低、接受及时、推送智能的特点，受到一些观众的青睐。

2. 从电影的内容到形式进行新的尝试

首先，陕西电影要尝试从“主旋律电影”到“新主旋律电影”的转换。新主旋律电影可以“打动市场”，像《战狼 2》《流浪地球》《中国机长》《攀登者》等市场化成熟的电影实现了票房口碑双赢。其次，《我不是药神》《无名之辈》等电影票房火爆，证明了电影市场对现实主义题材的呼唤。在现实主义题材电影的拍摄方面，陕西有这方面的优势，需要进一步深入地挖掘，挖掘更多的人文的、人性的影片。《我不是药神》获得了“五个一工程”奖，也给电影人一次有意义的启示，在反思社会问题的时候，如何艺术地讲好现实故事，引起社会的共鸣。再次，陕西有丰厚的历史文化资源，需要将这些资源进行现代化的转变，需要符合当下人的审美需求，影片才能获得市场的认可。最后，陕西的文艺片市场大有可为，可以深入地挖掘与生产，20 世纪 80 年代一大批获奖作品为陕西奠定了文艺片的基础。

---

① 陆佳佳、刘汉文：《2018 年中国电影产业发展分析报告》，《当代电影》2019 年第 3 期。

（三）加强陕西影视人才队伍建设

1. 提升企业管理层的专业化水平，扶持年轻的电影人

人才资源是陕西电影产业发展的关键因素，要高度尊重创作，信任人才。国有电影企业在坚持党的领导的前提下，应该尽量避免“过度行政化”，建立具有激励机制的人力资源制度。唯有这样，才能有效激励人才和吸引人才。影视公司可以与导演、编剧、演员通过签约、入股等方式进行合作，将人才与公司凝聚在一起，让人才得以施展才华，让企业得到长远发展。目前，中国影视缺乏好的制片人，大多采用“导演中心制”，应该大力倡导“制片人中心制”。好莱坞的电影工业化比较成熟，大部分电影在制作中采用“制片人中心制”。但中国电影工业化程度低，缺乏优秀的制片人。因此，要建立制片人的奖励机制，扶持有实力的制片公司。

要重点培养一批懂电影、有情怀的年轻电影人。目前中国年轻的电影创作群体正在迅速崛起。年轻电影人对观众的审美经验和情感诉求更能把握，具有鲜活的时代感，拍摄的电影能推动电影市场的发展。比如《无问西东》的李芳芳、《我不是药神》的文牧野等，这些新生代导演的电影已经赢得了市场和口碑。这就需要确定电影人才培养目标，形成人才梯队的发展格局。陕西电影要多扶持新生力量，要任用专业能力强的年轻人才，充分放权，形成自己的人才队伍。

2. 电影学院为企业提供人才保障

“陕文投集团、西影集团与西北大学，正在积极筹划成立‘西影国际电影学院’。电影学院将联合南加州大学电影艺术学院开展国际化影视艺术人才的培养，力争打造国际一流的电影学院。同时以高端的影视职业教育为引擎，大力拓展影视技术再教育职业培训。”① 要为人才的培训创造机会，让人才真正走到欧美等国去学习，培养国际化的影视人才，为影视陕军“走出去”打下坚实的基础。既有市场意识又兼具艺术素养的人才将是未来电

① 高山：《拓展视野创新思路　影视陕军开启新旅》，《陕西日报》2016 年 3 月 28 日。

影市场的中坚力量。这些复合型人才既能把握电影的主题引领，又能遵循文化娱乐市场的规则，实现口碑和票房的双赢。

3. 加强陕西电影评论和研究的力量

影视生产和评论可以相互促进，陕西需要打造自己的电影评论队伍，对陕西电影产业进行深入研究和反思，把脉问题所在，为陕西电影积极发声。因此，要让电影评审的专家队伍专业高效，让其对实际的电影项目进行关注，让电影的生产得到真正的落实，而不是热衷“论证”项目。一些评论电影的人出身于文学专业，一些人在用评论文学的方式评论电影，往往是隔靴搔痒而不得要领，导致电影的创作和评论并没有有机地结合起来，评论的话语得不到回应。因此，要培养专业的评论队伍，可以利用全国的各种资源进行培训辅导，建立常态化的培养机制，让电影的评论为生产呐喊与发声。

（四）由政府引导，拓展电影融资渠道

影视投资融资平台的建立非常迫切。我国目前的电影融资渠道比较多元化，有银行融资和股市融资，还有私募基金、专项电影基金、互联网融资等，陕西省这方面很不成熟。首先，可以由政府引导进行投资，设立影视产业投资基金，吸引社会各类的资本参与影视业投资。基金可以直接投资影视机构，为影视剧的生产制作提供资金支持和贷款担保，同时向金融机构提供成品保险，以此实现基金的滚动发展。2019 年 8 月 27 日，千甲文化董事长杨竣然牵头，发起了 10 亿元资金规模的长安影视基金，这将为陕西电影文化产业的发展助力。其次，政府可以支持一些商业银行开展版权质押贷款业务，由投资基金或保险公司提供担保，为影视业发展提供稳定的银行贷款渠道。由于影视融资风险难以估算，投资者对其缺乏信心，很多银行需要实物抵押，这项工作开展得并不顺利。因此，无论是银行贷款，还是民间投资，先要建立完善的无形资产评估体系，给投资者以信心。最后，还可以通过在影片中植入广告、进行互联网众筹等方式融资，扩大影视企业的融资渠道，让民间资本充分利用起来。

B.7
陕西博物馆文创开发政策和保障措施研究

郭艳娜*

摘　要： 近几年，国家出台一系列关于鼓励博物馆进行文创开发的利好政策，极大地激励了各大博物馆发展文创的热情，但是在走访试点的过程中发现，目前陕西的五家博物馆文创收入并不能有效为博物馆运营供血，主要受限于博物馆文创产品开发的政策和管理机制问题。为突破现有的体制壁垒，探索符合馆情的文创开发管理方式，本报告就博物馆体制机制创新、完善分配激励机制、建立博物馆文化授权管理等方面进行重点探索，为陕西博物馆文创开发政策和保障机制良好发展提供对策和建议。

关键词： 博物馆　文创开发　陕西

近几年，国家出台一系列关于鼓励博物馆进行文创开发的利好政策，极大地激励了各大博物馆发展文创的热情，其中陕西有五家博物馆列入试点名单（分别为陕西历史博物馆、秦始皇帝陵博物院、西安碑林博物馆、汉景帝阳陵博物院、西安博物院）。但是在走访试点的过程中发现，目前陕西的五家博物馆文创收入并不能有效为博物馆运营供血，主要受限于一些政策和

* 郭艳娜，陕西省社会科学院文化研究所助理研究员，研究方向为民俗文化、文化产业。

管理机制方面的问题。如何突破现有的体制壁垒，探索符合馆情的文创开发管理方式，成为本报告关注和研究的重点。

一 陕西博物馆文创开发政策和保障措施落实情况

（一）建立健全组织机构

为保障陕西文创开发工作顺利推进，陕西省文物局不断健全组织机构建设，由局长主抓，分管局长牵头，博物馆与社会文物处具体组织试点单位落实试点任务。各试点博物馆也分别成立和完善了组织机构，成立文化产业发展领导小组，由主要领导全面负责文创开发工作，建立相关部门协同推进的工作机制。

（二）积极探索体制机制创新

各试点博物馆不同程度都在尝试突破现有的管理机制束缚，逐步探索适合博物馆文创开发的管理机制。一是推行博物馆法人理事会治理。如陕西历史博物馆2017年底被确定为法人治理结构改革试点单位，2018年12月9日召开第一届理事会、监事会成立大会，不断推进事业单位改革，激发博物馆发展活力。二是各试点博物馆已基本将文创开发工作纳入单位年度工作任务，如陕西历史博物馆将文创产品开发工作纳入博物馆全盘工作计划序列，进一步推进馆属企业——利博实业总公司在文创方面的管理与运营，制定行之有效的制度来规范管理，提高效率，提升服务水平。三是在允许博物馆工作人员兼职或是将文创产品开发业绩与绩效工资总量挂钩等方面，各试点博物馆都在努力做出推进和尝试。如汉景帝阳陵博物院以知识产权作价入股的方式设立专营文创的汉晖公司，将现有事业单位编制人员，以业务功能为特色，以事业部制形式，融入汉晖公司，鼓励全体员工参与到文创开发中来，建立激励机制和试错机制，设立馆长奖励基金，与文创工作挂钩。

（三）出台配套政策

对于公益性单位的博物馆来说，政策扶持必不可少，近年来，为了支持博物馆文创工作，国家文物局从2014年至今相继出台至少10份关于支持博物馆文创产业发展的政策文件。为积极响应国务院办公厅转发文化部等部门《关于推动文化文物单位文化创意产品开发的若干意见》（国办发〔2016〕36号），结合陕西文博单位实际，陕西省文物局起草下发《关于推动全省文博单位文化创意产品开发的实施意见》，同时结合陕西省委《关于坚定文化自信的意见》《关于进一步加快陕西文化产业发展的若干意见》以及中央两办《关于加强文物保护利用改革的若干意见》、国家文物局《博物馆馆藏资源著作权、商标权和品牌授权操作指引（试行）》等文件精神，加强各试点单位在财政投入、支撑平台建设、人才扶持、统计监测等方面的工作，推动陕西文化资源创造性转化和创新性发展。同时，各试点博物馆也结合中省文件精神出台相关实施意见，如陕西历史博物馆出台《陕西历史博物馆推动文创开发的实施意见》，具体指导和实施陕西历史博物馆的文创开发相关工作。

（四）各试点博物馆稳步推进文创开发经营管理工作

首先，各试点博物馆相继建立和完善职能部门。目前，陕西的五家试点博物馆均设有文化产业部，其中有三家博物馆设立了企业，陕西历史博物馆和秦始皇帝陵博物院的下设企业属于事业单位下的全民所有制企业，汉景帝阳陵博物院则以知识产权作价入股设立下属企业。其次，各试点博物馆不断加深与社会企业合作，探索建立授权合作、销售渠道的相关制度。目前，陕西的博物馆主要在文创产品研发和销售方面与社会机构合作，如陕西历史博物馆采取藏品授权合作的方式与陕文投华夏文创等20多家公司合作，开发文化创意产品；秦始皇帝陵博物院开展线下线上经营模式与阿里巴巴集团、天猫旗舰店等一线电商，合力打造秦陵博物院电商平台。为了加强文化创意品牌建设和保护，陕西省文物局举办了全省文博单位“文化产业与版权利用”培训班，邀请了文化创意、版权授权、设计服务、知识产权等方面的专家学者授课，努力推进文博行业版权保护利用的探索实践。

二　陕西博物馆文创开发政策和保障措施存在的问题

（一）缺乏顶层规划和联动发展

目前，陕西省文物局虽有相关处室负责文化创意产业发展工作，但由于缺乏具体的政策文件指导，各文创试点博物馆仍是以个体单位为试点主体，探索适合馆情的机制和方法，但是单纯地依靠博物馆自身发展文创产业难度较大，单纯地依靠地方文物部门协调财政及税收保障政策难度也较大。同时很多试点博物馆计划将文创产品开发向产业化方向发展，将文创产品开发纳入文化创意产业发展构架，整体带动发展，但如何找准定位和结合点，就需要政府从宏观层面给予指导和全局规划。

（二）博物馆从事经营性活动的政策落地细则不明晰

虽然政策上鼓励试点博物馆设立企业从事文创产品开发经营，实行市场化运营，人社部也出台《关于支持和鼓励事业单位专业技术人员创新创业的指导意见》为事业单位专业技术人员松绑，但各家博物馆均反映这与博物馆公益类事业单位的性质相冲突，也与现行事业单位人员管理政策相冲突，面对经营性的文创工作涉及的博物馆经营主体、资金来源、收益分配、博物馆藏品授权等一系列问题，缺乏具体的权责划分和实施细则，各家博物馆文创开发难以继续。虽然北京、天津、甘肃、广西等地已陆续出台相关配套政策，但目前陕西还未出台相关细则。

（三）缺乏文创资金支持

目前陕西财政尚未划拨从事文创产品开发和经营的专项经费，博物馆申报的文创相关项目经费也是专款专用，其开展文创工作主要是通过授权合作的方式，但博物馆文创产品开发周期和收益周期较长，需要启动资金支持，而各试点博物馆由于投入资金有限，自身的影响力以及能够吸收的社会资金不足，缺乏前期研发资金支持。而且，博物馆所有文创收入都要上缴财政，文创产品的再开发受限。文化创意需要持续不断的更新，保持新鲜感，而资金上缴财政导致后续开发投入不足，难以满足市场需求。

（四）激励机制不到位

虽然已将文创开发纳入博物馆年度工作任务，国家政策也允许博物馆制定最高绩效或定额，但就目前实际情况来看，陕西的各试点博物馆还没有专门奖励文创的绩效或定额。而且陕西的博物馆文化文物单位执行的是事业单位会计制度，实行的是收支两条线的管理方式，经营所得不能直接用于博物馆的各项开支；文创开发工作成绩尚未纳入博物馆年终绩效考核范围；博物馆工作人员兼职文创开发的待遇问题还不明确等，因此，博物馆文创产品开发的积极性不高，动力明显不足。

（五）各项配套措施尚不完善

目前，陕西各试点博物馆实行文创开发市场化道路还处于探索阶段，面临“体制机制如何创新”“资金如何投入”“知识产权如何维护”“成立股份制公司时机是否成熟”等一系列问题，但是政策措施还不完善，馆藏资源授权操作流程还不明晰，相关的优惠政策仍不明确，需要不断地完善各项配套措施。

三　完善陕西博物馆文创开发管理的对策建议

据《艺术市场》杂志报道，2017 年，被国家有关机构认定具有文创产品开发能力和产业规模的博物馆有 2256 家，其中实现盈利的只有 18 家，占比不足1%，可见，绝大多数博物馆文创开发难以实现盈利。[①] 其最大的难题在于现有体制机制不能充分调动博物馆文创开发的积极性。因此，制定和实施具有可操作性和灵活性的管理政策就显得尤为重要。

（一）深化体制机制创新

一是加快体制机制创新，有效调动博物馆文创开发积极性。鼓励博物馆成立理事会，建立和完善事业单位法人治理结构。二是支持和引导文博单位成立具有独立法人资格的企业，从事文物资源的开发利用，规范所属企业与博物馆的管理关系，推行事企分开，管办分离，增强博物馆企业自主灵活性，解决"公益"与"盈利"之间的问题。三是深化人事制度改革，研究出台政策性文件，切实保障博物馆在选人用人、职称评审、岗位设置等方面的自主权。

（二）完善陕西博物馆文创开发组织机构

一是建议成立以分管省级领导为组长，省文物局、省文化和旅游厅、省发改委、省人社厅、省财政厅、省编办等部门参加的文化创意产品开发协调工作领导小组，其主要职能用于领导和组织全省文化创意产品开发工作，做好中省政策宣传和解读工作，统筹规划做好宏观设计和引导，有效整合全省文博资源，实现信息共享。二是建议建立由省文物局、省文化和旅游厅牵头，文化文物单位广泛参与的工作推进机制，工作推进机制办公室设在省文物局，定期召开工作推进会，根据全省经济社会发展实际，制定阶段性工作目标、措施和指导目录，及时研究存在的问题。

（三）制定陕西博物馆文化创意产品开发实施细则和激励办法

由文创产品开发协调工作领导小组组织协调，尽快出台陕西省博物馆文

① 《文博经济路在何方？深度解读中国文博经济》，http：//www. ce. cn/culture/gd/201904/29/t20190429_ 31972307. shtml。

化创意产品开发实施细则和激励办法。具体措施：鼓励文物博物馆单位开发文化创意产品，其所得收入按规定纳入财政预算统一管理，用于加强公益文化服务、藏品征集、继续投入文化创意产品开发、对符合规定的人员予以绩效奖励等；探索将试点单位绩效工资总量核定与文化创意产品开发业绩挂钩，文化创意产品开发取得明显成效的单位可适当增加绩效工资总量，并可在绩效工资总量中对在开发设计、经营管理等方面做出重要贡献的人员按规定予以奖励；允许试点单位具备相关知识和技能的人员在履行岗位职责、完成本职工作的前提下，经单位批准，到本单位附属企业或合作设立的企业兼职从事文化创意产品开发经营活动；制定陕西文化文物单位评估定级标准和绩效考核办法，将文创产品开发工作纳入定级评估考核，并增加指标权重。

（四）加大资金和优惠政策支持力度

一是建议设立全省文化创意产品开发专项资金，由工作推进机制办公室调配使用资金，主要用于各试点单位文化创意产品研发、再生产及优秀试点单位奖励等。二是建议加大启动资金支持，引入文创基金、风投基金或实力型企业，鼓励和引导社会力量加入文创开发，支持前期发展。三是建议加大税收等相关产业优惠政策，出台较为详细的支持陕西文化创意产业发展的金融税收优惠政策。四是积极落实出台的相关财税金融政策以及陕西文创基地配套政策，鼓励试点单位从事文创产品开发，并将试点单位符合条件的文化创意产品开发项目纳入省、市财政支持文化创意产业项目体系。

（五）探索建立博物馆授权管理和销售渠道的相关制度

一是加强馆藏资源授权管理制度建设。博物馆文创开发主要以藏品授权为主，但由于缺乏政策指导，而且博物馆作为事业单位还肩负很多行政事务，很难做到全力投入，引发后续问题，如 2018 年故宫 IP 进军彩妆界引发的版权之争，正是源于故宫博物院的授权，其旗下的子品牌如北京故宫文化服务中心、故宫博物院经营管理处、故宫出版社等都可进行授权合作，导致授权、合作与直营关系混乱，出现种种问题。2019 年 9 月出版的由国家文物局编制的《博物馆馆藏资源著作权、商标权和品牌授权操作指引》，从授权内容、授权模式、授权流程、权利义务等几方面进一步规范了博物馆馆藏资源授权问题，有效解决了各大博物馆藏品授权制度的瓶颈以及文创经营等知识产权保护问题，从政策和理论层面为博物馆提供指导。二是探索建立营销渠道规范化管理制度。博物馆跨界合作，借助天猫、京东、淘宝等电商平台，拓展新的合作模式与营销渠道如快闪店、主题店、新零售模式等，这些新模式都需要探索建立渠道合作的相关制度，推动博物馆文化创意产业跨界融合规范化管理。

（六）完善陕西博物馆文化创意产品开发相关配套措施

一是借助文博创意产业联盟等平台，推动试点博物馆文创开发工作。联盟由各家博物馆、省文物局、设计公司、高校等多行业组成，负责建立平台与博物馆以及馆际的交流合作，推动形成文创产品研发、生产、销售一体化的产业链和版权交易新平台，将众多的文创资源聚集起来，打通交流壁垒。二是积极组织和参与各类文物博览会，举办创意设计征集大赛、文创入商圈等活动，促进优秀文创产品传播、推广与销售。三是借助国际展览展示交易活动、文物进出境展览和交流等平台，促进陕西优秀传统文创产品“走出去”。

博物馆文创开发工作是一个系统工程，要想生产出优质的文创产品，不仅需要优质的文创企业、设计者、营销商等相关产业链的配合，还需要明确、灵活的政策和配套措施来保障，这样才能解决博物馆的后顾之忧，才能为公众提供更好的文化产品。

B.8

陕西新型主流媒体建设研究报告

陕西省社会科学院课题组*

摘　要： 新时期，加强主流媒体建设，牢牢把握舆论场主动权和主导权，保证主力军上主战场主阵地，关系国家安全、政治安全、文化安全和意识形态安全。陕西各家主流媒体经过多年的发展和积累，取得一定的成绩，也面临诸多挑战和困境，未来加快打造区域新型主流媒体的任务艰巨而伟大。

关键词： 主流媒体　主流舆论　全媒体时代　陕西

党的十八大以来，习近平总书记和党中央深刻把握时代发展大势和媒体发展规律，多次强调做大做强主流舆论，打造一批具有强大影响力、竞争力的新型主流媒体。2019 年 1 月，习近平总书记在论及防范化解意识形态重大风险、推动全媒体时代媒体融合等两次重要会议、两篇重要讲话中都强调要持续巩固壮大主流舆论强势，做大做强主流舆论。为深入贯彻落实习近平总书记关于新型主流媒体的建设要求，陕西积极推动主流媒体改革发展，取得一系列成效。

一　陕西主流媒体改革发展的主要做法

党的十八大以来，为深入贯彻落实习近平总书记关于媒体发展的重要论

---

* 课题组组长：王长寿，陕西省社会科学院文化研究所所长，研究员，研究方向为文化产业、公共文化、区域经济。课题组成员：邓娟，陕西省社会科学院文化研究所助理研究员，研究方向为新闻与传播学理论；颜鹏，陕西省社会科学院文化研究所助理研究员，研究方向为文化经济与文化产业管理。

述，深入推动陕西传统媒体与新兴媒体融合发展，陕西各主流媒体积极应对互联网等信息化技术带来的挑战，以创新推动改革发展，依托内容优势，不断拓展传播渠道，搭建传播平台，与新媒体合作从“相加”到“相融”，不断巩固壮大主流舆论，取得一定成绩。

（一）坚持正确政治方向，在围绕中心、服务大局中做大做强主流舆论

在新的时代条件下，陕西各主流媒体始终坚持正确政治方向，牢固树立“四个意识”，坚定“四个自信”，做到“两个维护”，坚定宣传党的理论和路线方针政策，持续做大做强主流舆论，让正能量更强劲、主旋律更高昂。

在围绕中心、服务大局中，陕西主流媒体高举旗帜，引领导向，扎实做好一系列重大主题宣传报道工作，在贯彻落实十九大精神、纪念改革开放40周年、脱贫攻坚、生态环境治理、化解重大风险、扫黑除恶等一系列宣传报道中，积极进入主战场，打好主动仗，不断提升主流意识形态影响力。如2018年渭南广播电视台策划执行的《渭华起义——在鲜血中成长的革命火种》直播节目，一经播出便获得广泛关注，访问量达100万人次。①

同时，陕西各主流媒体牢记社会责任，勇于直面社会核心问题，敢于触动社会热点、难点和痛点，积极回应社会关切，守土有责、守土尽责。如西安广播电视台推出的舆论监督“三把利剑”——《问政时刻》《每日聚焦》《党风政风热线》，旗帜鲜明、立场坚定，敢于引导、善于疏导，已成为全国标杆节目。据2018年4月统计，新浪微博“问政时刻”话题参与数2400多万人次。2018年4月下旬到5月初，《人民日报》两次报道《问政时刻》，产生了巨大社会影响。②

① 渭南市委宣传部：《渭南市主流媒体改革发展专题调研报告》，2019年4月。

② 西安广播电视台：《关于地方主流媒体改革发展专题调研情况汇报》，2019年4月。

树立以人民为中心的工作导向，以《陕西日报》、西安广播电视台等为代表的陕西主流媒体始终保持人民情怀，积极宣传报道人民群众的伟大奋斗历程，不断丰富人民精神世界，时刻记录伟大时代，积极参与区域经济社会发展。在丝博会、欧亚经济论坛、世界西商大会、全球硬科技创新大会、全球程序员节、西安马拉松赛、西安年·最中国等重大议题报道中，各主流媒体着力讲好陕西故事，传播陕西声音，凝聚陕西力量，为陕西实现追赶超越提供强大精神力量和舆论支持。

（二）移动优先、创新为要，积极布局新媒体传播渠道，把主力军送上主战场主阵地

当前，以5G、云计算、大数据、物联网、人工智能等为代表的新一代技术革命，不断重塑着媒体格局、舆论生态。互联网已经成为舆论斗争的主战场，只有把主流媒体这一主力军放在主战场，才能把互联网这个最大变量变成我们事业发展的最大增量。

基于此，陕西各主流媒体积极布局互联网尤其是移动互联网，省级主流媒体全部建立微博、微信、客户端、抖音账户等。省级新闻网站西部网的客户端“陕西头条”用户超300万，活跃用户超10万/日，单条阅读量最高突破1016万，传播范围、传播效果提升明显。①

市级各主流媒体积极拓展在第三方平台上的传播业务，在各大传播平台注册有账号，不断扩大传播渠道。以西安日报社为例，其微博粉丝量超650万，2018年公众号阅读量“10万+”文章42篇，影响力突出。全省范围内，各主流媒体及其主要版面、频道、节目的微博微信粉丝量基本超过万人。同时，陕西主流媒体在短视频传播和直播中取得丰硕的成果，如榆林市传媒中心抖音官方账号粉丝34.5万，居全国媒体第23位、陕西省第一位，成绩突出。②

① 《关于地方主流媒体改革发展专题调研情况汇报》，西部网，2019年4月。

② 榆林市委宣传部：《榆林市主流媒体改革发展调研报告》，2019年4月。

（三）以媒体融合为动力，推动体制机制改革，加快向新型主流媒体转变

媒体的变革与发展，从来都与时代同行，与技术同进。以新媒体和移动互联网为代表的技术和时代变革，赋予传统主流媒体新的发展内涵和空间。推动传统媒体与新兴媒体的融合发展，是主流媒体不容回避的自我革命，其责任重大、使命光荣。

当前，陕西主流媒体着力推动媒体融合深入发展，已取得一定成效。如在贯彻落实十九大精神、加快发展三个经济、打好三项攻坚战、纪念改革开放40周年等重大主题宣传报道中，各主流媒体纷纷改革编辑流程，着重移动首发，连续推出图文报道和微直播、图文直播、H5动画、VR再现、视频等多种形式的大体量、规模化、系列化组合报道，传播效果明显。

同时，全省主流媒体以融合发展为突破口，勇于自我革命，敢于刀口向内，着力改革媒体管理运行的体制机制，重塑策划采编发布的流程，创造性构建和应用“中央厨房”，抓好县级融媒体中心建设，推动省、市、县媒体形成全媒体传播矩阵，切实把党中央关于媒体深度融合的决策部署落到实处。如陕西广播电视台和西部网联合共建“丝路云”融媒体主平台，搭建融媒体指挥调度中心，并联合广电网络“秦岭云”，打造全省统一的县级融媒体平台，实现县级融媒体和省市融媒体的互联互动及全省媒资的共享。[①] 西安广播电视台则依托技术引领和内容生产的供给侧结构性改革，从2017年建成运行西北首家媒体“中央厨房”、推出十大融媒体平台，实现了传统媒体与网络媒体、手机媒体间的聚合互动，到2018年在技术创新、内容创新的基础上深耕机制体制创新和人才创新，切实实现内容和技术的“融”、机构和人员的“合”，[②] 加快向新型主流媒体转型的步伐。

---

① 陕西广播电视台：《关于地方主流媒体改革发展专题调研情况汇报》，2019年4月。

② 西安广播电视台：《关于地方主流媒体改革发展专题调研情况汇报》，2019年4月。

二 陕西主流媒体发展现状

当前，一方面，受以互联网尤其是移动互联网为代表的各类新媒体冲击，陕西主流媒体传统业务方面收视收听下滑，广告收入下跌，一定程度上入不敷出，运营艰难；另一方面，陕西各主流媒体推动传统媒体与新兴媒体融合发展尚处于起步阶段，投入较大，但盈利模式、发展前景尚不明晰，总体挑战大于机遇。

在2019年全省主流媒体改革发展专题调研中，课题组发现，一方面，当前全省各主流媒体在报纸、电视、广播等传统传播渠道的订阅、收视、收听效果普遍不太好，且各媒体营收情况不容乐观，同全国先进省份相比，一是总量偏小，竞争力不足，二是入不敷出，举步维艰。三是财政支持力度较小，资金尤其是设施领域资金不足。同时人员结构和管理体制僵化滞后，陕西加快新型主流媒体建设面临较大的困难。另一方面，陕西各主流媒体不断加快改革发展，充分积极布局新媒体领域，紧抓技术和政策机遇，依靠“两微一端一抖”占领互联网尤其是移动互联网传播阵地，取得一定的效果。如省级主流媒体陕西广播电视台微信微博账号共计212个，叠加粉丝量至1700万，形成一定的影响，有可能发挥后来者优势，实现追赶超越。

因发展现状基本类似，报告分别以西安广播电视台和《宝鸡日报》为代表，简要介绍全省主流媒体改革发展现状。

（一）主流媒体发行量及收视收听情况

受新媒体尤其是视频、直播类网络平台的影响，加之自身内容建设不足，全省广播电视媒体收听率持续下滑，听众数量持续减少。以西安广播电视台为例，尼尔森网联媒介数据服务有限公司数据显示，2018年全台广播收听率表现一般，电视收视率整体下滑。广播方面，除交通旅游、音乐频道，其余频道和内容收听率持续下滑；电视方面，观众流失严重、黏性减弱，开机率下降。①

其中，值得关注的是，在西安广播电视台收视率整体下滑的趋势下，其频道打造的《问政时刻》《每日聚焦》等现象级新闻舆论监督节目和《西安新闻》等新闻资讯类节目反而收视较好，成为广播电视台的收视支撑。

报纸领域，全省主要党报发行量基本稳定，递增递减趋势变化不大。省级党报《陕西日报》年发行量基本稳定在21万份，其他地市党报中，《西安日报》发行量最大，2018年约8.9万份，《铜川日报》发行量最小，约1.5万份，其余各地市党报发行量保持在3万~5万份。

（二）媒体频道、内容建设及新媒体运营情况

近年来，陕西各主流媒体不断加强内容建设，积极拓展新媒体传播领域，取得一定的成就（见表1和表2）。

表1　西安广播电视台频道及内容建设情况

分类	内容	收视、收听率
广播频道	5个频道 69个自办节目	整体一般，交通、音乐类相对稳定，其余小幅下滑
电视频道	7个频道 49个自办栏目	整体下滑。但《问政时刻》等现象级节目收视稳定，更是全台收视率的主要支撑
客户端App	无限西安	下载量为25万，日活用户5万人
	每日聚焦	下载量32万，日活用户7300人
直播	头条号	下载量1.5万，日活用户2000人
	榴花直播	—
官方微信公众号	西安网V	—
	“长安号”	订户数最高的数值为8.28万
官方微博账号	西安网	—
	西安广播电视台	粉丝数31.27万

资料来源：西安广播电视台，《关于地方主流媒体改革发展专题调研情况汇报》，2019年4月。

① 西安广播电视台：《关于地方主流媒体改革发展专题调研情况汇报》，2019年4月。

表 2　宝鸡日报社内容建设情况

分类	内容	发行量、发稿量
报纸	《宝鸡日报》	周 6 刊、对开 8 版(周六 4 版),年发行 5 万份
手机客户端	微客来	
新闻客户端	掌上宝鸡	2018 年发稿量达到 11702 篇,总访问量达到 293 万人次,设备安装量 7 万多
官方微信	—	发布 2284 篇文章,阅读总量达到 310 万 +,粉丝数保持在 6 万人
官方微博账号	—	粉丝 8.6 万余人,单条图文阅读量最高达到了 25 万人次

资料来源：中共宝鸡市委宣传部,《宝鸡市主流媒体改革发展专题调研报告》, 2019 年 4 月。

（三）经营情况

近年来，陕西西安广播电视台和《宝鸡日报》的经营情况见表 3 和表 4。

表 3　西安广播电视台经营情况

单位：万元

项目	2016 年	2017 年	2018 年
广告收入	10050	14673	12865
财政补助	2645	2715	2744
产业收入	3400	1800	1400
年度支出	17861	22574	26017
资金缺口	平均每年资金缺口 7000 万元 重点缺口领域包括重大事项、重点节目宣传、设备更新及维护、人员工资等方面		

资料来源：西安广播电视台,《关于地方主流媒体改革发展专题调研情况汇报》, 2019 年 4 月。

表 4　《宝鸡日报》经营情况

单位：万元

项目	2016 年	2017 年	2018 年
广告收入	800	790	760
发行收入	1364	1593	1580
财政补助	55	55	55

续表

项目	2016 年	2017 年	2018 年
总收入(广告+房租)	1892	1869	1609
年度支出	1907	2114	1738
资金缺口	15	245	129

资料来源：中共宝鸡市委宣传部，《宝鸡市主流媒体改革发展专题调研报告》，2019 年 4 月。

（四）人才队伍建设情况

陕西西安广播电视台和《宝鸡日报》人才队伍建设情况见表 5 和表 6。

表 5　西安广播电视台人才队伍建设情况

单位：人，%

项目	分类	数量	占比
总数	在编	455	39.5
（1153 人）	聘用	698	60.5
年龄（平均 41 岁）	35 岁及以下	392	34
	36～49 岁	530	46
	50 岁及以上	231	20
学历	大专以下	268	23.2
	大专及以上	885	76.8
人员构成	专业技术人员	960	83.3
	管理人员	119	10.3
	工勤及其他人员	74	6.4
业务区分	新媒体队伍	411	35.6
	传统广播电视业务人员及其他	742	64.4

注：新媒体队伍，指在职员工中，主要工作内容涉及网站、“两微一端”等新媒体业务的人员。当前西安市广播电视台新媒体队伍平均年龄 38 岁，其中本科及以上人员 312 人。

资料来源：西安广播电视台，《关于地方主流媒体改革发展专题调研情况汇报》，2019 年 4 月。

表 6　《宝鸡日报》人才队伍建设情况

单位：人，%

项目	分类	数量	占比
总数	在编	46	28.2
（163 人）	聘用	117	71.8

资料来源：中共宝鸡市委宣传部，《宝鸡市主流媒体改革发展专题调研报告》，2019 年 4 月。

三　陕西主流媒体改革发展存在的主要问题

随着信息化技术的不断发展，互联网尤其是移动互联网媒体日新月异。深入推动传统媒体和新兴媒体融合发展，加快建设新型主流媒体，是做大做强主流舆论的必然要求，也是传统主流媒体积极应对全媒体时代挑战、实现转型升级的必然选择。实践中，陕西主流媒体改革发展虽然势头良好，但距离中央要求，距离实际需求，距离先进省份，还存在很多差距与不足。

（一）推动媒体深度融合、实现一体化发展缺少路径，进展缓慢

当前，陕西主流媒体推动媒体深度融合、实现一体化发展进展缓慢，大多数仍处于简单相加阶段，部分主流媒体虽然紧跟技术发展不断创办新媒体、注册新账号、拓展新渠道，表面上看，“两微一端一抖”等各类全媒体应用账号、平台、矩阵一应俱全，但实质上忽视了自身最核心的竞争力建设，不仅没有真正挖掘用户新需求，形成有竞争力的原创内容产品，而且在宣传、运营上缺乏主动，在吸引用户、聚集用户上能力不足，手段滞后，互联网思维有待进一步深化。同时，各主流媒体在转型升级过程中面对挑战和机遇的压力和动力不足，存在畏难情绪和行动惰性，主观上认为缺技术、缺资金、缺人才，无力为之，行动上等政策、等资金，求新求变的积极性不强，创新创业动力不足。

（二）资源要素整合上缺少整体规划，存在一定程度的低水平重复建设

当前，陕西建设新型主流媒体，推动媒体改革发展多局限于各主流媒体内部，缺少全省视野的统一思考。当前，各家媒体都着力建设云平台、“中央厨房”，但建成后如何避免同质化，如何协同发展，尚不明晰。其中，既包括如何规划设计省域技术平台，建好全省一张网、一朵云，做好资源统

等、资源整合，又包括如何在开放、共享的同时，满足个性化需求、差异化服务及层级管理等。这其中不仅涉及技术平台的规划和设计，更重要的是关乎全省各级各类媒体资源的协调、整合，是陕西新型主流媒体建设的关键和难点。实践中，一方面，已有的“丝路云”和“秦岭云”实现一体化运营存在很大难度，一半县区没有上线；另一方面，部分市县融媒体中心囿于省上一体化进程缓慢，方向不明，担心前期平台建设会造成后期连接的浪费，仍在继续观望，停步不前。

（三）互联网背景下的内容建设不足，内容生产流程与现有管理体制不相融

多数主流媒体缺乏有竞争力、有吸引力的原创内容，缺乏品牌栏目和现象级产品。部分主流媒体的新媒体频道、新媒体产品，不过是传统报刊、广播、内容的网络化形式，内容主体还是传统的领导活动、工作动态、总结等宣传报道，“新瓶”装的仍然是“旧酒”，所谓新媒体不过是对传统媒体内容的简单加工或复制。同一媒体的各个传播渠道、各类账号账户，传播的内容趋于一致，反而在流程上增加了编辑的重复工作，分散了传统的订阅量、收视收听率。

同时，陕西主流媒体开展新媒体业务，多数选择在内部成立新媒体中心或新媒体部门，隶属于传统报社、电视台，生产流程和管理体制延续传统办报办台方式，导致新媒体中心空有技术平台、设施，基因和本质仍然是传统媒体的，缺乏互联网思维，必然无法提供符合互联网传播扩散逻辑的产品和服务，最终只能囿于传统管理体制和生产逻辑，无人关注、无以生存。

（四）陕西主流媒体整体影响力和竞争力不足

当前，陕西省各家媒体都覆盖报刊/广播电视、网站、两微一端等多种传播渠道，拥有各种表现形式的内容产品，但综观全省，在全国媒介市场有竞争力有影响力的融媒体产品寥寥无几，核心竞争力不强，实力总体靠后。其本质就是媒体内容生产能力不强，原创不足，精品不多，品牌产品稀缺，

尤其是契合新媒体传播形式和用户需求的产品欠缺。

融合发展中，陕西省媒体总体面对新形势新技术反应迟缓，发展动力、活力不足。究其原因，主要是理念不清、机制不活、管理落后。传统媒体虽然接入网络平台、创办客户端，但只在主题报道、“战役性”报道中融合，系统内新旧媒体仍然是两个圈子、各自办公、各行其是，传统主流媒体并没有融入新媒体的优势和特点；体制内思维长期束缚产业发展，管理模式落后，效率较低。

（五）主流媒体盈利不够，财政支持力度不足

一方面，陕西绝大多数主流媒体前期并未发展为多种经营、多种产业融合发展的媒体集团，自身资产总量、盈利水平就不足，不能有效应对当前传统业务尤其是广告收入大幅下滑的危机，媒体自身保障业务发展、新媒体建设等方面资金严重不足；另一方面，现有新媒体业务和平台尚未找到有效的盈利模式，自身造血能力不足，如《渭南日报》2016～2018 年的新媒体收入每年只有 50 万元。渭南广播电视台 2016～2018 年的新媒体年度收入分别为 30 万元、35 万元、50 万元。并且，媒体融合项目资金投入大、风险高且周期较长，以标配的“中央厨房”和云平台为例，投资多以亿元计，于是资金投入不足成为制约陕西主流媒体发展的重要因素。

同时，相较于国内其他省份，陕西新型主流媒体建设、媒体融合财政资金支持力量小，资金缺口较大。目前省级财政尤其是市县财政对融媒体中心建设扶持政策还不明朗，支持力度较小。现有的媒体发展可申请专项基金，基本建设项目由发展改革、财政部门立项审批，内容建设项目由新闻出版广电局立项审批，还有一些项目归口作协、文化厅、宣传部等，主管单位多头分散，各渠道的资金无法形成合力，不利于扶优做强，且项目征集缺乏统一规划，项目实施缺乏动态监管和专业评估，难以发挥财政资金引导和撬动作用。

（六）创新型复合型人才匮乏，人才管理模式落后

当前陕西主流媒体发展中，人才队伍建设和管理模式始终是一个短板，

问题长期存在且一直没有很好解决。第一，传统新闻从业者与新媒体技术人才互相隔离，无法在团队内实现内容创意和技术表现的完美结合，缺乏既具有互联网思维、用户理念，又有很强的新闻专业能力的复合型人才。第二，人才引进、流动模式落后，多年来体制内外人员同岗同工同待遇难以实现。第三，与互联网企业相比，缺乏有竞争力的薪酬体系和激励政策，无法吸引高水平的技术人才，人员流失问题严重，如 2016 年至 2018 年安康全市 14 家传统主流媒体招聘 89 人，流失 51 人，渭南广播电视台招聘 53 人，46 人先后辞职离开；考核机制呆板，无法激励人员进行全媒体内容创作，对人才尤其是青年人才束缚多于激励。

四　陕西加快新型主流媒体建设的对策建议

（一）做好全省新型主流媒体建设规划，构建合而为一的全媒体传播格局

结合全省已实施的传统媒体与新兴媒体融合发展、县级融媒体中心建设等工作，对接中央要求及已有的政策措施，在规划上明确全省媒体发展体系和路径设计，打通行政壁垒，加强省域统筹规划。

科学管理，有序推动不同性质、级别、类型媒体的融合，开展跨区域跨媒体的合作。切实推动主流媒体与政务“两微一端”的合作。当前，支付宝、微信、百度大数据以及新华社、《人民日报》等纷纷进军政务服务领域。陕西省要抓住机遇，发挥传统主流媒体强大的内容生产机制和舆论引导能力，为地方政府政务“两微一端”提供政策解读、宣传引导等内容支持，拓展政务便民服务的渠道，提升区域政务媒体内容建设水平和影响力。同时，双方可通过政府购买公共服务、内容外包、信息共享等方式，打通数据壁垒，推动政务媒体与区域主流媒体良性互动发展。

做好资源整合和平台建设。加快以《陕西日报》、陕西广播电视台、《华商报》、西安广播电视台等为代表的新型主流媒体集团建设，提升陕西

主流媒体的整体竞争力和影响力。推动全省融媒体平台建设和整合，处理好“丝路云”“秦岭云”“长安云”等技术平台的一体化发展，为市级融媒体中心发展提供可操作的路径设计，为县域融媒体中心接入省级平台提供支持和服务。

（二）提升财政资金引导效应，健全投融资体系

扩大财政支持。对比其他省内对新型主流媒体建设的支持力度，陕西应逐步扩大媒体发展的政策和资金支持力度，积极争取中省媒体发展主要建设项目、重点节目、核心产品，在资源配置、资金扶持等方面予以倾斜。积极协调发改、财政、金融、税务、国资等部门，形成支持媒体发展稳定的财政保障机制和投融资体系。

提升财政资金投入效果。项目支持方面，根据新型主流媒体建设和媒体融合发展阶段性建设重点难点提供项目申报指南，针对申报项目的开展情况、保障措施以及未来预期予以立项审批，同时加强对项目进展的动态监管和效果评估，实施严格的退出机制。

改变以广告收入为主的盈利模式。传统媒体除了做内容，更要重视服务，在内容设计中考虑电商、服务与广告的对接，加强品牌建设和相关产业开发，寻求新的盈利点。在政策许可范围内，做大做强国有资本，推动媒体集团产业上市融资；依托无形资产评估、版权质押、产品众筹等探讨新媒体与金融市场的直接对接；通过技术合作、版权转让、收益抵押等方式扶持和引导社会资本参与媒体融合尤其是新媒体的发展。

（三）创新管理体制，提升内容生产能力

坚持“互联网+”而非“+互联网”。媒体融合不是简单的相加，不是生硬地给文字配画面、配视频，也不是非要拥有全部媒体形式，而是强调转变思维方式，针对不同的平台创作不同表现形式和风格的内容产品，并时时关注、反馈和服务用户。同时创新运营理念和机制，传统媒体可“造船”出海，更可“借船”出海，可自行开发新媒体平台，也可利用第三方平台

发布信息、传输内容。

融合背景下，媒体无所谓新旧，只有内容是永恒的。未来可从“供给侧”与“需求侧”两端发力，加强优质精品内容生产，提升供给质量，打造知名的融媒体产品；建立内容创新基金，鼓励和扶持内部融媒体工作室、融媒体团队进行内容原创、文本众创及内容社会化生产；持续推进制播分离，充分挖掘和整合资源，用新技术、新形态讲好故事，通过版权销售，把内容优势向新媒体延伸，建立内容与平台的等价机制。

（四）坚持人才激励导向，尊重人才、用好人才

建立科学的考核激励机制。积极适应媒体发展趋势，推行多平台稿件计酬奖励办法，增强从业者全媒体创作的内生动力；探索业务骨干和企业高管股权激励措施，鼓励员工自主创业，建立人才创新创业的利益回报机制；建立科学合理的绩效考核标准，宽容和鼓励“尝试多种可能性”和“不断试错”。

创新人才管理体制。改变传统部门管理机制，淡化行政色彩，推行结构扁平化、项目小组化、责任全员化；鼓励支持人员参加各种形式的全媒体能力培训；加强传统新闻从业者与新媒体技术人才、媒体技术外包团队的分工与协作，提升团队的专业性、协同性及创新能力；对接省市人才引进计划，积极引入行业领军人物、优秀全媒体记者以及运营团队；激励和引导人员与社会优秀人才加强合作、协同创新；鼓励媒体与省内高校创新合作模式，加强本土人才队伍的培养。

B.9 陕西特色小镇发展现状研究报告

杨艳伶*

摘　要： 特色小镇如今已是广为人知的重要存在，各地各级政府都将建设特色小镇作为促进区域经济发展、推动产业转型升级、提升区域文化影响力与美誉度的重要举措，各类资金开始向特色小镇发展领域倾斜或聚集，各类政策、文件、措施、办法等相继出台，作为中华文明以及农耕文明重要发祥地之一的陕西省也不例外。本报告从陕西重点示范镇、文化旅游名镇（街区）、特色小镇建设等工作以及相关扶持政策入手，既揭示了起步晚、数量少、发展模式单一、产业差异定位和创新意识不强等发展不足与缺陷，又从建立健全监督评价指标体系、突出产业特色、培育新兴业态类小镇、拓展延伸产业链、探索“特色小镇+”模式等方面提出了相应的改进思路和措施。

关键词： 特色小镇　重点示范镇　文化旅游名镇（街区）　产业特色　陕西

“特色小镇”如今已是广为人知的重要存在，其作为一个概念是在2014年浙江省省长考察该省云栖小镇时被正式提出的。而改革开放40年以来，特色小镇在我国则经历了1.0版本——小镇+“一村一品”、2.0版本——

* 杨艳伶，陕西省社会科学院文化研究所副研究员，研究方向为文化产业、少数民族文学。

小镇+产业集群、3.0版本——小镇+服务业、4.0版本——小镇+新经济体等四个版本的变迁，4.0版本的特色小镇是当前城镇建设以及乡村振兴战略的重要着力点之一。

2016年7月，住房和城乡建设部、国家发展改革委及财政部三部委联合发布《关于开展特色小镇培育工作的通知》（建村〔2016〕147号），通知当中提出要在全国范围内积极开展特色小镇培育工作，至2020年，"培育1000个左右各具特色、富有活力的休闲旅游、商贸物流、现代制造、教育科技、传统文化、美丽宜居等特色小镇"，[①] 并从产业形态、设施服务、体制机制等方面提出了明确的培育要求。之后，住房和城乡建设部于2016年10月和2017年8月分别印发了《住房城乡建设部关于公布第一批中国特色小镇名单的通知》《住房城乡建设部关于公布第二批中国特色小镇名单的通知》，先后公布了首批127个国家级特色小镇以及第二批276个国家级特色小镇。2017年12月，针对特色小镇和特色小城镇建设进程中出现的概念不清、定位不准以及市场化不足等一系列问题，国家发展改革委、国土资源部、环境保护部以及住房和城乡建设部等四部委联合发布《关于规范推进特色小镇和特色小城镇建设的若干意见》，从准确把握特色小镇内涵、遵循城镇化发展规律、注重打造鲜明特色、有效推进"三生融合"、厘清政府与市场边界、实行创建达标制度、严控房地产化倾向等十个方面进行重点任务部署。国家发展改革委还于2018年8月印发了《关于建立特色小镇和特色小城镇高质量发展机制的通知》（发改办规划〔2018〕1041号），提出了建立规范纠偏机制、典型引路机制以及服务支撑机制等规范管理措施，并提出要"逐年淘汰住宅用地占比过高、有房地产化倾向的不实小镇，政府综合债务率超过100%市县通过国有融资平台公司变相举债建设的风险小镇，以及特色不鲜明、产镇不融合、破坏生态环境的问题

① 《住房城乡建设部 国家发展改革委 财政部 关于开展特色小镇培育工作的通知》，中华人民共和国住房和城乡建设部，http://www.mohurd.gov.cn/wjfb/201607/t20160720_228237.html。

小镇”。①

两批共403个国家级特色小镇加上国家体育总局于2017年8月公布的首批96个全国运动休闲特色小镇，以及国家林业和草原局于2018年8月公布的首批50个国家森林小镇，国家级特色小镇已超过500个，还有省级、市县区级和政府创建名单外市场主体自行命名的特色小镇等，特色小镇在我国已呈遍地开花之势。但整改淘汰名单的出炉又从另一个侧面凸显了特色小镇的发展从“火热”到“恒温”以及“无序”到“理性”的变化，国家发展改革委规划司于2019年4月19日在浙江省湖州市召开了2019年全国特色小镇现场经验交流会，会议公布的数据显示，截至2018年12月31日，各省已经淘汰整改了385个问题小镇，“省级特色小镇创建培育名单中淘汰整改了70个、暂时保留996个，在市县区级特色小镇创建培育名单中淘汰整改了174个，在政府创建名单外市场主体自行命名特色小镇中淘汰了141个”。② 而究竟该如何定义特色小镇?《关于规范推进特色小镇和特色小城镇建设的若干意见》中指出，“特色小镇是在几平方公里土地上集聚特色产业、生产生活生态空间相融合、不同于行政建制镇和产业园区的创新创业平台”。③ 简言之，特色小镇不是单纯的行政区域划分的“镇”，也不是传统意义上的工业功能区或旅游区等产业功能区块的“区”，它是相对独立于市区，具备产业上“特而强”、功能上“有机合”、形态上“小而美”以及机制上“新而活”等特征，即具有区位优势突出、产业特色鲜明、文化底蕴深厚和生态条件良好等特点的空间发展平台或区域产业融合集聚区。各地各级政府都将建设特色小镇作为促进区域经济发展、推动产业转型升级、提升区域文化影响力与美誉度的重要举措，各类资金开始向特色小镇发展领域倾

① 《关于建立特色小镇和特色小城镇高质量发展机制的通知》，中华人民共和国中央人民政府，http://www.gov.cn/xinwen/2018-09/28/content_5326338.htm。

② 《发改委：各省共淘汰整改385个“问题小镇”》，搜狐，http://www.sohu.com/a/310914442_100117238。

③ 《国家发展改革委　国土资源部　环境保护部　住房城乡建设部　关于规范推进特色小镇和特色小城镇建设的若干意见》，中华人民共和国国家发展和改革委员会，http://www.ndrc.gov.cn/gzdt/201712/t20171205_869709.html。

斜或聚集，各类政策、文件、措施、办法等相继出台，作为中华文明以及农耕文明重要发祥地之一的陕西省也不例外。

一　陕西特色小镇建设现状

遵循“建好西安、做美城市、做强县城、做大集镇、做优社区”的总体发展思路，陕西特色小镇建设工作以重点示范镇和文化旅游名镇作为基础和重点，于不断探索中取得了一定的成绩。

（一）不断加快城镇化建设步伐，形成了一批特色鲜明的重点小城镇

在我国，特色小镇的探索与发端同20世纪80年代的“一村一品”“一镇一品”小镇建设紧密结合，伴随着如火如荼的城镇化发展而取得了长足的进步。上联城市下联农村的小城镇是实现新型城镇化的重要载体，也是推进城乡一体化发展的重要平台。近年来，陕西省委、省政府尤其重视小城镇建设对推动科学发展以及富民强省的重大意义。2011年3月，陕西省确定了31个重点示范镇，目标是将这些重点示范镇建设成为县域副中心，并使其成为农民进城落户与创业的平台。2013年7月，陕西又增加了4个沿渭镇，重点示范镇总数达到35个（见表1）。与此同时，为了做好历史遗存保护以及传统文化传承等工作，陕西又确定了31个文化旅游名镇（街区）（见表2）。陕西省委办公厅和省政府办公厅于2016年6月发出的《关于进一步推进全省重点示范镇文化旅游名镇（街区）建设的通知》提出，要通过建立动态调整机制、严格目标责任考核等一系列措施，推进全省特色小城镇建设工作取得更大进展。2018年第一季度的陕西省重点示范镇和文化旅游名镇（街区）讲评推进会还分别针对重点示范镇以及文化旅游名镇（街区）提出了进一步的发展要求，即要将重点示范镇建设成为县域城镇、经济、服务及文化四个副中心，文化旅游名镇（街区）建设则不仅要突出保护传统形态、传承多元文态、丰富旅游业态和打造宜居生态等“四态”，还要突出一条特色街区与创建高A级景区等“两区”。

表 1　陕西省重点示范镇（35 个）

单位：个

<table>
<tr><th>类别</th><th>地区</th><th>数量</th><th>重点示范镇</th></tr>
<tr><td rowspan="11">《陕西省人民政府关于加快重点示范镇建设的通知》（陕政发〔2011〕33 号）公布的重点示范镇（30 个）</td><td>西安市</td><td>6</td><td>蓝田县汤峪镇、户县草堂镇、周至县哑柏镇、长安区滦镇街道办、阎良区关山镇、临潼区零口街道办</td></tr>
<tr><td>宝鸡市</td><td>4</td><td>扶风县法门镇、岐山县蔡家坡镇、眉县汤峪镇、凤翔县柳林镇</td></tr>
<tr><td>咸阳市</td><td>4</td><td>长武县亭口镇、兴平市西吴镇、礼泉县烟霞镇、彬县新民镇</td></tr>
<tr><td>铜川市</td><td>1</td><td>王益区黄堡镇</td></tr>
<tr><td>渭南市</td><td>4</td><td>富平县庄里镇、华县瓜坡镇、韩城市龙门镇、蒲城县孙镇</td></tr>
<tr><td>杨凌示范区</td><td>1</td><td>杨凌区五泉镇</td></tr>
<tr><td>汉中市</td><td>1</td><td>城固县崔家山镇</td></tr>
<tr><td>安康市</td><td>1</td><td>汉滨区恒口镇</td></tr>
<tr><td>商洛市</td><td>1</td><td>商州区沙河子镇</td></tr>
<tr><td>延安市</td><td>5</td><td>子长县杨家园则镇、黄陵县店头镇、延川县永坪镇、洛川县交口河镇、宝塔区河庄坪镇</td></tr>
<tr><td>榆林市</td><td>2</td><td>神木县锦界镇、靖边县东坑镇</td></tr>
<tr><td>全国重点示范镇（1 个）</td><td>汉中市</td><td>1</td><td>南郑县大河坎镇</td></tr>
<tr><td rowspan="4">新增沿渭镇（4 个）</td><td>宝鸡市</td><td>1</td><td>眉县常兴镇</td></tr>
<tr><td>杨凌示范区</td><td>1</td><td>杨凌区揉谷镇</td></tr>
<tr><td>西安市</td><td>1</td><td>高陵县泾渭镇</td></tr>
<tr><td>渭南市</td><td>1</td><td>潼关县秦东镇</td></tr>
</table>

表 2　陕西省文化旅游名镇（街区）（31 个）

单位：个

地区	数量	文化旅游名镇(街区)
西安市	4	户县祖安镇、周至县厚畛子镇、蓝田县葛牌镇、蓝田县玉山镇
宝鸡市	4	麟游县九城宫文化旅游街区、凤翔县城关文化旅游街区、凤县双石铺文化旅游街区、岐山县凤鸣文化旅游街区
咸阳市	2	武功县武功镇、永寿县永平镇
铜川市	2	印台区陈炉镇、耀州区照金镇

续表

地区	数量	文化旅游名镇(街区)
渭南市	2	白水县林皋镇、大荔县朝邑镇
延安市	2	吴起县铁边城镇、子长县安定镇
榆林市	3	神木县高家堡镇、横山县波罗镇、绥德县名州文化旅游街区
汉中市	5	宁强县青木川镇、洋县华阳镇、南郑县青树镇、留坝县留侯镇、勉县武侯镇
安康市	4	石泉县城关文化旅游街区、旬阳县蜀河镇、汉阴县双河口文化旅游街区、白河县城关镇
商洛市	3	柞水县凤凰镇、山阳县漫川关镇、镇安县云盖寺镇

（二）各类意见、政策等相继出台，全国特色小镇建设成效明显

为进一步做好特色小镇建设工作，陕西省又相继出台了多项政策、意见、通知等。陕西省发改委于2017年2月出台了《关于加快发展特色小镇的实施意见》（陕发改规划〔2017〕232号），实施意见中提出要首批培育及规划建设商洛市柞水县营盘镇、铜川市耀州区照金镇等10个特色小镇，并通过3～5年创建和培育，力争实现建设100个特色小镇的远大目标。陕西省住建厅、陕西省发改委、陕西省国土厅以及陕西省环保厅等四部门于2018年5月联合印发《关于规范推进全省特色小镇和特色小城镇建设的意见》，明确提出特色小镇建设中要突出打造鲜明特色、推进“三生”融合、拓宽资金渠道、引领人居环境以及加快机制创新等5项重点任务。

陕西现有14个全国特色小镇，西安市蓝田县汤峪镇等5个特色小镇进入了住建部公布的第一批中国特色小镇名单，汉中市勉县武侯镇等9个特色小镇被列入住建部公布的第二批特色小镇名单（见表3）。宝鸡市金台区、商洛市柞水县营盘镇和渭南市大荔县沙苑被列入国家体育总局公布的全国首批运动休闲特色小镇名单。此外，木王森林特色小镇进入国家林业和草原局公布的首批国家森林特色小镇名单。国家发改委于2017年1月印发的《西部大开发“十三五”规划》中提出，要培育打造百座涵盖旅游休闲型城镇、健康疗养型城镇、商贸物流型城镇、科技教育型城镇、文化民俗型城镇、特

色制造型城镇、能矿资源型城镇以及边境口岸型城镇等 8 个类型的特色小镇，陕西有陕西柞水县营盘镇、铜川市耀州区照金镇等 10 个城镇进入培育名单，除边境口岸型城镇类型外，其他 7 个类型中都有陕西特色小镇列入（见表 4）。

表 3　陕西第一、二批全国特色小镇基本情况

批次	名称	主导产业
第一批（2016 年 10 月，全国共 127 个，陕西 5 个）	西安市蓝田县汤峪镇	旅游产业
	铜川市耀州区照金镇	旅游产业
	宝鸡市眉县汤峪镇	旅游产业
	汉中市宁强县青木川镇	旅游产业
	杨凌区五泉镇	农林牧渔产业
第二批（2017 年 7 月，全国共 276 个，陕西 9 个）	汉中市勉县武侯镇	文化产业
	安康市平利县长安镇	农业产业
	商洛市山阳县漫川关镇	旅游产业
	咸阳市长武县亭口镇	综合产业
	宝鸡市扶风县法门镇	旅游产业
	宝鸡市凤翔县柳林镇	旅游产业
	商洛市镇安县云盖寺镇	旅游产业
	延安市黄陵县店头镇	农林牧渔产业
	延安市延川县文安驿镇	农业产业

表 4　陕西进入《西部大开发“十三五”规划》百座特色小镇名单的特色小镇基本情况

名称	类型
陕西柞水县营盘镇	旅游休闲型城镇
铜川市耀州区照金镇	旅游休闲型城镇
陕西省华阴市罗敷镇	健康疗养型城镇
陕西省安康市汉滨区恒口镇	商贸物流型城镇
西安市灞柳基金小镇	商贸物流型城镇
陕西省西咸新区国际学镇	科技教育型城镇
陕西省礼泉县烟霞镇	文化民俗型城镇
宁强县青木川镇	文化民俗型城镇
陕西省城固县柳林镇	特色制造型城镇
陕西省神木县大柳塔镇	能矿资源型城镇

资料来源：《国家发展改革委关于印发西部大开发“十三五”规划的通知》。

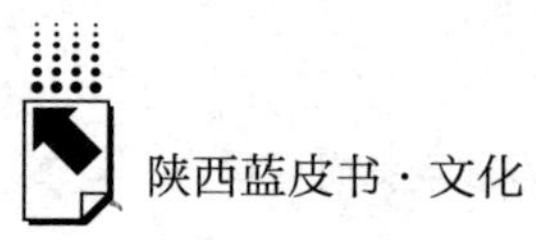

（三）加大扶持力度，从项目库建立、土地指标、专项资金等方面给予引导和支持

以“双千”支持政策为重点示范镇提供扶持，即自2011年起，31个重点示范镇都能得到陕西省政府提供的1000亩土地增减挂钩指标以及2500万元专项资金扶持。2014年起，省级财政给予31个重点示范镇每年1000万元专项资金扶持政策再延续2年。2013～2017年，每年给予4个新增沿渭重点示范镇1000万元的专项资金扶持和1000亩城乡建设用地增减挂钩指标。同时，每年给予31个文化旅游名镇（街区）200亩城乡建设用地增减挂钩指标以及500万元专项扶持资金。还根据《陕西省重点示范镇标准（试行）》以及标准化模块规划等，为35个重点示范镇和31个文化旅游名镇（街区）制定明确清晰的3年或5年目标，重视项目库建设，力争将所有建设任务都落实到具体项目之上。2017年1月在西安召开的2017年全省住房和城乡建设工作会议进一步提出，为加快特色小镇培育步伐，按照打造县域副中心要求，重点示范镇2017年全年投资不低于80亿元；按照打造宜居宜业宜游小镇要求，文化旅游名镇（街区）2017年全年投资不低于30亿元。由陕西省发改委出台的《加快发展特色小镇的实施意见》也对特色小镇建设用地、资金扶持等作出了明确规定，即要积极探索和推进政府与社会资本之间的合作，要将中央专项建设基金特色镇类别资金以及陕西省陕南循环发展资金等向纳入创建范围的小镇倾斜，要将关中和陕北的特色小镇建设工作纳入县域经济发展规划当中，还要把城乡建设用地增减挂钩指标优先运用到特色小镇的培育或建设中。

二　陕西特色小镇发展中存在的问题

尽管陕西特色小镇建设有着“西部大开发”“一带一路”等国家宏观政策优势，有特色鲜明、得天独厚的文化资源优势，有便捷顺畅的交通区位优势，还有高校林立、人才聚集以及高新技术产业勃兴的人文科技优势等，但其发展速度依然较为缓慢，存在的问题与不足还比较突出。

（一）特色小镇建设工作起步较晚，数量相对较少

作为特色小镇建设领军者的浙江省早在 2015 年 4 月就已颁布下发了《浙江省人民政府关于加快特色小镇规划建设的指导意见》（浙政发〔2015〕8 号），陕西省直到 2017 年 2 月才出台《关于加快发展特色小镇的实施意见》。《关于加快发展特色小镇的实施意见》中提出要用 3 ~5 年时间创建培育 100 个特色小镇，若单从数量来看，陕西省已远远落后于位列前三位的浙江省、云南省以及湖南省，据统计，这三省的特色小镇数量已分别达到 315 个、211 个和 105 个。[①] 同时，浙江、云南和湖南三省的国家级特色小镇数量分别为 23 个、13 个以及 16 个，陕西省仅有 14 个国家级特色小镇，仅在西北五省（区）中占有微弱优势，甘肃省、青海省、宁夏回族自治区和新疆维吾尔自治区等省份的全国特色小镇数量分别为 8 个、6 个、7 个与 10 个（见表 5）。

表 5　西北五省（区）国家级特色小镇基本情况

数量：个

省(区)	第一批		第二批	
	数量	名称	数量	名称
陕西省	5	西安市蓝田县汤峪镇、铜川市耀州区照金镇、宝鸡市眉县汤峪镇、汉中市宁强县青木川镇、杨凌区五泉镇	9	汉中市勉县武侯镇、安康市平利县长安镇、商洛市山阳县漫川关镇、咸阳市长武县亭口镇、宝鸡市扶风县法门镇、宝鸡市凤翔县柳林镇、商洛市镇安县云盖寺镇、延安市黄陵县店头镇、延安市延川县文安驿镇
甘肃省	3	兰州市榆中县青城镇、武威市凉州区清源镇、临夏州和政县松鸣镇	5	兰州市永登县苦水镇、庆阳市华池县南梁镇、天水市麦积区甘泉镇、嘉峪关市峪泉镇、定西市陇西县首阳镇

---

① 《特色小镇发展现状》，http：//www. chinabgao. com/k/67jianzhu/33540. html。

续表

省(区)	第一批		第二批	
	数量	名称	数量	名称
青海省	2	海东市化隆回族自治县群科镇、海西蒙古族藏族自治州乌兰县茶卡镇	4	西宁市湟源县日月乡、海东市民和县官亭镇、海西州德令哈市柯鲁柯镇、海南州共和县龙羊峡镇
宁夏回族自治区	2	银川市西夏区镇北堡镇、固原市泾源县泾河源镇	5	银川市兴庆区掌政镇、银川市永宁县闽宁镇、吴忠市利通区金银滩镇、吴忠市同心县韦州镇、石嘴山市惠农区红果子镇
新疆维吾尔自治区	3	喀什地区巴楚县色力布亚镇、塔城地区沙湾县乌兰乌苏镇、阿勒泰地区富蕴县可可托海镇	7	克拉玛依市乌尔禾区乌尔禾镇、吐鲁番市高昌区亚尔镇、伊犁哈萨克自治州新源县那拉提镇、博尔塔拉自治州精河县托里镇、巴音郭楞蒙古自治州焉耆县七个星镇、昌吉回族自治州吉木萨尔县北庭镇、阿克苏地区沙雅县古勒巴格镇

（二）培育思路及发展模式单一，尚未建立起完善科学的申报和退出机制

相比浙江和福建的自愿申报、宽进严定等灵活的创建培育方式，陕西特色小镇的创建和培育却依然遵循政府部门选定指派原则，虽然通过“双千”支持政策对重点示范镇给予扶持，同时每年给予文化旅游名镇（街区）200亩城乡建设用地增减挂钩指标和500万元专项资金扶持，但过于平衡均等的政策导向无法充分调动起所有重点示范镇以及文化旅游名镇（街区）的积极性。再从考核评价以及退出机制等方面来看，陕西省《关于加快发展特色小镇的实施意见》中提出，对进入创建名单的特色小镇实施年度考核制度，考核合格便可以兑现相关扶持政策。浙江省对如期完成目标的特色小镇按指标的50%进行奖励，高端装备、信息经济等特色小镇也按照指标的60%给予奖励，如果3年内还未完成目标，会实施加倍倒扣用地指标等惩戒措施。福建省对连续两年未完成指标的特色小镇，则直接实行退出机制。

（三）并未完全吃透特色小镇的内涵与特质，产业差异定位和创新意识不强

内涵清晰准确、主导产业鲜明独特等，是特色小镇建设的根基与灵魂，陕西特色小镇培育建设过程中却存在着产业差异定位以及创新意识不强等问题。首先，特色小镇并非旅游小镇，二者之间并不能画等号。因为住建部公布的第一批全国特色小镇名单中基于旅游文化发展的小镇数目居多，所以第二批特色小镇申报通知中明确提出以旅游文化为主导产业的小镇推荐比例不能超过1/3，而陕西省以旅游产业为主导产业的国家级特色小镇已有8个，已经占到总数的一半以上。主导产业类型单一折射出的正是寻求差异和创新能力的不足，所以才会有很多人只要一提到陕西特色小镇就会认为是“民俗村”的认知偏差。其次，千镇一面、大同小异等规划或运营误区让一些小镇面临被淘汰的危机。一篇名为《2018 年中国特色小镇死亡名单》的文章曾引起各大网站、微信公众号等竞相转载与分享，也引起了人们对特色小镇的广泛关注与讨论。陕西省的白鹿原民俗文化村也进入了这个名单，同质化严重、定位不准以及后续竞争力吸引力不足等，成为该民俗村从一开始的人潮涌动到门可罗雀到 2019 年 8 月暂时关闭再到 2020 年 3 月宣布拆除的主要原因。

（四）人力、科技资源优势利用不充分，新兴业态及类型的特色小镇尚未出现

陕西现拥有上百所高等院校，科研院所和高等学府在这里聚集，省会西安是我国三大教育及科研中心之一，这样的人力及科技资源优势却没有真正体现在特色小镇创建当中。仍以浙江为例，闻名遐迩的杭州西湖区云栖小镇依托的正是阿里巴巴云公司以及转塘科技经济园区两大平台，这个云计算产业生态聚集地已吸引阿里云、富士康科技、数梦工场、中航工业等企业入驻，截至 2017 年底，已引进 600 多家涉云企业，仅 2017 年一年与云相关的税收就达 10 亿元左右。此类基于新兴产业、发展潜力巨大的特色小镇正是

支撑未来区域经济发展的重要力量。对陕西而言，尽管有进入《西部大开发“十三五”规划》的西安市灞柳基金小镇（商贸物流型城镇）、华阴市罗敷镇（健康疗养型城镇）等，但休闲时尚、经济金融、健康康养、节能环保、信息技术以及高端装备制造等新兴业态及类型的特色小镇尚未成气候，有些类型甚至还没有真正出现。

三 改进思路与措施

针对特色小镇建设中出现的一系列问题与不足，陕西省要建立健全监督评估及评价指标体系，要不断引导特色小镇健康有序发展，还要进一步完善能够真正实现优胜劣汰的测评与退出机制，从而实现特色小镇的高质量发展。

（一）打破上级指定的创建形式，遵循自愿申报原则，严格实行退出机制

陕西特色小镇的创建与培育首先要努力协调好政府与市场之间的关系，要真正尊重市场发展与运行规律，政府不应再扮演引导者、规划者的角色，应该将工作的重心放在弥补市场机制的不足，以及研究如何促进特色小镇发展，加快基础设施建设并完善公共服务等方面，规避“开发区”建设的发展模式①，要放手让特色小镇经受市场的检验与洗礼，每一次的申报都要遵循自愿原则，同时还要打破均等化扶持局面，建立起差异化、层级化的支持政策或措施，并严格实行退出机制。

（二）科学论证、精准定位，突出产业特色

找准特色、凸显特色，是特色小镇建设的第一要义，“作为小城镇重要生命线的城镇特色要素，既是它长远发展的保障，也是支撑整个小城镇生

① 程昱、崔彩贤：《浙江经验对陕西特色小镇建设的启示》，《农村经济与科技》2019 年第 9 期。

存、竞争、发展的根本所在”。[①] 综观国内发展势头良好的特色小镇，尤其是以中国特色小（城）镇指数研究课题组发布的中国50个特色小镇为例，江苏省的连云港市东海县水晶小镇、南京市江宁区未来网络小镇、宿迁市宿豫区电商筑梦小镇等，浙江省的嘉兴市桐乡市毛衫时尚小镇、绍兴市诸暨市袜艺小镇、衢州市龙游县红木小镇、杭州市余杭区梦想小镇以及湖州市长兴县新能源小镇等进入榜单，陕西省无一上榜。而进入该名单者都是不断挖掘自身独特价值与优势，不断在寻求差异定位中获得发展机遇的小镇。陕西特色小镇未来的发展更应该从彰显特色与优势、避免同质化竞争入手，要认真做好前期的调研规划及论证工作，要深挖区域人文与产业优势，杜绝“大而全”的发展思路，努力做到“小而精”、“小而特”和“小而美”，力争让每个特色小镇都能够成为既能在市场上博弈竞争，又能为人们所关注与认可的空间发展平台。

（三）紧跟市场发展动向，重点培育康养小镇等发展前景较好的小镇类型

除发掘历史文化资源、红色文化资源等传统产业优势外，陕西省特色小镇培育还应该将目光转向健康康养、休闲时尚、金融经济、信息技术乃至物流制造等发展前景广阔的领域，智能装备、时尚智造、物联网、电商筑梦、基金、运动休闲类小镇大量进入全国最美50个特色小镇名单就是最好的例证。再以康养小镇为例，2016年10月25日，国务院印发了《“健康中国2030”规划纲要》，旨在推进健康中国建设的规划纲要昭示了养老产业的紧迫性和重要性，养老产业会在未来的20年中得到迅猛的发展，2020年、2030年的健康服务业规模会分别达到8万亿元和16万亿元。康养产业现已上升为国家战略，康养小镇自然就会成为非常热门的产业形态。陕西省陕南地区有着得天独厚的创建绿色康养小镇的自然地理条件与优势，关中、陕北

① 梁仕浩、余侃华、蔡辉：《乡村振兴视角下的特色小镇规划响应刍议——以延安南泥湾小镇为例》，《共享与品质——2018中国城市规划年会论文集（19小城镇规划）》，2018。

的一些区域也可以因地制宜发展康养产业，把握好机遇，特色小镇建设就能够取得长足的进步。

（四）重视特色小镇环境建设，不断延伸和拓展产业链

特色小镇应该是“产、城、人、文”四位一体融合发展的产业集聚区，不牺牲“青山绿水”、对周边生态环境友好是前提基础。以500个基金组织为基础形成的浙江“基金小镇”就不仅维护了西湖风景名胜区以及南宋皇宫地下遗存的完整性，还修复了后来的陶瓷品市场对城市整体环境的负面影响，形成了既有极高经济效益又能够与周边环境协调共生的城市发展空间。借鉴浙江将所有特色小镇按照3A级景区标准建设的经验，陕西省要力争将特色小镇建设成为能够与周边山水共生共存、生态良好且可以实现可持续发展的人文及产业平台，要从环境治理保护、镇容镇貌建设、园林绿化维护以及垃圾分类处理等方面建立起完善科学的评价指标体系。另外，功能叠加、产业链不断延伸的小镇才会不断成长为成熟的产业集群，要以特色产业为主导，建立起融合上下游产业并能带动文创产业及周边产品共同发展的完整产业链，进而推动特色小镇实现纵深乃至高端发展。

（五）开阔视野、创新思路，探索“特色小镇+”的多种发展模式

地处西北的陕西省存在特色小镇建设资金短缺等一系列问题，而特色小镇建设正是一项资金投入大、回报周期长的事业或行为，为保证资金链的完整性与延续性，也为了弥补运营及宣发经验不足的短板，“特色小镇+PPP”模式就成为可供选择的重要路径。政府、私营企业与民营资本之间的合作能够加快特色小镇基础设施建设进度，还能及时引入科学高效的经营、管理及维护理念，从而形成利益共享、风险共担的发展模式。“特色小镇+精准扶贫”也是契合时代与社会需求的发展思路，将特色小镇规划创建工作与精准扶贫紧密结合，将特色小镇所在地人们的发展愿望与需求融入规划论证过程当中，相关产业能够真正满足就业需求、提供就

业岗位，让人们能够从中得到好处和实惠，使脱贫攻坚工作得到扎实有效的推进与落实。

总之，陕西特色小镇发展要真正向着实现城乡共建、绿色健康、数字化、智慧化以及多业态融合等目标前进，在持续不断的探索与创新中建构起满足与引领人们生活方式和消费习惯变革创新的新型发展理念。

B.10

陕西红色旅游发展现状及路径研究

杜 睿*

摘 要： 陕西省是红色旅游资源最为丰富的省份之一，拥有宝塔山、杨家岭、保安革命旧址、八路军办事处、马栏革命旧址、川陕革命根据地等知名红色景点景区，省内延安、西安、咸阳、渭南、汉中等地红色旅游发展各具特色，新时期如何更好地保护和利用红色资源、传承红色基因值得我们关注和思考。

关键词： 红色旅游 革命旧址 红色基因 陕西

红色文化蕴含着丰富的精神内涵，是战争、革命年代由中国共产党人、进步分子和人民群众共同创造且极具中国特色的文化。一般而言，广义的红色文化是指世界社会主义运动历史进程中人们的物质和精神力量所达到的程度、方式和成果，狭义的红色文化是指中国共产党在领导中国人民实现民族的解放与自由以及建设社会主义现代中国的历史实践过程中凝结而成的观念意识形式。红色文化作为一种重要资源，包括物质和非物质文化两个方面。其中，物质资源表现为遗物、遗址等革命历史遗存与纪念场所；非物质资源表现为包括井冈山精神、长征精神、延安精神等红色革命精神。而红色旅游主要是以中国共产党领导人民在革命和战争时期建立丰功伟绩所形成的纪念地、标志物等有形物质为载体，以其所承载的革命历史、革命事迹和革命精

* 杜睿，陕西省社会科学院文学艺术研究所助理研究员，研究方向为延安文学。

神为内涵，组织接待旅游者开展缅怀学习、参观游览的主题性旅游活动。近年来，红色旅游热度持续攀升，人们对红色旅游的重视程度也越来越高，红色旅游及红色文化成为极具开发潜力的旅游产业。红色旅游主要集中在红色革命和红色文化丰富地区，包括上海、陕西、江西、重庆、贵州、河北等地。陕西是中国革命摇篮和延安精神发祥地，陕西境内遗存的大量革命文物是中国共产党光辉历史的重要见证。陕西现有不可移动革命文物 1224 处，各类革命纪念馆 51 座，具有分布范围广、类型丰富及历史标识性等特性。

一　陕西省红色旅游发展现状

近年来，全国各地发展红色旅游热情高涨，《2017 年红色旅游影响力报告》指出，近三年全国红色旅游接待游客累计达 34.78 亿人次，综合收入达 9295 亿元。2018 年携程旅游网发布的红色旅游报告指出，年轻人逐渐成为红色旅游消费和打卡的主力人群，游客平均年龄为 33 岁，红色旅游已经成为当今人们，特别是年轻人旅游的热门之选，在红色旅游的热门城市排名中北京、吉安、上海、延安、西安、嘉兴、绍兴、南京等地居于前列。从这份旅游城市名单中，我们能够看出陕西的延安、西安均在备选行列，陕西逐渐成为越来越多外地游客红色旅游的选择。陕西红色文化资源丰富，依托文化而来的红色旅游也成为近年来陕西旅游发展的一种重要态势。陕西现存革命文化遗址 2051 个，国家级爱国主义教育基地 19 个，省级爱国主义教育基地 30 个，市级爱国主义教育基地 49 个，县级爱国主义教育基地 128 个，干部教育基地 11 处。作为中国重要的红色革命根据地和全国旅游大省，在全国重点培育的 12 个红色旅游区域中，涉及陕西的就有 2 个，其中延安是全国重点建设“20 大红色旅游城市”之一，陕西红色旅游资源主要集中在陕北，其中以延安为中心的陕北周边以及以照金为中心的铜川地区成为红色旅游的重镇，而关中的红色旅游，主要集中于西安八路军办事处、马栏革命旧址、渭华起义旧址、鄂豫陕苏维埃政府葛牌镇纪念馆等，陕南红色旅游资源相对薄弱，不过近年来也在汉中南郑建立了川陕革命根据地纪念馆等。从近年来游客对旅游景点的选择来看，延安无疑是陕西红色旅游不二之选，而西安则从“古都”“文物”等文化旅游独大中，逐渐朝着红色旅游方向转变。近年来陕西红色旅游发展态势迅猛，红色旅游多元化促进红色文化发展已经成为一种新的红色旅游发展业态，其中包括红色旅游、红色教育、红色文化衍生品开发、红色旅游与文化＋的新型模式等。陕西红色旅游大体上可以从区域分为陕北、关中、陕南三大区域。

（一）陕北红色旅游与红色文化的现状与特点

延安作为重要的革命圣地，红色资源极为丰富。据统计，延安拥有革命纪念地445处，珍藏文物7万件，现存革命旧居140多处，当地红色旅游资源数量占陕西省红色旅游资源总量的72%。其中国家级资源有宝塔山、枣园旧址、杨家岭革命旧址、延安革命纪念馆等4处，均在延安市区内。除此之外，还有王家坪革命旧址、凤凰山革命旧址、南泥湾、清凉山、中国抗日军政大学纪念馆等，延安拥有目前全国保存最完整、面积最大的革命遗址群。枣园旧址，位于延安城西北8公里处，原是地主庄园，后成为中共中央社会部驻地，1944年，中央书记处由杨家岭迁至此处，2016年，枣园旧址被列入全国红色旅游经典景区名录。杨家岭革命旧址，位于延安城西北2公里处，1938年至1947年，中共中央机关在此驻地，并于1942年在此建成了中央大礼堂，2016年，杨家岭革命旧址被列入全国红色旅游经典景区名录。而宝塔山则是延安红色革命圣地的标志，现已成为延安红色旅游景区的一个标志性建筑。陕北还有洛川会议纪念馆，分布在洛川，以及延安其他区县分布的红色旅游景区和红色革命旧址等。陕北红色旅游还聚集了陕西最丰富的爱国教育基地、干部教育基地，以及红色旅游的衍生品，包括红色文化、舞台剧、电影、书籍、体验式旅游、“互联网＋旅游”等。延安红色旅游发展相对成熟，已经形成了吃住行游购娱的一整套旅游消费产业链。据不完全统计，延安红色旅游群体已由之前以教育培训为目的的中年党员干部和本地（省）游客，逐渐向年轻群体和外地（省）游客倾斜，大中学生群体和外地游客逐年增加，海外游客数量呈直线上升趋势。据统计，2018

年延安全年接待游客6343.98万人次，实现旅游综合收入410.7亿元。仅2019年春节假日7天，延安市共接待游客204.3万人，实现旅游收入89757.12万元，同比分别增长13.3%和18.6%。针对客户群体差异化，延安量身定制旅游线路，推出了“青少年红色研学之旅”“大学生红色寻梦之旅”“寻根朝圣之旅”等特色化旅游路线，满足了不同人群、不同年龄、不同收入等群体的需求。

红色旅游伴随着红色文化产品及衍生品的发展，特别是延安在文娱产品的开发上相比陕西其他地区有明显的优势，打造了大型红色艺术影画《延安记忆》、大型红色历史舞台剧《延安保育院》等，致力在“镜像历史·写意延安”上下功夫、做文章。同时延安还推出了一系列体验式旅游，比如针对南泥湾推出的“劳动大生产”体验式旅游，针对中学生推出的“小红军”体验式旅游等项目。目前延安红色旅游已经进入深度游、精品游、文化游等更高层次的旅游。依托丰富的革命资源，以延安为中心的陕北成为陕西红色旅游的排头兵。

（二）关中红色旅游与文化融合的特点

以西安为中心，辐射咸阳、渭南等地，包括八路军办事处、爷台山战役指挥部、渭华起义教育基地、马栏革命旧址、照金革命旧址、八路军120师抗日誓师大会旧址、鄂豫陕苏维埃政府葛牌镇纪念馆、康庄战役烈士陵园等景点的关中红色旅游是关中继“文化”之旅的又一个精品旅游路线。目前西安有红色旅游景点景区30个，咸阳9个，渭南18个，铜川4个，宝鸡5个。八路军办事处也称“八路军驻陕办事处”，1936年初，中共的秘密转运站在此设立。西安事变和平解决后，转变为半公开的红军联络处，负责人为叶剑英，1937年9月改为八路军驻西安办事处，1988年公布为全国重点文物保护单位。渭华起义教育基地，坐落在陕西省渭南市华州区高塘塬上，渭华起义是发生在第一次国内革命战争时期由中国共产党领导的震撼西北、波及全国，规模最大、影响最深的一次大起义。马栏革命旧址，位于旬邑县马栏镇，抗日战争和解放战争时期，马栏是陕甘宁边区的南大门，是圣地延安的前沿哨所，是关中分区政治、军事、经济中心，因此马栏具有十分重要的地位，2016年被列入全国红色旅游经典景区名录。照金革命旧址，位于陕西省铜川市耀州区北54公里处，是20世纪30年代初，刘志丹、习仲勋、谢子长等无产阶级革命家在西北地区创立的第一个山区革命根据地。2016年，同样被列入全国红色旅游经典景区名录。关中红色旅游资源，相对比较分散，近年来不断开发和推介红色旅游的项目。2019年9月，以“红色竞辉·献礼祖国”为主题的2019第九届陕西金秋旅游节上，西安有9个景区入选“陕西100处红色旅游地”，其中包括西安的八路军办事处、张学良公馆、西安革命公园、鄂豫陕苏维埃政府葛牌镇纪念馆等著名的革命旧址。从近年来的统计数据看，西安已经成为红色旅游目的地排名前十的城市。

在红色旅游产品的开发上，西安也从之前单一的文化产品开发，衍生到了红色旅游产品开发，比如纪念章、徽章等，但在开发上与延安相比还有一定差距，因地制宜地结合当地的实际进行旅游资源的整合与融合还要进一步提升。

（三）陕南红色旅游现状

陕南是川陕革命根据地和鄂豫陕革命根据地重要组成部分，川陕革命根据地是第二次国内革命战争时期，中国共产党创建的一个重要根据地。毛泽东称之为“中华苏维埃共和国的第二个大区域”。其中包括陕西宁强、勉县、南郑、西乡、镇巴5县。陕南红色旅游景点景区共23个，其中汉中12个、安康7个、商洛4个，数量相对较少且分布较为分散。历史上，川陕革命根据地和鄂豫陕革命根据地活动范围比较广阔，因此使得如今红色旅游资源分布也比较分散，由于陕南地处秦巴山区，这一特点尤为明显，如著名的红色旅游景点——华阳红二十五军司令部驻地遗址，宁陕县江口镇的张文津、吴祖贻、毛楚雄三位烈士纪念碑，镇巴县渔渡镇青鹤观、川陕革命根据地遗址、中共陕南县委和赤化区苏维埃政府遗址，商南县梁家坟乡碾子坪村大西河口红七十四师诞生遗址、钟家沟红四方面军司令部遗址都在陕南，这些地方大多比较偏僻，位置分散，交通不便，开发和利用方面相比陕北和关中有一定的差距。目前，通往各个红色旅游景区的道路主要以乡村道路及部分县道为主，除了离县城较近的一些景区外，多数红色革命遗址位置偏僻、交通条件相对较差，软硬件设施不到位，红色旅游开发相对薄弱，一些红色旅游地区甚至鲜有人知道。陕南临近四川，因此有着丰富的川陕革命根据地旧址，而且在主打生态旅游的基础上，陕南红色旅游也有着很大的市场空间和社会效应。按照《旅游资源分类调查与评价》，汉中拥有 1 个四级红色旅游资源、1 个三级红色旅游资源，安康拥有 1 个三级红色旅游资源，商洛拥有 1 个三级红色旅游资源。其中包括汉中南郑县川陕革命纪念馆、镇巴县川陕革命遗址，安康旬阳县红军乡纪念园、岚皋县谭家岭革命烈士陵园，商州区革命烈士陵园、商南县梁家坟中共鄂豫陕特委成立遗址、商南县白鲁础区苏维埃政府遗址等。这些革命遗址（旧址）是中国共产党在革命中留下的重要活动基地，也是非常重要的红色文化资源。陕南旅游重视生态游，对红色旅游资源开发和保护相对薄弱。在陕南旅游资源中，虽然红色旅游资源也十分丰富，但对红色旅游的宣传还相对滞后，红色旅游在陕南发展相对滞缓。

二　陕西红色旅游发展的 SWOT 分析

（一）陕西红色旅游发展优势

1. 资源优势

陕西红色旅游资源丰富，现存革命遗址就有 2051 个，仅延安就拥有革命纪念地 445 处，陕西还拥有红色革命圣地——延安，川陕革命根据地——陕南，八路军办事处——西安，形成了陕北、关中、陕南各具特色的红色资源。仅人们熟知的红色旅游资源就数不胜数，比如宝塔山、杨家岭、王家坪、南泥湾、八路军办事处、川陕革命根据地旧址等，陕北、关中、陕南均有分布，且各具特色，仅延安就有4个五级红色旅游资源、6个四级红色旅游资源和172个三级红色旅游资源，关中（西安、咸阳、渭南、宝鸡、铜川等地）有4个四级红色旅游资源和14个三级红色旅游资源，陕南（汉中、安康、商洛）有1个四级红色旅游资源和3个三级红色旅游资源，其他红色旅游资源共有23个。红色旅游资源不可谓不丰富。

2. 区位优势

陕西地处中国的西北部，从区位上来说，陕北、关中和陕南各有不同，陕北地处黄土高原的中心位置，有着特殊的高原气候，人们常居住在窑洞中，地势较高，形成了信天游、民歌小调等，这种陕北特有的文化资源与红色资源一起构成了红色旅游的文化遗产。人们出行旅游过程中，不仅可以领略到物质文化的景观，还可以感受到非物质文化的魅力。关中红色旅游资源相对分散，与陕北特殊的地形和习俗不同，关中地势平坦，城市化更加明显，因此在红色旅游中，红色景观是可以触摸的，而非红色景观下的红色文化资源则是需要感知的，人们在参观红色景区时，一同感受红色文化的魅力，更具有时代感。陕南靠近四川，形成川陕革命根据地，因此除了红色旧址之外，陕南有着别样的风情。这三种不同的区域，带来了不同的风俗、文化，同样也是红色旅游中不可或缺的一部分，相对于有形的红色景观，无形的文化、风情同样具有旅游的价值，对于陕西红色旅游资源而言，因其三个区域鲜明的特色而更加具有区位优势。

3. 多元旅游互补发展优势

陕西在旅游资源上可谓十分丰富，不仅有着丰富的红色旅游资源，还有着丰富的地下文物资源、生态景观资源。同时在旅游上，陕北不仅有革命旧址，还有陕北特有的黄土地貌、丰富的非物质文化遗产；关中不仅有丰富的红色旅游资源，还有蕴藏的文物、帝王陵墓、城墙遗址等古代文化资源，西安作为陕西的省会城市还有现代化的科技、建筑等；而陕南的生态资源成为近年来旅游的“新宠”，同时因其邻近四川，有着川陕相交的独特魅力，旅游更具多元性。

（二）陕西红色旅游发展劣势

1. 发展不均衡

红色旅游发展不均衡，出现“北热南冷”的局面。延安地区是陕西红色旅游发展的重镇，除了延安市区之外，还有志丹县、延川县、子长县等几个红色资源丰富的县，仅2019年上半年，延安市就接待游客2980.6万人次，同比增长25.6%；旅游收入192.21亿元，同比增长39.38%。关中地区在旅游资源上有其特殊性，红色旅游资源相对而言更加弱化，由于没有很好地整合西安与渭南、咸阳等地红色旅游资源，因此红色旅游资源相对分散，游客人数较少，散客与外地游客没有充分利用起来。陕南虽然有川陕革命根据地，却没有得到很好的重视与保护，甚至有些遗址破坏得相当严重，修复难度很大。有许多游客对陕南的红色文化更是知之甚少，相关部门整体保护力度也略显不足，投入没法满足红色旅游资源的持续发展，现有革命遗址修复和保护不够。

2. 衍生品单一，同质化竞争明显

红色旅游与“文化+”的多元业态发展迟缓，衍生品单一，未能形成一个中心点辐射全局的业态。在展示形式上以传统平面、静态的形式陈列展览为主，与市场需求差距较大，旅游综合带动能力较弱。延安地区红色文化向外扩展，结合《延安保育院》《红色延安》等大型舞台剧开始文化衍生品发展，但是没有形成一个整体的区域性品牌，在副产品上的开发和其他非物质文化的开发还需要一个建构过程。而其他地区红色旅游资源开发本身就少，衍生品更无从谈及，“文化+”的产业与其他城市相比还有一定的差距，红色旅游资源的数量与红色旅游的产出之间并未成正比，甚至是滞后的。

在红色文化的宣传上，同质化竞争明显。不同地区的优势和特色不明显，都倾向于景观游+讲解+情景展示等，虽然延安推出了一系列体验式旅游，但是在开发广度和深度上还需要进一步挖掘，特别是在红色旅游多元化发展与全域旅游相结合上还没有形成规模。在延安如果想要体验窑洞生活，感受当年红军的艰苦并非易事，比起住酒店，仿照现代建设的窑洞不仅价格高昂，而且体验感不强。针对青年学生的假期体验式旅游和红色教育还有很大的开发空间。

关中红色旅游，开发单一，无法吸引游客，周边衍生品少，没有形成吃住行游购娱的多元旅游业态，同质化竞争明显。比如咸阳的旬邑马栏革命旧址、铜川照金革命旧址、渭南渭华起义革命旧址都是红色革命非常重要的旧址，以参观旧址、纪念馆和听取讲解为主，差异性不明显。而陕南，则都打着“生态旅游”的旗号，开发的景区同质化程度较高，没有充分发挥红色旅游在全域旅游中的作用，忽略了红色资源在旅游资源中的价值和作用，缺少鲜明的主题和特色，除了个别的革命纪念馆之外，其他旧址开发程度不一，普遍存在开发不足的现象，因此红色旅游发展相对滞后。

3. 红色文化优质品牌开发利用率低

大量红色旅游资源尚未开发，资源利用率低。延安是红色旅游集中地，在延安的红色旅游资源超过400个，而被开发利用的资源占比非常小，还有许多红色资源没有充分被挖掘和利用，特别是一些偏远的县域，由于交通、环境、位置等限制，原本应该被人们熟知的资源很容易被忽视；关中地区，近年来开发利用的仅有旬邑的马栏革命旧址、铜川的照金革命旧址、西安的八路军办事处、渭南的渭华起义革命旧址等，而且品牌价值没有充分显示出来，开发与利用率不高；陕南的红色旅游在开发和利用上都有所欠缺，除了在汉中南郑县修建的川陕革命根据地纪念馆之外，其他有着重要红色旅游资源的县域（如宁强、洋县、镇巴、西乡等）开发、利用率极低，更未形成红色品牌带动区域（市、县）旅游发展的优势，红色旅游资源重视程度不够，甚至有些地方破坏和损毁严重，修复的难度很大。

此外，红色基因在红色旅游中发挥的作用还未真正显现出来，红色基因的传承是红色旅游最重要的目的之一，在红色旅游中占比较大的是参观革命纪念馆、参观红色革命旧址、为烈士陵园敬献花圈等，而真正感悟红色基因传承、聆听先烈故事、切身体会革命年代先烈们的牺牲精神的途径还较少。

4. 红色旅游线路开发不足，未形成旅游网络辐射

红色旅游线路开发不足，红色旅游与文化展示没有形成全省的网格式发

展。陕西省红色旅游资源中，陕北较多，关中、陕南次之。陕西南北狭长的地形，削弱了景点间的关联性。在红色旅游中三者之间没有形成一个完整的网络，甚至即使是红色旅游资源开发和利用充分的延安，其红色旅游资源也没有进行有效的整合和开发，没有把周边的志丹县、吴起县、子长县和延川县等整合在一起，致使到延安旅游的游客大多仅参观延安城区内的红色景点。近年来团体旅游的游客，跟着旅游团会有一个整合，但散客旅游还是侧重在延安市区。西安虽是十三朝古都，但红色旅游路线不足，辐射力有限，而陕南的安康、汉中、商洛少有红色精品路线。

5. 旅游配套设施落后,大环境需要改善

陕西省内绝大多数红色旅游景区都地处贫困山区，当地的旅游业起步较晚，基础设施建设相对落后，人才储备不足。交通不便捷，即使是延安，也只有延安市区有高铁，而志丹县、吴起县、延川县等只有公路交通，山路盘绕，想要把几个县域的红色资源整合起来，在交通上就形成了一个难点，路程远、路途险峻，县城高档酒店、配套娱乐设施较少，这样很难吸引游客驻足。关中地区交通相对便捷，但除了西安之外，周边县域旅游配套设施陈旧，无法满足游客需求，旅游大环境需要改善。陕南县域革命根据地旧址大多是在偏僻的地方，或者是山区，交通极为不便，有些路段甚至汽车都难以通行。陕南红色革命旧址环境恶劣、交通不便、旅游的软硬件设施少、政府重视不够，都导致了目前陕南红色旅游发展的困境。

6. 三多三不足的现象普遍存在

在陕西红色旅游发展过程中，存在“三冷三热”，即体制内热，体制外冷；著名文物遗址地区热，无著名革命遗址地区冷；节庆活动热，平常时节冷。比如在体制内党员干部集中组织红色主题教育，因此红色旅游也比较热，而体制外的人，在宣传方面不到位，导致红色旅游相对较冷。“三多三少”，即红色场馆建设中，场馆陈列中事件知识展示多，感染人心的故事少；红色旅游开发中产业经济考虑多，结合当地条件产生经济效益的少；红色文化推介中传统媒介运用多，“互联网 +” 宣传手段少。

（三）外部机遇与挑战

1. 外部优势

与其他省份相比较，陕西红色资源非常丰富。延安是红色革命的圣地，也是中共发展和壮大最终走向胜利之地，而关中的西安、咸阳（旬邑）、渭南、铜川（照金）等地都是红色革命重要的发祥地，陕南因是川陕革命根据地的重要途经之地，也蕴藏着丰富的革命资源，这也是周边省份无法比拟的先天优势和资源。因此可以吸引晋、豫、川、甘、蒙等周边省份的游客，发挥三秦特色，进一步扩大陕西红色旅游的影响力，将其纳入全域旅游的发展中。

2. 外部挑战

江西、江苏、上海、重庆、贵州、四川等不仅有着丰富的红色资源，在传承红色精神方面做得也比较好，比如“红船精神”（上海）、“井冈山精神”、“红岩精神”，上海黄浦区将党建服务中心设立在与中共一大会址纪念馆相隔仅 50 米的地方，能够更好地将红色资源扩散开。重庆利用红军长征胜利 80 周年契机，举办“长征精神进校园进乡镇”等活动，推动红色旅游发展，并推动红色旅游与其他旅游方式相结合，将红色旅游资源、民俗旅游资源、自然景观资源整合，实现“资源共享，优势互补”，实行“互联网 + 红色文化”等发展模式，不仅把红色旅游做大做强，而且推动红色基因更好地传承和发展。井冈山不仅致力于红色教育，而且结合井冈山自身特色，推动红色旅游与生态旅游相结合，构建“井冈山—革命山—旅游山—文化山”，成为全国首批“全域旅游示范区”。

三　如何在新时代发展陕西红色旅游

习近平总书记在视察陕西时强调：“发展红色旅游要把准方向，核心是进行红色教育、传承红色基因，让干部群众来到这里能接受红色精神洗礼。”2018 年 3 月在参加山东代表团审议时他又谈道：“红色基因就是要传承。中华民族从站起来、富起来到强起来，经历了多少坎坷，创造了多少奇迹，要让后代牢记，我们要不忘初心，永远不可迷失了方向和道路。”因此红色旅游的根本是要传承红色基因，要从中汲取力量，挖掘红色基因的现代精神和时代价值，融入红色教育的系统功能。在人们参观红色革命旧址、瞻仰先烈陵园的同时，更重要的是聆听革命先烈的奋斗故事，体验革命先烈所经历的艰苦奋斗精神，感受革命年代先烈们浴血奋战的牺牲精神，领悟革命精神在我们这一代人身上的传承。对于陕西红色旅游而言，如何利用好陕西丰富的红色资源，发挥三个区域不同的区位优势，传承好红色基因，是红色旅游的重中之重。

（一）加强红色基因宣传，推动红色旅游转型升级

红色旅游重在红色基因的传承，因此要在红色旅游中加入更多的情景故事讲解，让游客有更多的带入感，推动红色旅游从单一的参观到集体验互动、情景故事带入、参观讲解于一体的多元型旅游。同时开展一系列红色文化活动：红色文艺汇演、红色演出节目等，推动延安的红色旅游经验做法在全省推广，并因地制宜地结合当地特色发展红色旅游，比如陕北与民俗文化相结合、关中与文物旅游相结合、陕南与生态旅游相结合等。利用革命旧址、革命纪念馆、红色教育基地，在全省范围内营造热爱红色文化、传承红色基因、弘扬红色精神的良好氛围，打造红色文化知名品牌。

（二）打造红色旅游精品路线，打通三个区域的地域壁垒

在发展过程中要突出把握好“四个着力”：着力推出红色旅游主题线路、着力做好红色旅游宣传推广、着力创新红色旅游展示方式、着力提升红色旅游合作水平。[①] 具体的做法是对各区域的红色旅游景区按照历史顺序进行合理的规划，比如从西安出发，先到达照金，然后直接北上到延安吴起县，再转战至志丹县，最后到达延安市，这种按照当时红军转战路线带有历

---

① 吴军：《发展陕西红色旅游的思考》，《陕西日报》2015 年 6 月 5 日。

史年代感的红色旅游路线，不仅能够把关中红色旅游带动起来，而且更能吸引游客。或者从汉中南郑县出发，途经镇巴县，最后再到西安。同时运用讲解与参观、体验等多种方式，让游客在参观中融入革命先烈的历史中，“研究展陈载体，通过实物、照片、图表、模型等形式，运用情景模拟、观众互动等方式，再现重大历史事件和场景。既能达到教育效果，又能充分表现红色文化内涵。着力提升红色旅游合作水平。”①

（三）延伸相关产业链，以红色旅游带动地方经济社会发展

陕西省的革命旧址和遗址，大多数地处交通相对闭塞、经济欠发达地区，发展红色旅游要围绕旅游富民这个核心，积极与乡村旅游、农家乐和开发土特产结合起来，这样不仅能够实现精准扶贫，而且还可以推动红色资源的保护和开发。要有效依托陕西旅游大省的资源，大力发展红色旅游产业，打造富有特色的红色旅游小镇，增强辐射能力，使之与脱贫攻坚和新农村建设相融合，积极发挥经济文化综合效应；科学利用人力、物力、财力，有效整合配置资源，着力解决重复建设和地区间保护利用不平衡的问题，全面提高陕西红色革命文化的保护能力和开发利用水平；依托社会智慧创业园区资源，使红色资源与市场有机结合，在由政府主导的基础上，鼓励、引导民间资本进入红色文化创意产业，挂牌红色景区，建立红色创意工作室，打造一条完整的红色产业链。

（四）深化红色旅游资源的保护和利用

进一步保护和利用红色旅游资源，在偏远地区，集中建立革命纪念馆，修复、保护革命遗址，同时注重旅游软硬件设施的建设，比如有些革命遗址不仅地处山区，而且交通不便，位置闭塞，要打通革命遗址与县域、市区之间的交通连接，政府应给予更多的资金支持，培育更多的高学历人才投入红色旅游的服务中。

---

① 吴军：《发展陕西红色旅游的思考》，《陕西日报》2015 年第 6 月 5 日。

同时，要做好红色资源的宣传和推广工作，利用“互联网+”的新型媒介，进行红色基因的宣传，同时推广陕西红色旅游。延安大学构建了“一体两翼”红色文化育人体系（以红色文化课堂教学为主体，以红色文化体验教学和红色文化践行活动为两翼），并组建了各类红色教育宣讲团，传播红色文化，推广红色资源。延安市志丹县围绕刘志丹革命、爱情、生前、牺牲之后等主题以情景故事的方式通过讲解员的动情讲解传递给游客（观众），让游客有很强的带入感，而且经济节约，效果很好，这种可复制、可推广的经验能够运用到陕西各地市红色旅游中，让游客更多地了解历史、走进革命，更好地传承红色基因。

陕西红色资源丰富，如何利用好红色资源发展和提升陕西红色旅游，如何保护、修复一些重要的革命遗址，如何在当下传承好陕西红色基因，把红色旅游与红色基因的传承结合起来，如何从单一的红色旅游实现多元的、复合型深度游，则是值得我们长期思考和探索的。

公 共 文 化 篇

Public Culture Reports

B.11 陕西现代公共文化服务体系建设发展报告

曹 云*

摘 要： 报告全面回顾了2019年陕西构建现代公共文化服务体系的各项进展，包括《陕西省公共文化服务保障条例》正式实施、公共财政投入规模、公共文化产品供给、公共文化服务体系的数字化和智能化、重大文化工程建设等五个方面的工作进展。对2020年陕西构建现代公共文化服务体系的重点工作进行了展望，主要对公共文化服务体系建设成果评估、公共数字文化工程规范标准、贫困地区公共数字文化体系建设、第四批国家公共文化服务体系示范区（项目）创建、公共文化法人治理结构改革等五项重点工作进行了展望分析。

* 曹云，陕西省社会科学院文化研究所副研究员，研究方向为公共文化。

关键词： 公共文化服务　数字化　陕西

2019 年，陕西省公共文化基层设施网络进一步完善，公共文化产品内容不断丰富，管理和服务水平持续提升，基本构建了设施完善、便捷高效、持续创新的公共文化服务体系。陕西累计建成公共图书馆 111 家（三级以上馆 89 家）、文化馆 119 家（三级以上馆 98 家）、1108 个乡镇（街道）文化站（建成率 84.1%）以及 15475 个社区基层综合性文化服务中心（建成率 80.3%），建成总分馆制图书馆 62 个、文化馆 64 个，为公共图书馆（77 个）、文化馆（62 个）分别配备了流动服务车；搭建了五级数字文化服务共享网络体系，建设完成 47 个具有陕西地方特色的专题数据库，全省数字资源总量达到 112.4TB，公共电子阅览室覆盖率达到 75% 以上；宝鸡、渭南、铜川、安康 4 地市分批次入选国家公共文化服务体系示范区，高陵区公共文化服务“110”、西安市公共图书馆集群信息化管理平台、韩城欢乐送基层等多个项目入选国家公共文化服务体系示范项目，有效带动了全省现代公共文化服务体系建设水平。

一　2019 年陕西现代公共文化服务体系建设现状与成效

（一）公共文化服务体系建设迈入法制化轨道

以《中华人民共和国公共文化服务保障法》为政策依据，《陕西省公共文化服务保障条例》（简称《条例》）作为陕西公共文化服务体系建设的一项核心工作，自 2018 年 5 月进入立法程序以来，经 2019 年 3 月陕西省第十三届人大常委会第十次会议表决通过，于 2019 年 7 月 1 日起正式实施，标志着陕西省公共文化服务体系建设进入规范化、法制化轨道。截至 2019 年上半年，陕西省已制定完成公共文化服务实施标准（落实标准）的地市达到 10 个，制定了公共文化服务目录的县（区）共 95 个。为进一步宣传及全面贯彻《条例》精神，陕西省文化和旅游厅专门组织了学习贯彻培训班，培训对象涉及陕西各地市文化旅游系统分管局长、公共图书馆馆长、文化馆（群艺馆）馆长，以及入选国家公共文化服务体系第三、第四批示范区（示范项目）的区县负责人等，约 110 人参加培训。培训内容除对《条例》进行全面解读之外，还针对文化馆财务管理、群众文艺创作、品牌文化创建、文化志愿服务、数字文化观建设、非遗保护工作等突出问题开展专题讲座，进一步提升了公共文化工作队伍的专业能力。

（二）省级财政资金投入力度持续增强①

陕西省公共文化服务体系建设投入资金继续增加。一是 2019 年陕西省各级公共图书馆预算资金 5284.91 万元，较上年增加 3014.56 万元，增幅为 132.78%。其中，增加省级专项资金为 1457 万元，分别是陕西省图书馆的购书费 1000 万元和免费开放经费 457 万元；中央提前下达的部门专项预算资金 1421 万元，分别是省图书馆用于公共数字文化建设的专项资金 621 万元以及新馆建设的专项资金 800 万元。二是对文化展示等机构投入资金 673.64 万元，较 2018 年的 404.89 万元增加 268.75 万元，增幅达 66.38%。三是对艺术表演团体的资金投入为 7180.25 万元，较 2018 年的 6401.64 万元增加 778.61 万元，增幅为 12.16%。四是对群众文化活动的资金预算投入 2092.84 万元，较 2018 年的 722.31 万元增加 1370.53 万元，增长率为 189.74%。其中，增加了陕西省艺术馆免费开放资金 120 万元、公共数字文化智能终端建设资金 700 万元以及陕西省艺术馆公共数字文化建设资金 490 万元。

（三）公共文化产品供给日趋特色化、多样化

一是文化惠民供给侧改革持续推进。2019 年，陕西文旅惠民平台正式上线，

① 陕西省文化和旅游厅2019年部门综合预算说明。

通过官方平台面向全国发放文旅惠民卡和文旅惠民券。文旅惠民卡从2017年首次发放以来，深受社会各界好评，截至2018年底，共计发放5万张，超过25万人次使用文旅惠民卡，惠民演出超过1570场次，直接带动90万人次文化消费增长。通过文旅惠民卡观众可选择观看西安市内10多个剧场的上千场演出，包括丝绸之路国际艺术节、陕西省艺术节等重大文化活动的艺术表演，全省院团创作表演的优秀剧目，以及来自国内外的话剧、歌剧、舞剧、戏曲、儿童剧等精品剧目。2019年陕西省文化和旅游厅还不定期发放20元、30元、50元、80元四种面额的文旅惠民券，成为文旅惠民卡的有效补充。作为文化惠民工程的一项重要举措，陕西文旅惠民卡和惠民券的常态化发放，一方面让广大人民群众分享文化发展和改革的成果，另一方面也激励剧团创作出更多艺术精品，极大丰富了高质量公共文化产品的供给。

二是以庆祝新中国成立70周年为主线，开展一系列文化惠民活动。以“壮丽70年　畅想新时代”为主题，2019年陕西省群众文化节开展了一系列群众文化活动。启动仪式上由西安、宝鸡等地组成的合唱团，演唱了《迎来春色换人间》《龙的传人》等十余首京剧、豫剧曲目。此后全省各地分别开展合唱、广场舞、少儿文艺展演、摄影展等文化活动，以人民群众喜闻乐见的方式，讲述陕西故事，讲述中国故事。以“为祖国喝彩”为主题，2019年9月陕西地方戏曲稀有剧种荟萃成功举办。包括碗碗腔曲牌《叠腔》、合阳线腔、华阴迷糊、陕北说书、关中道情、韩城秧歌、富平阿宫腔等，来自各地的14个稀有剧种纷纷亮相演出。

（四）公共文化服务体系的数字化、智能化加速推进

2019年是陕西省公共文化服务体系数字化、智能化加速推进的一年。一是陕西省公共文化服务云平台应用（简称“云平台”）正式开通。2019年4月，陕西省图书馆作为国家文化信息资源共享工程陕西省级分中心，联合铜川市印台区图书馆、宝鸡市凤县图书馆、渭南市大荔县图书馆先后举办了“云平台”开通仪式，由省级分中心向各县级支中心统一发放公共文化一体机、国家文化网络电视播出终端、平板电脑等，基层公共文化服务单位

将通过这些“云平台”应用的智能终端，向服务对象提供公益性的文化服务，共享全国的优秀文化资源。陕西是国家文化信息资源共享工程的试点省份之一，截至2018年已经完成了覆盖省、市、县、乡镇、行政村的服务网络建设，完成了多个公共数字文化支撑平台建设，包括陕西公共文化数字支撑平台、陕西文化信息网、陕西文化共享工程VPN服务专网等，此次“云平台”的应用即是在前期工作的基础上，针对公共数字文化服务“最后一公里”的创新试点，对于陕西省探索“一站式”“点单式”服务，以数字化创新推动基层公共文化服务提质增效具有积极意义。

二是以数字化推进“文化+扶贫”。为做好“云平台”在陕西贫困地区的应用，2019年5月，陕西省信息共享工程分中心专门举办了“陕西省公共数字文化工程贫困地区提档升级项目”的培训班，培训在延安市延川县举办，包括陕西各市级公共图书馆负责人、国家扶贫开发工作重点县级图书馆负责人、国家集中连片特困地区县级图书馆负责人等参加了培训，为提高贫困地区公共文化人才队伍的业务水平以及推进“云平台”在贫困地区的顺利应用奠定了基础。

三是陕西省图书馆以“智能文化云地标”为核心的探索实践。“智能文化云地标”（简称“云地标”）是陕西省图书馆在陕西省内文化活动聚集区（包括公共文化机构、乡村旅游景点等）设立的文化地标，通过实地的文化场景刺激用户主动关注并索取与场景相关的文化信息，而以SaaS模式为主要服务手段将有效避免政府公共资源的浪费。区别于传统资源检索式的文化获取模式，“云地标”是一种视觉辨识度极高的文化地标，也是手机无法替代的、便捷的移动互联网入口，能够实时、准确、全面满足用户的文化需求，从而将优秀的传统文化融入使用者的旅游体验当中。而对于每个地标使用情况的大数据分析，也将对该文化产品的内容制作、绩效评估形成正向反馈。

（五）公共文化重大项目、工程亮点纷呈

一是国家公共文化服务体系示范区（项目）建设成效斐然。2019年3月，

作为陕西省唯一入选的城市，铜川市被正式命名为“国家公共文化服务体系示范区”并获得文化和旅游部、财政部授牌，标志着铜川市的公共文化服务体系创建成果走在西部前列。此外，2018 年入选第四批国家公共文化服务体系示范区（项目）相关地市的创建工作正在有序推进。陕西共有一个地市两个项目入选第四批国家公共文化服务体系示范区（项目），其中安康市入选第四批国家公共文化服务体系示范区，韩城市的“欢乐送基层”以及延安市的“延安过大年”系列文化活动入选第四批国家公共文化服务体系示范项目。目前安康市已经全面完成示范区创建工作顶层设计，印发了“创建规划”“目标责任考核办法”“重点任务清单”“文图两馆总分馆制建设”“基层综合性文化服务中心建设”等系列文件，石泉、镇平等五县的创建工作有序推进，力争打造出富有安康地方特色的贫困地区公共文化服务样板。

二是三大博物建设项目正式开工。2019 年 8 月，西安碑林博物馆改扩建工程召开征收启动仪式，标志着该项目房屋征收工作全面启动。该扩建工程占地约 43 亩，以三大区域建设为核心，将新建博物馆新馆（北区）、展陈区（东区、西区）、学术交流区以及藏品库等多个功能区。2019 年 9 月，全国第一家考古专题类的博物馆——陕西考古博物馆在西安开工建设。该博物馆为陕西省政府投资建设的大型国有博物馆，项目占地 250 亩，总建筑面积 36051㎡，总投资 5.4 亿元，将依托陕西丰富的文物资源和文化底蕴，实现考古发现、公众教育和社会服务三位一体的定位，成为全国乃至世界首座展示考古工作和考古学科发展的专题博物馆。此外，筹备近两年的秦始皇陵铜车马博物馆项目计划在 2019 年开工，项目总投资 1.895 亿元，计划在铜车马发掘原址建成约 8000㎡的文物陈列展示厅。

二　2020年陕西构建现代公共文化服务体系展望

（一）全面评估总结公共文化服务体系建设成果

2020 年是“十三五”规划的收官之年，应对陕西省公共文化服务体系建设成效进行全面评估，将核心指标与国家相关规划进行对标达标，提炼经验、找出不足。在达到“基本建成现代公共文化服务体系”这一国家要求的基础上，进一步研究新时期群众的公共文化需求、各级公共文化服务网络的供给能力、下一阶段公共文化服务的发展趋势，结合陕西省公共文化服务体系建设工作的难点和问题，提出“十四五”时期陕西公共文化服务体系建设的总体目标、建设思路、具体措施及相关的重大项目等。

（二）加快建成统一的公共数字文化工程标准体系

至2019年底，陕西省基本建立起地市一级统一的公共文化服务实施标准，各区县初步形成了公共数字文化服务目录。在此基础上，按照《公共数字文化工程融合创新发展实施方案》① 要求，陕西省“到2020年底，基本建成统一的工程标准规范体系”，达到平台有效整合、文化资源共建共享、管理规范、服务便捷高效、健全社会力量参与机制以及服务效能显著提升的目标。因此陕西应继续加强公共文化服务云平台与其他文化惠民工程的互联互通，搭建公共文化服务体系的基础信息架构；构建覆盖各类公共文化服务机构的大数据平台，通过数据采集、分析提升服务效能；加大资源建设社会化合作力度，尝试通过招投标、项目委托等方式，引入市场力量或社会组织参与公共数字文化设施的管理和运营，多措并举全面完成2020年公共数字文化工程的建设目标。

（三）加快贫困地区公共数字文化体系建设

“十三五”以来，针对贫困地区的公共文化服务体系建设，国家先后出台了《“十三五”时期贫困地区公共文化服务体系建设规划纲要》（简称《规划纲要》）、《文化部“十三五”时期公共数字文化建设规划》（简称《数字规划》）等系列政策。其中，《规划纲要》对贫困地区截至2020年的公共文化服务体系建设提出明确要求，以2019年陕西省的情况来看，已基本达到国家要求，例如

① 2019年由文化和旅游部办公厅印发。

设施网络完善、服务项目健全、服务效能提升、服务保障加强等。就《数字规划》的实现情况来看，2019 年陕西公共文化云平台的应用，不仅将陕西公共文化资源与“国家公共文化云”对接，实现了地方与全国优秀文化资源的共建共享，也是对陕西既有文化数字资源的整合以及解决文化服务“最后一公里”的尝试。未来应着力加强贫困地区数字文化建设，充分利用“云平台”这一公共数字文化载体，最大限度发挥已配备硬件移动设施的作用，做好公共数字文化在贫困地区的提档升级，以数字化创新实现文化扶贫中的精确识别、精准帮扶，进一步提升公共文化在特殊地区、特殊人群中的服务效能。

（四）加快推进第四批国家公共文化服务体系示范区（项目）创建工作

2019 年陕西省第四批国家公共文化服务体系示范区（项目）开始实施，“一区两项目”分别完成了示范区（项目）创建的顶层设计、规划、考核指标等基础性工作，2020 年将进入正式创建阶段，在创建过程中应立足国家标准、突出特色、总结经验、吸引社会力量参与，将实践推动与制度创新相结合，力争高标准完成创建工作。

（五）全面推进公共文化法人治理结构改革工作

根据《关于深入推进公共文化机构法人治理结构改革的实施方案》①，“到 2020 年底，全国市（地）级以上……公共图书馆、博物馆、文化馆、科技馆、美术馆等公共文化机构，基本建立以理事会为主要形式的法人治理结构”。按照这一要求，2020 年陕西应全面推进相应公共文化服务机构的理事会制度改革，及时总结陕西省图书馆、陕西历史博物馆、汉阳陵博物馆等一批试点单位的经验与不足，吸收借鉴外省典型经验，确保陕西公共文化机构理事会制度改革顺利完成目标。

① 2017 年，由中宣部、文化部、中央编办、财政部、人力资源和社会保障部、国家文物局、中国科协等七部门联合印发。

B.12

基层文化“三融合”发展研究报告

——韩城市创建国家公共文化服务体系示范项目“欢乐送基层”探索与实践*

项目课题组**

摘　要： 为统筹推进韩城市创建“国家公共文化服务体系示范项目”理论创新、制度创新和实践创新，韩城市按照国家乡村振兴战略部署和示范项目创建工作要求，结合韩城市以文旅融合促进经济转型发展战略，初步形成了以“三个融合发展”为理念，以“三大体系构建”为抓手，以打造“四大服务主题”、培育“六大服务品牌”为主要内容的创建规划设计，发挥出示范引领作用并取得了较好的社会效益。

关键词： 公共文化服务体系　示范项目　制度设计　韩城

---

* 本文系韩城市创建国家公共文化服务体系示范项目制度设计和创建工作阶段性成果之一。

** 项目主持人：张欣，韩城市文化馆馆长、副研究馆员，研究方向为现代公共文化服务。项目参与人：段小虎，西安文理学院研究馆员，研究方向为现代公共文化服务体系建设制度设计；闫小斌，陕西科技大学图书馆副研究馆员，研究方向为现代公共文化服务体系建设制度设计；刘亚玲，西北政法大学研究馆员，研究方向为乡村文化建设；田丽，韩城司马迁图书馆馆长，副研究馆员，研究方向为现代公共文化服务体系建设；范红，西安文理学院副研究馆员，研究方向为乡村文化建设；杨小燕，韩城市文化馆副馆长、馆员，研究方向为群众文化活动组织与管理；师丽萍，韩城市文化馆馆员，研究方向为群众文化活动组织与管理；闫毅，西安财经大学图书馆馆员，研究方向为传统音乐；黄芸珠，西安文理学院副教授，研究方向为中国传统文化；王稳琴，西安建筑科技大学副研究馆员，研究方向为数字文化建设。

韩城市位于陕西省关中平原东北部黄河西岸，全市总面积1621平方公里，人口50万，下辖6个镇、2个街道办事处、243个行政村，是陕西省内首个计划单列试点市。韩城是史圣司马迁故里，历史源远流长，文化底蕴深厚，文物古迹荟萃，民风淳朴，是中国历史文化名城、中国优秀旅游城市，也是享誉全国的民间艺术之乡。2018年4月，韩城市成为第四批国家公共文化服务体系示范项目创建城市。

为了贯彻落实党中央、国务院"文化强国"发展战略，统筹推进韩城市创建"国家公共文化服务体系示范项目"理论创新、制度创新和实践创新，韩城市以党的十八大、十九大精神为指导，按照国家乡村振兴战略部署和示范项目创建工作要求，结合韩城市以文旅融合促进经济转型发展战略，示范项目创建工作取得明显成效，初步形成了以"三个融合发展"为理念，以"三大体系构建"为抓手，以打造"四大服务主题"、培育"六大服务品牌"为主要内容的创建规划设计，实现了时间过半、任务过半。

一　创建工作进展情况和规划完成情况

（一）建立了较为完善的组织和制度保障体系

韩城市获准第四批示范项目创建资格后，第一时间就成立了示范项目创建工作领导小组和领导小组办公室，聘请相关领域专家学者组建了制度设计研究专家组，根据创建工作任务和目标，召开专门会议，明确了领导小组办公室、理论研究与制度设计小组、数字化服务体系设计研究小组、设施与服务体系建设小组、服务与活动组织小组、宣传与资料收集小组的负责人、成员和具体任务。先后完成了《韩城市"欢乐送基层"建设实施方案》《韩城市国家公共文化服务体系示范项目创建工作任务分解表》《韩城市文化馆总分馆服务体系建设方案》《韩城市创建国家公共文化服务体系示范项目专项资金管理办法》《韩城市创建国家公共文化服务体系示范项目督查制度》

《韩城市创建国家公共文化服务体系示范项目联络员制度》《韩城市创建国家公共文化服务体系示范项目信息报送制度》《韩城市大型群众性活动安全管理条例》《韩城市公共文化体育设施条例》《韩城市民间业余文化骨干队伍管理办法》《韩城市文化志愿服务管理办法》《韩城市政府购买公共文化服务管理办法（暂行）》等工作制度。目前，正在抓紧制定《韩城市民间文化组织服务联盟章程》《韩城市公共文化服务群众反馈机制和满意度调查办法》《韩城市公共文化服务先进集体、先进个人表彰奖励办法》《韩城市创建国家公共文化服务体系示范项目考核办法》等，为韩城市示范项目创建工作提供了组织、人员、经费及制度保障。

（二）公共文化服务体系建设和效能提升取得实质性进展

近两年，韩城市积极探索符合地方实际的公共文化服务体系建设模式，不断加大公共文化活动的组织体系、内容体系建设，着力打造公共文化服务四大主题、六大品牌，初步形成了内容丰富、覆盖面广、地域文化特点鲜明的群众公共文化活动系列，群众参与度、满意度和服务效能有了较大幅度的提升。目前 8 个镇办已建 6 个分馆，2020 年 2 月建成率达到 100%，并使每个分馆都有明确的发展定位和特色服务项目。

（三）群众性文化活动成效显著

自示范项目创建以来，韩城市群众文化活动空前活跃。无论是在镇办举行的“楹联进万家”“乡村大舞台”，还是全市春节社火展演、广场舞大赛，基层群众参与热情十分高涨。农村群众自创小品、快板搬上了舞台，地道的家乡话、浓浓的邻里情、熟悉的生活场景，使群众真正感受到“我的舞台我做主”的自豪。据初步统计，“欢乐送基层”示范项目实施以来，每年基层演出 150 场，直接培训业务骨干 3200 余人，受益群众达 30 万人次，群众满意度达 80% 以上，已经成为韩城人民知晓率最高、参与度最广和最接地气的文化服务项目。

二 制度设计研究进展情况

韩城市创建“国家公共文化服务体系示范项目”制度设计专家组成立后，专家组成员先后 8 次赴韩城乡镇和行政村开展实地调研，采访国家非物质文化遗产传承人，考察韩城文化馆新馆建设情况，通过大量文献研究，了解韩城历史文化，对韩城公共文化服务体系建设基本情况，以及示范项目创建工作的难点、特点、亮点有了基本认识。目前制度设计专家组成员结合国内外相关理论研究和实践探索，初步形成了以“三个融合发展”为理念，以“三大体系构建”为抓手，以打造“四大服务主题”、培育“六大服务品牌”为主要内容的制度设计框架。其中与北京超星公司合作、为韩城“欢乐送基层”示范项目量身打造的“韩城市‘欢乐送基层’建设实施方案”已经完成全部设计，形成了约 4 万字的建设方案。

另外，制度设计专家组还将创建工作与地方文化人才培养相结合。一方面围绕示范项目创建开展业务知识培训，通过专题培训方式，对韩城市文化和旅游局干部，文化馆、图书馆业务人员以及基层文化工作者进行政策解读、业务培训；另一方面还指导相关专业技术人员完成了两篇学术研究论文，并在 CSSCI 来源期刊上发表。

三 创建工作主要创新亮点

韩城市创建“国家公共文化服务体系示范项目”时期，恰逢国家大力推进两馆总分馆制建设，大力推动优秀传统文化传承发展，大力推动文化与旅游融合发展的时期。我们根据国家相关制度安排，紧密结合韩城地域文化特点，紧扣“欢乐送基层”项目主题，着力加大跨区域、跨系统、跨部门之间的合作力度，有效拓展了公共文化服务空间，提高了服务效能，产生了一批具有示范引领价值的创新成果。

（一）推动优秀传统文化与现代公共文化融合发展

优秀传统文化和现代公共文化是国家文化体系中两个重要组成部分。前者代表中华民族独特的精神标识，后者代表现代文明的发展水平。在国家构建覆盖城乡的现代公共文化服务体系和实施优秀传统文化传承工程的背景下，我们充分利用韩城历史悠久、文化底蕴深厚、民间文化种类繁多等特点，充分发挥韩城文化馆在非物质文化遗产保护与传承方面的实践经验，积极探索优秀传统文化与现代公共文化融合发展的新理念、新方法、新模式，用优秀传统文化丰富现代公共文化服务内容，用现代公共文化服务弘扬和发展优秀传统文化。

一是加大对群众韩城地域传统文化表演的技能的培训，培养了一批具有独立组织和表演能力的“民间艺人”，扩大了群众的参与性。二是挖掘优秀传统文化的服务价值，通过改编、创作和提升民间表演的艺术性、观赏性等方式，推动传统文化的创造性转化和创新性发展。三是把非遗活态传承与全市公共文化服务体系相结合，让非遗在传承中发展。例如韩城有三项国家级非遗项目，我们利用韩城行鼓打造的“鼓舞中国梦”品牌，吸引了更多人加入韩城行鼓的保护；我们将韩城秧歌与现代广场舞融合，创编了“韩城嗨起来”“韩城美呔呔”等韩城秧歌广场舞在全市推广，群众参与踊跃；我们依托司马迁祠景区，把史记文化与司马迁民间祭祀文化融入旅游，每年清明举办“风追司马”大型祭祀活动，该活动参加了2019年“文化和遗产日”非遗与旅游融合优秀案例评选，从全国150个案例中脱颖而出，成为全国十个优秀案例之一。

（二）推动文化服务与旅游产业融合发展

韩城历史文化底蕴深厚，大禹治水、鲤鱼跃龙门、赵氏孤儿、八路军东渡黄河等中华民族优秀传统故事和红色革命历史事件都发源于此。境内现存各级各类文物保护单位216处，其中国保级15处、省保级17处，拥有司马迁祠、党家村明清古村落、韩城古城、梁带村古芮国墓葬群遗址、普照寺、大禹庙等六大核心景区，享有“华夏史笔惟司马，关中文物最韩城”的美誉。

文化馆充分利用韩城丰富的文化旅游资源，开展文化活动，促进文旅融合。一是文艺演出进景区。2018 年的春节社火汇演分片区在各景区进行，“群众大舞台”系列活动在不同的节日以不同的内容走进景区，2019 年正月初一，新春快闪“我爱你中国”燃爆古城，五一期间“新时代的建设者”欢歌大舞台唱歌赢门票活动在司马迁景区进行，陕西省首届丝路朗诵大赛韩城赛区比赛、“触摸古典文化　体验拓印瓦当之美”公益体验课等在古城举行。二是辅导人民艺术剧院在各景区常年开展常态化演出。文化馆辅导的韩城秧歌《货郎算账》《怀胎》《韩城唢呐》《韩城五元鼓》等由人艺公司在古城常年进行演出；指导排练的“迎亲”等民俗节目在党家村常态化表演。三是文化馆“龙门记忆”分馆驻扎古城，通过对景区民俗文化表演进行专业指导或用联合演出等方式，极大地丰富了城乡居民和外来游客的业余文化生活，有效推动了韩城文化旅游业的发展。

按照创建规划和制度设计内容，下一步文化馆还将有计划地培养 200 名以上民间表演艺人、打造 50 支以上民间表演团队，将“欢乐送基层”文化活动延伸到各个景区，在以文促旅、以旅彰文、文旅融合发展等方面做出积极探索。

（三）推动群众性文化活动与全民阅读活动融合发展

为了有效提升全市群众精神文明素质和生活幸福指数，韩城市文化馆、司马迁图书馆联合，推动群众性文化活动与全民阅读活动融合发展，用文化引领现代生活，用阅读引领文明时尚，积极开展“书香润韩原”“司马大讲堂”等活动；文化馆将免费培训与全民阅读结合起来，开展经典诵读专题培训；图书馆的流动图书车与文化馆文艺演出队一起赴全市各镇村子；文化馆开展“朱子家训村村诵”，为村民解读家训内容，倡导群众阅读传统文化经典。这些群众性文化活动与全民阅读的融合，将大力推进文明韩城、文明乡村的建设。

（四）探索建立公共文化数字化、网络化、智能化服务体系

为了提高公共文化服务均等化、标准化水平，韩城示范项目还积极探索数字文化服务创新模式，联合高校公共文化服务领域专家和超星公司技术团队，完成了“韩城市‘欢乐送基层’建设实施方案”设计工作，该建设方案共有五大功能。

一是通过“互联网 + 公共文化”的技术构建，让数据多走路，让百姓少跑腿，逐步形成内容丰富、技术先进、覆盖城乡、传播快捷的公共数字文化服务网络体系，实现韩城市公共文化服务平台资源互联互通、信息共享，解决公共文化服务“最后一公里”的问题。

二是在“互联网 +”的模式下建立精准供需服务平台，通过“线上 + 线下”的推广方式，实现对群众文化服务精准推送，使广大群众通过一个平台就可以快速、便捷、公平地享受一站式多元化文化服务，有效解决公共文化服务供求失衡的问题。

三是通过“欢乐送基层”平台实现对群众文化社团相关数据采集和分析，把民间文艺社团作为政府服务功能的延伸，吸纳和鼓励民间文艺团体的建设和壮大，有效解决当前公共文化服务面临的上热下冷、上强下弱、上宽下窄等问题。

四是整合韩城特色地域文化、信息传媒、旅游景观和全民艺术普及、全民阅读推广，建成一批结构合理、内容丰富、品质精良的公共数字文化资源，更好地展现韩城地域文化特色，打造韩城数字文化服务品牌。

五是与国内图书馆数字文化服务体系相比，国内文化馆数字文化服务体系建设还处于探索的初级阶段，特别是缺少县域数字文化服务标准体系。该数字化技术方案是为韩城“欢乐送基层”示范项目量身打造的，可充分体现韩城地域文化特色，具有较高的适用性，有望产生较好的示范效应。

（五）成功打造“四大服务主题”“六大文化服务品牌”

一是为了推动基本公共文化服务均等化，体现对弱势群体的文化关怀。

示范项目分别针对青少年、普通大众、老年人口和贫困人口特殊文化需求，着力打造“春启龙门”“夏绽群艺”“秋韵同欢”“冬暖韩原”等“四大服务主题”，为乡村振兴和扶贫攻坚战略提供文化支持。二是示范项目结合韩城市群众文化活动丰富多样，群众性文艺社团、非遗传承人、民间老艺人和文化志愿者数量多、参与度高等特点，在“欢乐送基层”主题下形成了“鼓舞中国梦”“广场舞激情”“XX 文化行”“群星大舞台”“书香润韩原”“艺术零距离”等“六大文化服务品牌”，让老百姓在自家门口就能感受到“我参与我快乐”“我的舞台我做主”。

（1）“鼓舞中国梦”。韩城是锣鼓之乡，韩城行鼓、韩城阵鼓、韩城围鼓，都有很好的群众基础，特别是从 2010 年开始，韩城市连续举办了多届全国锣鼓大赛，参与人数多，规模大，堪称中华锣鼓艺术之盛会。为了将韩城锣鼓文化发扬光大，韩城市策划实施了“鼓舞中国梦”活动，一方面在全市坚持长期开展免费锣鼓培训，另一方面每年春节举办锣鼓社火展演，让基层老百姓有机会学习，有机会展示，实现他们心中的“鼓舞中国梦”。

（2）“广场舞激情”。韩城市已经连续七年举办全市广场舞大赛，韩城人在大赛中舞出了现代人的热情，在广场舞中找到了健康生活理念。参赛队伍从最初的村镇、社区延伸到部门单位；人员从大妈到年轻女子，朝气蓬勃的小伙子也在 2018 年的赛场崭露头角；从茶余饭后街头巷尾的小分队健身到大赛开场千人齐舞；从现场万人观看到 26 万的直播视频点击率，这些现象足以证明“广场舞激情”受众面之广、参与度之高。这一主题中值得肯定的是，韩城市把非遗项目的普及、传承与广场舞结合起来。每年文化馆会结合韩城的民俗文化，根据韩城秧歌独有的音乐及舞蹈动作创编新的“韩城秧歌广场舞”，作为每次大赛的开场舞，千人齐跳。目前已经编创并推广《舞动韩城》《故乡韩城》《椒乡欢歌》《韩城嗨起来》《韩城美呔呔》等五套极具韩城地方艺术特色的广场舞，其优美的旋律、明快的节奏、久违的亲切感深受市民青睐，一年一曲、曲曲风靡韩城，成为广场舞“韩城现象”。

（3）“XX 文化行”。“XX 文化行　欢乐送基层”是韩城市开展的下基层文化惠民活动，每年结合国家政策和地方发展，设立相应的文化主题，走进广场、社区、企业、农村。文化馆组织文艺演出，主要演职人员是文化馆的业务干部，同时吸纳城乡业余文艺骨干、民间文艺团体参与其中，演出节目以体现韩城地域特色，展示韩城非物质文化遗产保护项目为主，融合舞蹈、戏曲、器乐，形式多样，内容丰富，深受基层群众喜爱。2018 年开展“扶贫文化行　欢乐送基层”，与相关部门联合，通过“扶志宣讲 + 文艺下乡 + 现场义诊 + 政策宣传”，为基层群众送上“励志好戏”，以文化扶贫扶志。2019 年“廉政文化行　欢乐送基层”巡演活动演出 10 场，将廉政知识贯穿于精彩的文艺节目中，传播给干部和群众。根据不同的主题，文化馆会编创一些符合主题的原创文艺节目，如廉政小品、扶贫励志小品、音乐快板等，宣传相关政策，传递正能量。人艺公司开展“戏曲进乡村　欢乐送基层”文化活动，精心准备了一批群众喜闻乐见、具有教育意义的传统秦腔戏曲剧目，全年演出 60 场。人艺公司还结合“扶贫”主题，排练小品等进行下乡演出。影业公司积极开展“文化扶贫行　欢乐送基层”活动，把扶贫影片《十八洞村》送给广大贫困村的贫困群众，让他们树立立志脱贫致富的信心；还结合不同的节日气氛，把不同题材的优秀影片送到农村、社区、幼儿园、敬老院。

（4）“群星大舞台”。群星大舞台是韩城市结合文化馆总分馆制建设设立的一个主题活动，是属于老百姓自己的舞台，演出节目来自基层群众，又服务于基层群众。无论是镇办分馆组织的，还是总馆举办的，因其低门槛、大众化、接地气颇受欢迎。2018 年元旦期间，文化馆在古城新天地举办了“群星大舞台　文化暖古城”文艺汇演，由各分馆在前期举办的“乡村大舞台　欢乐你我他”文艺演出中挑选出的 70 多个优秀节目参赛；正月十一至十三，六个分馆联合在古城南门举办了“群星大舞台　文化过大年”文艺汇演；国庆七天，在司马迁景区进行了“群星大舞台　唱响新时代”才艺大赛演出，扮靓景区，助力旅游，成为国庆期间一道亮丽的风景线；2019 春节期间，“群星大舞台　唱响新时代”才艺大赛决赛在古城景区举行。“群星大舞台”系列节目充分发挥了总分馆的联动作用，将公共文化服务真正惠及更广泛的人群。

（5）“书香润韩原”。为了建设书香韩城，进一步培养全体市民崇尚阅读、自觉阅读的良好习惯，韩城市每年都要开展全民阅读活动。

2018 年第六届陕西省阅读文化节韩城市分会场，图书馆、文化馆联合举办了启动仪式，图书馆举办司马大讲堂经典导读、电子阅览室优秀影片展播、绘本故事会、流动图书车阅读推广活动、精品书籍推荐等活动，人艺公司编排以阅读为主题的文艺节目在古城演出。文化馆于 2018 年 4 月开展“同悦书香　幸福韩城”全民阅读活动经典诵读首场专题培训，覆盖全市机关、乡镇广大干部职工及社会传统文化爱好者，培训人次高达 500 余人。2019 年文化馆开展“朱子家训村村诵”活动，弘扬中华传统文化，树立良好家风家训，助推乡村文明建设。从 5 月底至 7 月中旬，已经进行了 20 多次授课，受益群众达千人。

（6）“艺术零距离”。让艺术培训走入寻常百姓家中，以文化激发动力。韩城市以“传承优秀传统文化，提高全民素质”为重点，免费开展各门类艺术培训。采取集中教学与分散教学相结合、培训与比赛项目相结合的方式，将培训下沉到各镇办、分馆进行，让基层群众与艺术零距离接触。2018 年 4 月，文化馆抽调干部深入全市 8 个镇办、166 个村子、39 个社区，走访村级领导、文化能人，征询普通群众，对文化服务设施、文化服务情况进行摸底调查，了解他们的文化需求。依据调查结果，文化馆按照“抓特色、提亮点、接地气”的原则，制订培训计划。培训内容分艺术培训、创作培训、活动策划培训三大类，涉及文学、舞蹈、戏曲、声乐、器乐、书法、化妆、篆刻、锣鼓、秧歌等。由外请优秀专业老师、文化馆业务干部、非遗传承人共同完成授课。例如，为了调动群众艺术作品创作热情，给文化馆主办的“村歌大赛”征集优秀作品，文化馆特邀陕西省音乐家协会主席、著名词作家尚飞林先生来韩进行音乐文学创作讲座，针对性地进行村歌创作辅导，全市 100 余位歌词创作爱好者积极报名听讲；邀请韩城阵鼓传承人樊喜军等人为芝川的几个村子培训阵鼓；特邀戏曲表演、戏曲化妆李涛老师从戏曲唱腔、动作、音准、化妆等方面对戏曲爱好者进行指导培训。“艺术零距离”是免费的公益课堂，也是韩城市群众的精神文化家园。

四　创建工作存在的主要问题

在具体工作实践中，韩城市创建工作也存在一些困难和问题。一是部分乡镇、村（社区）公共文化基础设施还不健全、不完善；二是大部分村（社区）综合文化服务中心未设置公益文化岗位，没有专职或兼职的文化管理人员；三是总分馆制建设还面临一些体制和制度障碍，制约了服务效能提升；四是与韩城市丰富的文化旅游资源相比，韩城市数字文化服务网络和数字文化资源建设明显滞后，大量经典文化活动无法通过网络化、数字化、智能化技术手段实现区域内和跨区域共享；五是财政部拨付的示范项目专项经费未划拨到位，示范项目地方配套资金未落实到位，在一定程度上制约了示范项目创建工作的进展。下一步，韩城市将根据“欢乐送基层”示范项目创建规划和制度设计内容，重点抓好以下几个方面的工作。

一是进一步加强文化馆总分馆服务体系建设，到示范项目验收前完成乡镇（街道）分馆、村（社区）服务点全覆盖。

二是按照稳妥推进、试点先行的原则，适时启动“韩城市‘欢乐送基层’数字平台建设”试点工作。

三是进一步打造在陕西乃至西部有影响力的文旅融合服务品牌，试点打造融入韩城地域传统文化的“文旅小院”，更好地发挥创建项目的示范引领作用。

B.13

陕西近现代重要史迹及代表性建筑文化资源的保护与利用研究

樊为之*

摘　要： 陕西拥有丰富的近现代重要史迹及代表性建筑，它们是陕西文化资源不可或缺的组成部分，具有重要的历史意义和文化价值。革命历史文化资源是陕西近现代史迹与建筑的核心组成部分，它在全国红色文化资源中都具有举足轻重的地位。陕西此类近现代史迹与建筑分布广泛，但又重点集中，见证了近代以来各个阶段的历史发展脉络。陕西重视对这方面资源的保护和利用工作，取得了突出的成就，使它们在推动文化发展方面发挥了重要作用。

关键词： 近现代　史迹　建筑　保护利用　陕西

近现代重要史迹及代表性建筑在反映我国近现代历史发展进程方面具有不可或缺的重要作用，堪称这段社会历史发展的活化石，是我们宝贵的文化资源。陕西拥有丰富的近现代重要史迹及代表性建筑文化资源，不仅反映了陕西近现代历史发展的轨迹，而且折射出中国近现代历史的走向。陕西近现代重要史迹及代表性建筑是陕西文化资源的重要组成部分，其中的大部分是中国共产党领导革命的历史中保留下来的史迹和建筑，能够很好地反映西北

* 樊为之，陕西省社会科学院文化研究所副研究员，研究方向为历史文化。

革命根据地和中共中央在陕北时期的革命历史，具有重要历史价值和意义。本文主要以分布在陕西省各地的现代重要史迹及代表性建筑类全国重点文物保护单位和陕西省文物保护单位为研究对象进行研究。

一　陕西国家文物保护单位中近现代史迹、建筑在全省文化中具有重要地位

（一）陕西的全国重点文物保护单位中近现代史迹、建筑分布状况

陕西的全国重点文保单位中近现代史迹、建筑主要有延安革命遗址（第一批全国重点文物保护单位，位于延安），西安事变旧址（第二批，西安），瓦窑堡革命旧址（第三批，延安），八路军西安办事处旧址（第三批，西安），岭山寺塔、中国共产党六届六中全会旧址（此两处与第四批全国重点文物保护单位同时公布，归入第一批的延安革命遗址），洛川会议旧址（第五批，延安），杨家沟革命旧址（第五批，榆林），易俗社剧场（第六批，西安），渭华起义旧址（第六批，渭南），吴旗革命旧址（第六批，延安），保安革命旧址（第六批，延安），南泥湾革命旧址、清凉山新闻出版部门旧址、中共中央党校旧址、陕甘宁边区银行旧址、中共中央西北局旧址（此五处与第六批全国重点文物保护单位同时公布，归入第一批的延安革命遗址），青木川老街建筑群（第七批，汉中），青木川魏氏庄园（第七批，汉中），陕甘边照金革命根据地旧址（第七批，铜川），杨虎城旧居（第七批，渭南），安吴堡战时青年训练班革命旧址（第七批，咸阳），宏道书院（第七批，咸阳）。2019 年 10 月国务院公布了第八批全国重点文物保护单位，陕西省近现代史迹、建筑中有革命公园（西安）、葛牌镇红 25 军军部旧址（西安）、国立西北联合大学旧址（汉中）、马栏革命旧址（咸阳）、宝鸡申新纱厂旧址（宝鸡）、金盆湾八路军三五九旅旅部旧址（延安）、陕甘宁边区高等法院旧址（延安）、延安陕甘宁晋绥联防军司令部旧址（延安）、美军驻延安观察组驻地旧址（延安）、张思德牺牲纪念地（延安）、小河会议

旧址（榆林）共11处入选。

陕西此类全国重点文物保护单位数量多，共有27处；影响大，第一批到第八批几乎全部涵盖，延安革命遗址、西安事变旧址等在全国有重要影响。一些遗址保护单位拥有多个旧址，如延安革命遗址包括凤凰山革命旧址（中共中央）、杨家岭革命旧址（中共中央）、枣园革命旧址（中共中央书记处）、王家坪革命旧址（中共中央军事委员会、八路军总司令部）、陕甘宁边区政府旧址和陕甘宁边区参议会礼堂等，中国共产党历史上的众多重要事件就发生在这些地方，学习参观者数量巨大。

陕西此类全国重点文物保护单位分布广泛，陕北、关中和陕南地区均有分布。陕北地区有12处，包括延安市10处，榆林市2处。关中地区12处，包括西安市5处，渭南市2处，咸阳市3处，铜川市1处，宝鸡市1处。陕南地区3处，全部位于汉中市。延安市的革命遗址、旧址不仅数量众多，而且分布广泛。延安革命遗址本身包括十多处旧址，既有第一批全国文物保护单位确立的旧址，又有第四批和第六批追加归入的旧址。它们多分布在延安市区，南泥湾革命旧址则在延安城东南方，瓦窑堡革命旧址位于延安北部子长县，洛川会议旧址位于延安南部的洛川县，吴旗革命旧址和保安革命旧址分别位于延安西北部的吴起县和延安西部的志丹县。西安的五处旧址四处位于西安市区，葛牌镇红25军军部旧址位于西安市蓝田县。

（二）陕西的全国重点文物保护单位中革命史迹及代表性建筑的重要历史意义和文化价值

陕西此类全国重点文物保护单位大多与中国共产党领导革命的历史有关，上述延安市、榆林市遗址、旧址，关中地区的渭华起义、安吴堡战时青年训练班、陕甘边照金革命根据地旧址、马栏革命旧址，反映了不同时期中国共产党人领导中国革命和陕西革命的情况。

延安革命遗址中的许多旧址是中共中央在延安时期中央机关、中央和边区重要部门战斗和工作过的地方，具有重要的革命历史文化价值。凤凰山革命旧址是1937年1月至1938年11月中共中央所在地，毛泽东、周恩来、朱德曾在此居住，红军总部作战研究室曾设于此。毛泽东著名的《实践论》《矛盾论》《论持久战》等著作在凤凰山下创作。这一阶段是由土地革命战争向抗日战争转变的重要时期，六届六中全会等重要会议在这一时期召开，很多重要决定在这里做出。杨家岭革命旧址是1938年11月至1947年3月中共中央机关所在地，毛泽东等中共中央领导人曾在这里居住。中共中央在这里指挥敌后抗日战争，领导了大生产运动、整风运动。1945年，中国共产党七大也在这里召开。毛泽东在这里撰写了著名的《新民主主义论》《中国革命和中国共产党》《在延安文艺座谈会上的讲话》等经典文献。枣园革命旧址是1944年至1947年3月中共中央书记处所在地，中共中央在这里领导全国人民取得了抗日战争的最后胜利，指导中国革命继续前进。毛泽东在这里撰写了《论联合政府》《组织起来》等名篇。王家坪革命旧址是1937年1月至1947年3月中共中央军委、八路军总司令部所在地，这里有毛泽东、朱德、彭德怀、叶剑英等领导的旧居，有军委秘书厅（后改为办公厅）、作战部、总务处、通讯处等，有总参谋部、总政治部等，作战命令从这里发出。在这里毛泽东撰写了《集中优势兵力，各个歼灭敌人》等著作，朱德所作的军事报告——《论解放区战场》在这里起草。延安革命遗址中的陕甘宁边区政府旧址和陕甘宁边区参议会礼堂是边区政府和议会工作的地方，具有重要的历史意义。

此后被归入第一批延安革命遗址中的岭山寺塔（延安宝塔）和中国共产党六届六中全会会址、南泥湾、清凉山新闻出版部门、中共中央党校、陕甘宁边区银行、中共中央西北局等旧址是重要的革命历史文化资源。延安宝塔是延安革命圣地的象征。中国共产党六届六中全会批准了以毛泽东为代表的中央政治局的路线，统一了全党的思想，其旧址具有重要的历史意义。八路军第三五九旅在南泥湾发扬“艰苦奋斗、自力更生”精神，成为大生产运动的先进代表，提起南泥湾，就能够想起大生产运动。延安时期的清凉山汇聚了新华通讯社、《解放日报》、中央出版发行部等新闻出版部门，成为宣传文化战线的一面旗帜。中共中央党校、陕甘宁边区银行、中共中央西北局等旧址分别体现了那个时代党建、经济等辉煌成就。

吴旗革命旧址、瓦窑堡革命旧址、保安革命旧址是红军长征到达陕北后，土地革命战争时期中共中央在陕北的几处重要所在地。1935 年 10 月，中共中央率领中央红军到达吴起镇，进入西北苏区，胜利结束万里长征。后来中共中央到达瓦窑堡，并于 1935 年 12 月召开了著名的瓦窑堡会议，确定了抗日民族统一战线的策略路线。1936 年 6 月，中共中央机关离开瓦窑堡，前往志丹县（原名保安）。保安革命旧址是 1936 年 7 月至 1937 年 1 月中共中央所在地，这一时期实现了红军三大主力会师，确定了和平解决西安事变的正确方针，开办抗日红军大学，培养大量军政干部。杨家沟革命旧址是解放战争时期，从 1947 年 11 月到 1948 年 3 月中共中央所在地。中共中央在这里指挥全国解放战争，召开了著名的“十二月会议”，指导土改运动。洛川会议旧址是著名的洛川会议召开地，这次会议制定了全面抗战路线和中国共产党抗战期间的政治纲领、主要任务和政策。这些资源对于帮助人们学习中共中央在延安时期的革命历史具有重要价值。小河会议旧址是小河会议召开地，小河会议是 1947 年中共中央转战陕北时期在陕北的靖边县小河村召开的一次重要会议。陕甘宁边区高等法院旧址见证了延安时期开展法制工作的历史事实，反映了中国共产党人具有重视法制建设的优良传统。美军驻延安观察组系美军中缅印战区派赴延安观察组简称（又被称为“迪克西使团”）。美军驻延安观察组驻地旧址见证了 1940 年代中后期（1944 ~ 1947 年）中国共产党与美国官方接触的一段重要历史。1941 ~ 1944 年八路军三五九旅旅部进驻延安金盆湾，领导开展了以南泥湾为中心的大生产运动，旧址是对这段历史的见证和反映。1942 年，中共中央军委成立了以贺龙为司令员、关向应为政治委员的陕甘宁晋绥联防军司令部，担负起陕甘宁边区和晋绥根据地的保卫任务，1942 ~ 1947 年位于延安的陕甘宁晋绥联防军司令部旧址见证了那段历史。全心全意为人民服务的典范、共产主义战士张思德牺牲纪念地位于延安市安塞区，毛泽东做了著名的讲演《为人民服务》，以悼念张思德。

关中地区的西安事变等反映了不同时期中国共产党在陕西领导革命斗争的历史，其中渭华起义旧址和陕甘边照金革命根据地旧址分别是土地革命战争时期创建西北革命根据地过程中，共产党人发动的渭华起义和建立照金革命根据地的所在地，见证了那个年代共产党人创建根据地的艰辛历程。马栏革命旧址是1939年10月至1949年4月，中共关中分委、中共关中地委和陕西省委等机关的所在地，习仲勋等革命先辈曾长期在这里工作和战斗。西安事变旧址是中国近现代历史上重要事件西安事变发生地，中国共产党人在和平解决西安事变过程中发挥了重要作用，西安事变和平解决为抗日民族统一战线的形成创造了重要条件。八路军办事处在开展统一战线、向边区和前线采办输送物资等方面做了大量工作。安吴堡战时青年训练班培训了数以万计从全国各地奔赴延安的青年学子，在开展青年工作方面做出了很大贡献。红25军经鄂豫陕向陕甘苏区转移过程中，1935年在陕西西安市蓝田战斗并帮助创建苏维埃政府，位于蓝田的葛牌镇红25军军部旧址是这段历史的见证。1926年，北洋军阀为扩大地盘围攻西安城，国民军将领杨虎城、李云龙（李虎臣）率领军民坚守8个月，1927年为纪念死难军民专门建立了革命公园，是爱国主义教育基地。

（三）陕西全国重点文物保护单位中其他近现代史迹、代表性建筑的历史意义和文化价值

易俗社剧场、杨虎城旧居、宏道书院、青木川老街建筑群、青木川魏氏庄园、国立西北联合大学旧址、宝鸡申新纱厂旧址这七处旧址，要么是在陕西近现代历史发展中有过重要作用的处所，要么其建筑具有一定的代表意义。易俗社剧场是中国现存最早的室内剧场之一，见证了以秦腔为代表的陕西戏剧在与社会互动中的发展历程。宏道书院是陕西明、清四大书院之一，现存建筑有明显民国建筑风格。于右任、李仪祉、张季鸾等民主革命先驱和著名学者曾在这里深造。位于陕西省蒲城县的杨虎城旧居，建于1934年，现开辟成了“蒲城县杨虎城将军纪念馆”。

位于汉中市宁强县的青木川老街建筑群拥有包括明清旱船式建筑在内的古建筑房屋数百间，属于不可再造的历史文化遗产。建于民国年间的青木川魏氏庄园是青木川镇一处气派的建筑，在当地具有一定代表性。

国立西北联合大学旧址、宝鸡申新纱厂旧址是抗日战争时期陕西文教和

经济发展的一个缩影。抗战时期，北洋工学院、北平师范大学、北平大学、北平研究院等高等院校和研究部门西迁陕西，成立了国立西北联合大学。1938 年学校迁至汉中南郑，国立西北联合大学旧址见证了抗战时期高校西迁、为国家培养英才的历史。抗战时期位于武汉的申新第四纺织厂西迁至陕西，形成宝鸡申新纱厂。抗战期间它坚持生产，展现了民族工业不屈服的精神。现在该厂旧址成为保留较完整的抗战工业遗产。

二　陕西省省级文物保护单位中近现代史迹、建筑文化资源分布状况与特点

（一）陕西省省级文物保护单位中近现代史迹、建筑文化资源分布状况

陕西前四批省文物保护单位共有近现代史迹与建筑 27 处，位于西安的有高培支旧居、中山图书馆旧址、革命公园、长安郭氏民宅 4 处，咸阳的有安吴青训班革命旧址、马栏革命旧址、中国人民抗日红军前敌总指挥部暨八路军总部旧址、宏道书院旧址 4 处，铜川的照金革命旧址 1 处，渭南的有杨虎城旧居、龙首坝 2 处，延安的有太相寺会议旧址、二战区长官部旧址、东村会议旧址 3 处，榆林的有哈镇抗日活动旧址、神泉堡中共中央驻地旧址、李鼎铭陵园与故居、青阳岔中共中央驻地旧址、小河会议旧址、南丰寨会议旧址、万佛楼 7 处，汉中的有红 25 军司令部旧址、西北联大工学院旧址 2 处，安康的有卡子黄氏民宅、界岭张氏民宅 2 处，商洛的有红三军军部旧址、凤凰街民居 2 处。其中部分已成为国家文保单位。

陕西第五批省文物保护单位共有近现代史迹与建筑 47 处，位于西安的 6 处，宝鸡的 2 处，咸阳的 3 处，渭南的 8 处，杨凌区 1 处，延安的 15 处，榆林的 3 处，汉中的 6 处，安康的 3 处。陕西第六批省文物保护单位共有近现代史迹与建筑 55 处。55 处文保单位中，位于西安的 12 处，宝鸡的 1 处，咸阳的 4 处，渭南的 7 处，延安的 21 处，榆林的 2 处，汉中的 7 处，安康

的1处。陕西第七批省文物保护单位共有近现代史迹与建筑174处，位于西安的2处，宝鸡的4处，咸阳的6处，铜川的4处，渭南的12处（含韩城1处），延安的113处，榆林的10处，汉中的11处，安康的10处，商洛的2处。

上述303处省文保单位近现代史迹与建筑中，延安市有152处，占到了半数以上，加上榆林市的22处，陕北地区占据近60%的省文保单位中的近现代史迹与建筑。关中地区的西安市有24处，咸阳市有17处，宝鸡市有7处，渭南市有29处，铜川市有5处，杨凌区有1处，共83处，占省文保单位这类文物近30%。陕南地区的汉中市有26处，安康市有16处，商洛市有4处，共有46处，占省文保单位这类文物的15%。

（二）省文保单位中西北革命根据地、陕甘宁边区的史迹、建筑地位举足轻重，具有广泛代表性

陕西境内西北革命根据地、陕甘宁边区重要史迹及代表性建筑是反映中国共产党光辉历史的宝贵资源。其中尤以延安市最为突出，其152处省文保单位近现代史迹、建筑中绝大多数属于革命历史遗址。这些革命旧址多是延安时期保留下的珍贵红色文化资源，具有代表性强、包括全面等特点，能够很好地展现中共中央在延安时期领导革命活动的风采，体现西北革命根据地和陕甘宁边区在不同历史时期的奋斗状况。陕北地区，特别是延安市的革命旧址中中共中央旧址和毛泽东旧居不仅数量多，而且分布广。毛泽东旧居分布在延安市区（凤凰山李家石窑、水草湾）、吴起县（张湾子）、安塞县（真武洞、高沟口、王窑）、富县（党家湾）、甘泉县（下寺湾、乔庄）、延川县（乾坤湾、杨家圪台）、子长县（凉水湾、前滴哨、刘家坪、石家湾、任家山）等地区，以及榆林市的靖边县天赐湾、清涧县袁家沟、横山区肖崖等地。作为省级文物保护单位，这些毛泽东旧居都得到了良好的保护。其他中央领导战斗工作过的旧址有周恩来湫沿山遇险处（位于甘泉县），白沟洼彭德怀、叶剑英旧居（位于吴起县）等。陕西现存的中共中央旧址，除全国重点文物保护单位中收录的外，省级文保单位中收录的还包括安塞县王

家湾革命旧址、佳县神泉堡中共中央驻地旧址、靖边县青阳岔中共中央驻地旧址、靖边县天赐湾革命旧址等，收录的中共中央、中央军委机关旧址包括中央军委二局、中央军委通信局（三局）、枣园中共中央社会部等部门旧址和位于子长县瓦窑堡的中共中央宣传部、中共中央组织部少共中央局、中华苏维埃政府西北办事处及部委机关、西北政治保卫局的旧址等。除中共中央和中央部门旧址以外，陕北还保留了许多会议旧址。延安时期中共中央在陕北召开了众多会议，研究了具体问题，制定了重要战略和政策，做出了重大决定，会议旧址因之具有重要的历史意义。其中部分重要会议旧址成为省级文保单位，它们包括小河会议旧址、太相寺会议旧址、东村会议旧址、东征会议旧址、瓦窑堡中共中央工作会议旧址等，它们都是相关会议的历史见证。

西北革命根据地是土地革命战争时期全国仅存的比较完整的较大面积根据地。西北地区的中国共产党人在建立这一根据地过程中开展了艰苦卓绝的革命武装斗争。陕西省级文物保护单位中的许多旧址、建筑，其中包括马栏革命旧址、南丰寨会议旧址（1928 年中共陕北第一次代表大会的召开地）、西北革命根据地子长旧址群、营盘山战斗遗址、1935 年陕甘边区革命军事委员会位于屈沟坪的旧址、玉家湾西北工委军委联席会议旧址等，见证了这段重要的历史。

红军长征胜利后，各路红军纷纷会师西北，陆续进入陕西。各路红军在陕西留下的一批旧址被选入陕西省级文保单位，如红一军团与红十五军军团会师地遗址、道镇红十五军团军团部旧址、铜川印台区陈炉红二方面军活动旧址、富平庄里红二方面军司令部旧址等，它们见证了红军长征的胜利，见证了红军改编成八路军，开赴敌后战场英勇作战的伟大历史。

陕北地区重要战场旧址也被收录进了省级文物保护单位名录中，如羊马河战役遗址、青化砭战役遗址、蟠龙战役遗址、沙家店战役遗址、宜瓦战役遗址、延安保卫战金盆湾卧牛山战斗遗址、榆林桥战役遗址、劳山战役遗址、直罗镇战役遗址、“切尾巴”战斗遗址等，这些战役主要是红军在土地革命战争时期、人民解放军在解放战争时期保卫边区过程中发生的重要战斗，反映了党领导下的人民军队开展军事斗争、保卫边区的壮举。

开展好教育工作，特别是干部教育事业是延安时期边区的一个工作重点。省级文保单位中收录的重要教育机构旧址，有力见证了延安时期干部教育发展的盛况，它们中包括第五批省文保单位中的中国女子大学、中国医科大学、日本工农学校旧址，第六批省文保单位中的旬邑陕北公学、陕甘宁边区民族学院、延安马列学院、中央军委无线电通信学校旧址，第七批省文保单位中的军委航空学校（位于侯沟门）、自然科学院、俄文学校、朝鲜革命军政学校、新文字干部学校、中共中央党校旧址（1936～1937 年，位于刘坪村）等，是延安时期推动干部教育事业的有力见证。新闻传播方面，中共中央早在抗战时期就着手组建新华广播电台，向全国传播党的声音，王皮湾新华广播电台播音室旧址见证了边区新闻广播事业的发展。

延安时期中共中央直接指导了陕甘宁边区建设工作，在各方面努力下边区发展成为模范抗日根据地。陕甘宁边区的政治、经济、文化、社会、军事和党的建设等方面取得了举世瞩目的成就，被称为局部执政的“试验区”“示范区”和新中国的雏形。陕西省级文物保护单位中的革命旧址相当程度上反映了边区各方面建设的成就，有助于人们深刻认识中共中央在延安时期的革命历程。边区建设工作从土地革命战争时期到抗日战争时期，再到解放战争时期一以贯之，是一个连通的历史发展过程。这也正是陕甘宁边区发展的一个特点，不仅确保了边区建设的连贯性，而且使得边区具有深厚的群众基础，有利于边区保卫和各项工作的顺利开展。

省文保单位中近现代旧址、建筑能够见证苏区时期和边区时期政治、政权、党建和司法建设等领域的发展历史。这方面的文物包括中共陕甘宁边区中央局（位于张崖）、1936～1937 年的中共陕甘宁省委旧址、西北保卫局（位于王坪）；苏区各级政府的旧址，如陕甘边苏维埃政府、陕甘省政府（位于太福河）、陕甘省委省政府（位于高哨）、延安县苏维埃政府（位于常屯）、肤甘县苏维埃政府（位于龙寺）、赤安县苏维埃政府（位于塔儿湾）、秀延县苏维埃政府（位于柳树沟）、延安县委县政府、延安县东区政府（位于青化砭）、吴旗县二区政府（位于李洼子）等；陕甘宁边区政府的司法行政部门，如陕甘宁边区高等法院、陕甘宁边区政府保安处、陕甘宁边区政府交际处等，它们从一个方面反映了边区政权建设的全面性和持久性。

从苏区到陕甘宁边区，党和政府有条不紊地开展了多方面的经济建设，为确保供给、提高人民生活创造了条件，能够见证边区经济领域各方面发展的史迹、建筑文物有西北财经办事处、延安县南区合作社总社、陕甘宁边区政府供给总店、陕甘边苏维埃政府经济部（位于桥镇）、延安县蟠龙供销社、陕甘边物资站旧址（位于店子坪）等。发展现代工业是保障各方面发展的重要领域，边区建立了一定数量的现代工厂，从石油开采到化学、造纸等领域都有涉及，为保障边区发展做出了重要贡献。见证边区现代工业发展的旧址、建筑文物包括纸坊沟八路军印刷厂、茶坊陕甘宁边区机器厂、陕甘宁边区农具厂、石疙瘩陕甘宁边区被服厂、石疙瘩陕甘宁边区丰足火柴厂、刘河湾红军兵工厂、冯家岔中央印刷厂（1947 年）等工厂。

加强与世界其他国家友好人士的联系有助于让世界了解中国共产党的主张、政策和贡献，美军驻延安观察组驻地旧址、凤凰山史沫特莱旧居等这一时期的旧址、建筑见证了边区与世界其他国家人员交往的历史。人民军队在保卫边区和建设边区方面做出了重要贡献，陕北地区保留的一批相关旧址、建筑就是对当时的八路军等人民军队风采的有力见证，这方面的文物包括石村八路军三五九旅旧址等。它们中的部分已成为国家文保单位。

中共中央和边区政府重视开展医疗事业等社会建设工作。省级文保单位中收录的重要医院旧址、建筑，见证了中央对医疗事业的关心和边区医疗工作等社会事业的发展历史。它们包括白求恩国际和平医院、陕甘宁边区医院、延安中央医院、高家湾八路军医院、西征红军医院院部、蟠龙战役战地医院、白坪陕甘宁边区医院、小沟村中央红军医院（1936～1937 年）等医院旧址。而陕甘宁边区战时儿童保育院、延安抗日军人家属子弟小学等的建立解决了革命干部和抗日将士的后顾之忧，这些单位旧址同样被收录进省文保单位名录。

一些在西北革命根据地建设过程中做出突出贡献的革命先辈的故居、旧居，边区领导、对边区建设有重要贡献的人物的故居、旧居、陵墓等，部分在边区工作生活过的重要人员的旧居等成为省级文物保护单位，这有助于人们进一步认识陕西革命历史，通过对历史人物的认知加深对历史的认知程度。这类旧址、建筑包括2003年第四批省文保单位的李鼎铭陵园与故居，第五批省文保单位的谢子长故居及墓地、李有源故居，第六批省文保单位的刘志丹故居、吴家枣园毛岸英旧居，第七批省级文保单位的石家畔杨步浩故居、马海旺旧居及墓园、灯盏湾谢子长旧居和马明方、王世泰、刘澜涛、惠中权、贺晋年等人的故居。

（三）陕西其他地区省文保单位中的近现代史迹、建筑是反映革命历史发展的重要资源

陕西省关中、陕南等地区拥有较多的近现代重要史迹及代表性建筑，见证了这些地区厚重的革命历史。其中省级文保单位中的近现代旧址、建筑是这类资源中的佼佼者，在反映不同阶段陕西革命历史方面产生着重要的作用。

关中地区省文保单位中见证陕西革命历史的近现代史迹、建筑，包括反映土地革命战争时期革命事迹的渭南市临渭区渭阳楼（渭华起义的旧址之一）、“两当兵变”策源地旧址、习仲勋亭北村革命活动旧址、庄里红二方面军司令部旧址等；反映抗日战争时期革命历史的咸阳市三原县八路军交通联络站旧址、泾阳县红军前敌总指挥部暨八路军总部旧址、富平县米家窑地下交通站旧址等；反映解放战争时期革命历史的澄城县壶梯山战役遗址、荔北战役纪念园等。

关中地区的省级文保单位中的近现代史迹、建筑中有一批是革命英烈、先辈的故居、墓园，如杨虎城陵园、杨虎城故居、杨虎城旧居、黄子文烈士墓、汪锋故居及墓园等。

川陕革命根据地横跨陕南部分地区，红四方面军曾经在那里进行了一系列战斗。土地革命战争时期，陕南军民建立苏维埃政权，开展了大量的革命活动。省文保单位中陕南地区的革命旧址见证了那里轰轰烈烈的革命历史。城固县小河口会议旧址、西乡县钟家沟玄天观会议旧址、南郑的川陕红色交

通线南郑驿站、南郑底坪红军标语群、洋县茅坪红二十五军旧址等见证了红四方面军、红二十五军在陕南的革命斗争历史。镇巴县川陕省陕南县苏维埃政府遗址、西乡县川陕省赤北县第五区苏维埃政府旧址则是川陕革命根据地在陕南发展的历史见证。洋县碗牛坝红七十四师司令部旧址则是主力红军离开陕南后，红军继续在陕南开展武装斗争，取得一个又一个胜利的历史见证。红二十九军是成立于陕南的一支红军部队，西乡县红二十九军革命旧址、西乡县鸡公田起义旧址则是这支红军部队战斗工作的见证。红四方面军、红二十五军、红七十四师都途经佛坪，位于佛坪县上沙窝的红军旧址是红七十四师在这里驻扎的见证。

省文保单位中陕南地区土地革命战争时期的旧址还有位于南郑县的梁山龙岗寺中共陕南特委代表会议旧址、梁山中共陕南军委旧址暨共产党人陈小屏故居、安康汉滨区枧沟苏维埃政权旧址、安康汉滨区紫荆陕南抗日第一军旧址等。省文保单位中陕南地区抗日战争、解放战争时期的旧址有宁陕县四亩地党支部旧址、安康市汉滨区牛蹄岭战役遗址等。陕南还拥有一批革命先辈的故居、旧居，如南郑县何挺颖故居、平利县廖乾五故居、赵长江烈士墓、旬阳红军墓等，体现了这一地区拥有丰富的革命斗争历史和良好的群众斗争基础。

（四）省文保单位近现代史迹、建筑是反映陕西近现代社会经济演变发展的一个窗口

陕西省文保单位中拥有一定数量的，能够反映陕西近现代社会经济演变发展的史迹、建筑。其中有相当一批与文化教育紧密相关，见证了陕西近代文教事业的发展历程，如位于蒲城尧山中学的勿幕图书楼、西北农林科技大学三号教学楼、青木川辅仁中学早期建筑、安康最早图书馆文安楼、西安中山图书馆旧址、三原县宏道书院旧址、蒲城县培民小学、富平立诚中学藏书楼、富平藏书楼、汉中新石门、韩城图书楼和位于城固的西北联大工学院旧址、国立西北联大法商学院旧址等。体现了近代以来，陕西人对于教育和文化的重视。这些地方往往是新思想的传播地，在推动陕西进步方面产生了一定作用。

有些省文保单位见证了民国时期陕西铁路、邮电、水利、粮食储藏、农业工程、纺织和其他轻工业等事业的发展，如铜川火车站旧址（民国）、华阴火车站旧址、渭南火车站旧址、蜀河电报局旧址（清末民初）、西凤酒酿酒旧址、大华纱厂旧址（20 世纪 30 年代建设）、1941 年建的宝鸡申新纱厂旧址、龙山乡仓（白水县原西固粮站，抗日战争时期修建）、中华水利会馆旧址（泾阳县）、黎坪垦殖区管理局旧址等。

陕西的民国时期建筑为数众多，这些建筑多保存较完好，具有重要的历史、科学和建筑艺术价值。这些建筑中有的属于城市标志性建筑，如榆林钟楼、榆林市万佛楼、紫阳县东城门楼等；有的属于具有一定代表性的民居建筑，如安康市白河县卡子黄氏民宅、白河界岭张氏民宅、洋县谢村民居和商洛市柞水县的凤凰街民居、北河街民居、王家台子王氏民居等；有的是近代宗教建筑，如大荔县文殊新塔，凤县的天台寺关帝殿，延安市宝塔区的青化砭天主教堂、甘谷驿天主教堂等；有的是桥梁、水利建筑，如蒲城县漫泉河石桥、澄城县龙首坝等。

省级文物保护单位中有一批民国时期陕西地区重要政治人物、文人的故居、旧居、陵园，如岳西峰故居、于右任办公楼、卫定一故居、高峻故居、高培支旧居、耿直陵园、张子宜墓、胡景翼墓、焦子静墓等。陕西省级文保单位中的建筑有的是陕西当地清末名人故居，如渭南蒲城王益谦、王振东故居等。这些人在陕西当地发展过程中产生过一定作用，如高培支早年参加中国同盟会，创办易俗学伶社（今易俗社），创作了大量戏剧剧本，对地方文化发展做出了突出贡献。

陕西地区还保留有其他一批重要的抗战文物，如抗战旧址等。抗战旧址反映了抗日战争时期全国军民同仇敌忾抵御外侮的伟大壮举。省级文保单位中的抗战旧址除陕甘宁边区的凉水岸河防战斗遗址外，还包括大荔河防碉堡群、位于黄龙县的第二战区战备道柏峪段遗址、1939～1945 年的宜川第二战区抗战旧址群（包括阎锡山旧居，八路军驻二战区办事处、二战区机关医院、二战区警备司令部、兵工厂、阵中日报社、二战区八大处、山西大学秋林旧址等）。陕北地区的抗战旧址中还包括府谷县哈镇抗日活动旧址，是民族英雄马占山与其所属“东北挺进军”的军部、黑龙江省政府的省府所在地，它见证了他们在这里坚持抗战的历史。省文保单位还有体现世界其他国家人民支持中国抗战的旧址，如路易·艾黎和乔治·何克旧居（凤县）等。此外，陕北地区的省文保单位还包括位于榆林榆阳区的邓宝珊司令部旧址、洛川的东北军第六十七军军部旧址等。

陕西省文保单位中的近现代旧址、建筑反映了新中国成立后陕西各方面建设的成就。如见证教育领域发展状况的西北人民革命大学旧址、西安交通大学主楼群等；见证文化领域发展情况的西安新华书店钟楼店旧址、西安和平电影院、西北一印旧址等；见证航空、铁路交通发展的 1960 年建的延安飞机场航站楼、宝成铁路略阳段遗址；见证邮政事业发展的西安邮政局大楼；见证纺织、煤炭工业发展的陕西省纺织供销公司办公楼、铜川王石凹煤矿工业遗址（1957 年开工建设）；见证水利事业发展的镇坪南江水电站（20 世纪 70 年代建筑）、洋县引西工程长坝引水枢纽。部分新中国成立后的旧址、建筑是当地的代表性建筑，如西安人民大厦、平利老县政府门楼。为纪念革命烈士、著名人士，新中国成立后专门建立了相关的纪念建筑，如 1957 年为纪念“四八”烈士，专门建立了延安“四八”烈士纪念堂，另外还有柳青墓等。陕西省文保单位中还有反映人民公社的凤江人民公社旧址，见证知青岁月的 1969 ~ 1975 年的延安市延川县梁家河知青旧址、1969 ~ 1973 年的延安市宝塔区冯庄康坪知青旧址。

三　陕西保护与挖掘近现代重要史迹及代表性建筑资源成就显著

（一）陕西通过立法形式保护和利用反映近现代历史演进的重要史迹及代表性建筑

陕西重视对近现代重要史迹及代表性建筑的保护工作。陕西人大专门颁布了《延安革命遗址保护条例》。2012 年，陕西省人民政府提出了《陕甘宁革命老区振兴规划实施方案》，提出了大力发展红色文化产业，大力弘扬优秀传统文化、红色革命文化。2018 年，陕西省委办公厅、省政府办公厅印发了《关于革命文物保护利用工程（2018 ~ 2022 年）实施意见》；延安市政府发布了《延安市人民政府关于进一步加强文物工作的实施意见》。

《延安革命遗址保护条例》明确了延安革命遗址具体范围，保护工作应当坚持的方针、原则，强调要将革命遗址保护和利用纳入延安市国民经济和社会发展规划，对管理和保护作了具体的规定，指明了修缮保护经费来源，规定了相关的法律责任。

（二）陕西通过建立纪念馆、博物馆等挖掘和利用重要史迹及代表性建筑

通过建立纪念馆、博物馆等开展宣传工作，是利用陕西近现代重要史迹及代表性建筑文化资源的重要方式。截至 2019 年，陕西共有各类革命纪念馆 51 座。陕西省对外免费开放的纪念馆和革命旧址达到 70 余处。过去 5 年间，陕西的革命纪念馆与革命旧址举办的展览、开展的活动和参观人数分别达到 900 余个、2400 余场次和 8000 万人次。近现代旧址、建筑类博物馆、纪念馆贡献良多。近 5 年来，中央政府、陕西省政府财政累计投入 4.2 亿元用于陕西全省革命文物的保护工作，这其中相当一部分用于旧址、建筑的保护方面。

陕西建立了大批相关的纪念馆，陕南地区有旬阳县红军纪念馆、汉阴县三沈纪念馆、川陕革命根据地南郑纪念馆等。陕北地区充分利用当地丰富的革命文化资源建立纪念馆，如在延安市建立的延安革命纪念馆，是反映延安时期革命斗争历史的，新中国成立后最早建立的革命纪念馆之一。陕西利用延安市各地独特的革命文化资源，在各县建立革命纪念馆，如子长革命烈士纪念馆、瓦窑堡革命旧址纪念馆（子长）、保安革命旧址纪念馆、吴起县革命纪念馆、洛川会议纪念馆等；在榆林建立了神府革命纪念馆、神泉堡革命纪念馆（佳县）、杨家沟革命纪念馆（米脂县）。陕西利用不同类型的革命文化资源，建立起了各种题材的纪念馆，以反映当时的政治、经济、文化、

军事等方面建设成就，如反映边区经济建设的延安南区合作社纪念馆、陕甘宁边区银行纪念馆；反映抗战时期军事教育的中国抗日军政大学纪念馆；反映边区文化建设的延安新闻纪念馆等。陕西还建有民营非营利性展览馆，如走近毛泽东展览馆等。

关中地区利用革命旧址建立的博物馆、纪念馆，包括习仲勋陈列馆（富平）、渭华起义纪念馆、八路军西安办事处纪念馆、西安事变纪念馆、蒲城县杨虎城将军纪念馆、葛牌镇苏维埃政府纪念馆、扶眉战役纪念馆、宝天铁路英烈纪念馆等，宣传革命历史。

陕西还充分利用近现代民居建筑建立博物馆，让人们领略陕西近现代建筑的风采，如三原县的周家大院民俗博物馆、利用三水唐家民宅建立的唐家民俗博物馆（旬邑县）等。

（三）陕西通过建立各级爱国主义教育基地等方式，认真挖掘革命历史文化资源，宣传弘扬革命精神

陕西省的延安革命纪念地、西安事变纪念馆、八路军西安办事处纪念馆、榆林杨家沟革命纪念馆、渭南渭华起义纪念馆、铜川陕甘边照金革命根据地纪念馆、马栏革命旧址、川陕革命根据地纪念馆、直罗烈士陵园、刘志丹烈士陵园、子长革命烈士纪念馆、中央红军长征胜利纪念碑等被先后确定为全国爱国主义教育示范基地，陕西省还确定了大批省市县级爱国主义教育基地。

截至 2018 年，陕西已拥有全国爱国主义教育示范基地 19 处、省级爱国主义教育基地 69 处。相当一批近现代旧址、建筑成为陕西省各级爱国主义教育基地，如靖边县小河村革命旧址、绥德革命烈士陵园、榆林烈士陵园等成为陕西省省级爱国主义教育基地。横山起义旧址、横山县肖崖则村毛泽东旧居、靖边县天赐湾村革命旧址、佳县神泉堡村革命旧址、米脂县李鼎铭陵墓和故居等成为榆林市级爱国主义教育基地。

陕西全国重点文保单位和省级文保单位中的重要史迹及代表性建筑文化资源是陕西各级爱国主义教育基地的重点来源。作为爱国主义教育基地，这些文化资源得到了更好的利用与挖掘。

B.14

华山道教文献整理的可行性及价值分析*

高叶青**

摘　要： 西岳华山是中国的“五岳”之一，是道教著名的圣地，被尊为“第四洞天”。现存与华山相关的历史文献保存着大量道教历史文化资料。本文通过对正史及杂史、方志、金石、游记、道教典籍等五大类文献的调查、搜集，认为无论是从资料的积累还是方法的运用方面而言，对华山道教文献进行整理的时机已经成熟。本文的撰写，对进一步辑录点校首部完整的《华山道教文献汇校》以及研究华山道教历史具有非常重要的参考价值。

关键词： 华山　道教文献　地方志　碑石

一　华山道教文献整理与研究现状

西岳华山是中国古代举行国家祭祀的五岳之一，也是中国道教著名的洞天福地和全真华山派的祖庭。现存华山的历史文献资料十分丰富，大致可分为五种类型：正史及杂史类、方志类、金石类、游记类、道书类。除华山道教经卷外，前四类文献之中，保存着大量与道教历史文化相关的文献资料，

---

* 本文是2018年国家社科规划项目·西部项目“西岳华山道教文献整理与研究”（18XZJ009）阶段性成果。

** 高叶青，陕西省社会科学院古籍整理研究所副研究员，研究方向为地方志及金石文献整理研究。

对于研究华山道教、古代国家祭祀和民间信仰的相关问题，有着重要的史料价值。国内外学术界在华山道教文献整理和研究方面的状况，大致可以分为以下两类。

（一）华山道教文献整理回顾

华山道教历史悠久，文献浩繁，正史杂史类多有记述华山的封禅、祭祀活动和历代仙真的修道事迹，而华山的道教文献，以方志记载最为丰富和集中，但缺乏系统和专门的整理。华山有志，最早始于宋代，其后历代多有编修，据不完全统计，约有十几种之多。这些志书的重要性已经引起学术界的关注，目前校点整理成果主要收录在由樊光春主编的《终南仙籍》（三秦出版社，2014 年）一书中。该书收录了清道光李榕《华岳志》、民国孙智一《华岳志续编》二种，另外，还收录有闵智亭道长整理的《华山道教历史资料》，这是第一部针对华山道教文献的整理成果，在华山道教文献整理方面有开创之功，但颇有遗漏，体例未备。此外，《西岳华山志》（大定）、《重刊华岳全集》（嘉靖）、《华岳全集》（万历）、《华山经》（顺治）、《华岳志》（乾隆）、《华岳图经》（道光）、《华岳日记》（民国）、《西安府志》，以及历代《陕西通志》《华州志》《华阴县志》等文献中的“祠庙”“宫观”“仙释”“艺文”“金石”等卷也收录有关于华山道教的文字记载，但目前尚未有专门的汇集整理。

华山文献中的金石资料也十分丰富，见于《关中金石记》《陕西金石志》等金石文献之中，陈垣所编《道家金石略》广搜历代碑拓、文集等，是第一部以道教为主题的金石资料汇编，其中收录与华山道教相关的数通碑石。其他以华山和西岳庙为范围的金石整理，已有部分的综合性整理成果，如《华山碑石》（华山管理局、张江涛编著，三秦出版社，1995 年）、《西岳庙碑石》（张江涛、刘帆编著，中央文献出版社，2011 年）等，但道教类金石并未独立汇编整理。

华山作为道教名山，历代朝山进香和游览者甚众，留下了不少的游记，目前已整理的成果主要收录在《终南仙籍》中［清赵嘉肇著《太华、太白纪游略》（樊为之点校），高叶青点校的《华山游记二种》（明代李裕撰《华山记》和清代东荫商撰并注的《华山经》）]，游记中多处提及华山历代仙真、道教宫观等内容，是较为集中的华山道教文献。民国时期，随着陇海铁路的贯通和开发西部倡议的提出，入秦仕宦和游访一时成为潮流，当时文人登华山者甚众，留下了许多华山游记，其中对华山道教描述的资料十分珍贵，如汪怡的《华山游草》（《文化与教育》1934 年第 36 期）、谢冰莹的《华山游记》（《黄河（西安）》1941 年第2 卷第5、6 期）、李希白的《华山游记》（《总行通讯》1941 年第 42 期）等，目前尚未有系统的整理。

明《正统道藏》、万历《续道藏》中也收录有丰富的与华山道教相关的资料，其中的《西岳华山志》（金王处一撰）和《太华希夷志》（元张辂编撰）是华山道教的专志，对于研究华山道教传承和陈抟学派具有非常重要的价值，而《云笈七签》等道书中提到将华山作为十大洞天中的第四洞天，名曰“太极总仙洞天”。《洞天福地岳渎名山记》记载了岳神金天王及华山四至等内容。诸如此类的记载，对于研究华山道教史具有很重要的价值，可惜失于整理。另外，华山作为道教新、老华山派的祖庭，还保留有不少华山道教的经书、宗谱和道士著述，已整理的成果也主要收录在《终南仙籍》之中（陈文龙点校的黄悟慧编《敕设华山宗坛金玉汇编》、樊光春点校的齐祥海著《华山南天门宗卷》和效莲子修《杂录》）。

学界在对华山道教文献进行整理的同时，也开展了相关的研究工作，高叶青的《清道光〈华岳志〉版本及其对道教研究的价值》（《兰台世界》2012 年第 15 期）对志书中所涉及的华山道教资料的价值进行了阐述，李棪的《玲珑本汉西岳华山庙碑考》（《考古》1936 年第 4 期）、日本学者田中有的《小玲珑山馆本西岳华山庙碑》（《书品》1982 年第 8 期）、卢慧杰的《华山西岳庙石刻》（《文博》2001 年第6 期）、王飞玉的《略论〈西岳华山神庙之碑〉的价值》（《文博》2006 年第4 期）、陈大利的《〈华山碑〉与清代碑学》（南京艺术学院博士论文，2011 年）等对华山道教碑石文献有较多的关注，但总体来说，研究的广度和深度都稍显不足。

（二）西岳信仰与华山道教研究状况

华山作为五岳之一、第四大洞天和华山派祖庭，国内外的研究成果比较丰富，大致可以分为以下几类。

1. 关于华山祠庙和西岳信仰的研究

秦汉以来，西岳华山就是国家祭祀和帝王封禅的重要名山，西岳信仰也由此而来，汉武帝时于华山之麓建西岳庙，成为华山第一座官方祠庙。郑振邦的《华山为我国道教组织三大发祥地之一》（《渭南师范学院学报》1999年第6期）、日本学者奈良行博的《五山華山——峻険な山容を誇る「西岳」(特集中国の名山——伝説と信仰の山22選)》（《SINICA月刊》2000年第8期）、贾二强的《论唐代的华山信仰》（《中国史研究》2002年第2期）、刘缙的《北宋华山信仰初探》（《中原文化研究》2017年第1期）、王永莉等人的《以〈华岳志〉为中心的西岳山神信仰研究》（《人文杂志》2012年第6期）、张晓明的《华山崇拜论略》（《渭南师范学院学报》2013年第3期）等论文，讨论了唐宋以来华山信仰的形成和变迁。李之勤的论文《〈华山之神封金天王懿号册〉当系北宋以后之人所伪托——兼驳西岳庙原建于黄神谷口后移于官道北说》（《文博》1997年第4期）反驳了西岳庙迁移之说，王森的论文《秦汉至明清华山祠庙地理分布与空间变迁》（《广西师范大学》硕士论文，2013年）则对秦汉以至明清华山区域的祠庙做了地理学的研究。贾二强的《唐宋民间信仰》（福建人民出版社，2002年）中，对以华山为核心的民间西岳信仰进行了相关的研究，夏振英等的《神仙信仰与西岳庙》（陕西旅游出版社，1992年）则对西岳庙以及华岳神仙信仰做了比较翔实的梳理。王宜娥的《华山与道教》（《道教会刊》1982年第1期）、陈安琪等的《西岳华山——神格化及与道教之关系》（《神话与文学论文选辑2006~2007》）则是针对华山与道教的关系以及与华山相关典籍的道教资料价值的研究。

2. 关于华山道教历史的研究

当代对华山道教的研究，以李子春所编《陕西道教志叙》（油印本，

1962年）为最早，其中第二章第三节专门研究了“华山与灏灵宫”。张玉枫主编《华山道教》（华山道教协会，2002年）是第一部较全面研究华山道教的作品，对华山道教史、代表人物、道观等进行了专题阐述，但是体例编排欠妥，内容尚待完备。樊光春著《西北道教史》（商务印书馆，2010年）也研究了陈抟与华山道教等相关问题，讨论比较深入。秦汉时期，华山就是方仙道活动的重要区域，并围绕金丹修炼形成了“华山学术圈”，李显光著《混元仙派研究》（中国社会科学出版社，2007年）第九章中提出“华山学术圈”，对陈抟、张乖崖等道教人物行传及修道传承进行了梳理和研究，角度比较新颖。他的另一部著作《方仙道与古华山》（文史出版社，2016年）是研究华山早期道教的一部力作，博采各种史料，对华山方仙道的传承研究比较深入，提出了方仙道来自外国等新观点，令人耳目一新。此外，李显光还发表了《上清道法中的华山渊源》《华岳仙踪》《从〈清灵真人裴君传〉观察葛氏道》《华山与社会间的互动研究》等论文，对华山仙真和早期道教研究比较深入。

针对华山道教全真派的研究，有张应超的《郝大通——全真华山派开派祖师》（《中国道教》1993年第4期）、章伟文等的《全真“华山派”传承谱系分析》（《中国道教》2010年第2期）、张方的《许昌天宝宫与明代全真华山派》（《世界宗教研究》2016年第4期）等。此外，还有针对华山道教人物、传说故事的研究，如贾鸿源、温坤宁的《先秦时期“出宫人”现象探析》[《西安文理学院学报》（社会科学版）2013年第6期]、汪桂平《明末道士马真一生平行实考》（《世界宗教研究》2014年第1期）、温坤宁的《西岳华山道士日常生活史研究》（陕西师范大学硕士论文，2015年）、王子超等的《道教总仙洞天华山传说“人天博弈”文化史分析》[《武汉大学学报》（人文科学版）2013年第6期]、李险峰等的《论华山神话传说主题的兼容性特征》（《渭南师范学院学报》2011年第11期）等。

3. 关于华山洞天福地与道教艺术的研究

华山作为道教洞天福地，留下了丰富的建筑、石刻、音乐等艺术珍品，温坤宁的《西岳华山石洞研究——基于道教风水角度的考察》（《原生态民族文化学刊》2015 年第 3 期）从风水学的角度，对华山的著名洞府进行了研究，秦建明等的《华山道教石窟调查》（《文博》1998 年第 5 期）则是从考古学的角度研究华山道教洞府的遗存。此外，还有对西岳庙建筑进行专项研究的论文，如何修龄的《华阴西岳庙的古代建筑》（《文物参考资料》1958 年第 3 期）、吕智荣等的《西岳庙考古收获》（《文博》2005 年第 1 期）、刘宇生的《西岳庙建筑文化初探》（《文博》2006 年第 1 期）等。邹通玄的《论华山道教生态保护》（《西部大开发》2010 年第 9 期）、王巧玲的《论道教风水宝地的审美与休闲》（《中国休闲哲学与文化专辑（一）》，中国广播影视出版社，2016 年）从生态和审美的角度对华山自然环境进行了研究，蒲亨强等人的《清磬一声凉月高——西岳华山道乐》（《音乐爱好者》1994 年第 4 期）则详细调研了华山道教音乐。

综上所述，华山道教文献非常丰富，但至今没有进行过专项系统的汇集整理。专门针对华山道教相关问题的专著比较少，这种状况与西岳华山在中国道教史上的重要地位很不匹配，亟待再进行深入的研究。论文类涉及的专题相对而言较多，但因为缺乏对华山道教文献的全盘了解，在论述中难免有所遗漏和缺憾。在文献整理的基础之上，展开对华山道教历史和文化的系统研究，是一项十分必要的工作。

二　华山道教文献调查与搜集情况

在对华山道教文献整理与研究现状深入细致分析的基础之上，本文进一步从方志、金石、游记、道书等四大类文献入手，调查其存藏数量、藏地、版本等，为校点整理工作打下坚实的基础，以下分述之。

（一）方志类

这里所说的方志，主要包括两大类，其一是府州县志中所收录的与华山道教相关的资料，其二是各类华山志。

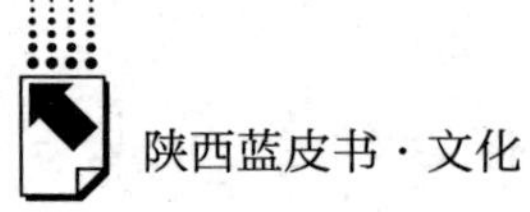

1. 府州县志收录与华山相关的资料概述

除《雍大记》、《陕西通志》（雍正）、《西安府志》（乾隆）等总志外，收录华山最为集中的区域性志书当属华阴县志。现存华阴县志主要有明王九畴修、张毓翰纂之《华阴县志》（万历）8 卷，清许光基等修、李天秀纂之《华阴县志》（乾隆）22 卷首 1 卷；民国米登岳修、王之彦等纂之《华阴县续志》8 卷。这几种志书在不同章节都收录有与华山相关的资料。例如《华阴县志》（万历）目录后首列《圣高皇帝梦游西岳文》，次列李攀龙《太华山记》；卷二“山川”目后首列“太华山”，涉及史料所载华山者数百字，多为《尚书·虞书》《周礼·职方》《山海经》《白虎通义》《风俗通义》等史书所载；卷六有欧阳修《华岳题名跋》等。《华阴县志》（乾隆）目录后有《灵宝西岳古本真形图》及东方朔序文、《洞元灵宝西岳真形图注》、《玉泉院图》，其中《玉泉院图》与华岳志中所载有差异，可据此比对，研究玉泉院的形制沿革；卷首《圣制》有《康熙四十八年乙丑五月遣内阁学士兼礼部侍郎孙柱致祭于西岳华山之神》祭文、《乾隆三十七年壬辰遣宗人府府丞李友堂致祭于西岳华山之神》祭文，且这两篇祭文他处鲜载，非常珍贵。再如《华阴县续志》卷一“地理志·疆域”目下有“太华山”，收有李汝榛《华山集考序》《坐游华山记》《评华山诸记》全文、李元春《华山小记》全文，未见载他处。

2. 华山志存藏情况及版本概述

据查考，1949 年以前，历代与华山有关且见于著录的志书约有 11 种，今存者 8 种，佚者 3 种。佚者：佚名撰《华山记》、元史志经《华山志》及清路一麟《华山小志》。存者：金王处一《西岳华山志》1 卷、明李时芳《重刊华岳全集》11 卷、明马明卿等《华岳全集》13 卷、清东荫商《华山经》1 卷、清姚远翿《华岳志》12 卷、清李榕《华岳志》8 卷、清蒋湘南《华岳图经》2 卷、民国孙智一《华岳志续编》4 篇。以下是对这些志书基本信息的调查梳理。

（1）亡佚的 3 种华山志

佚名撰《华山记》1 卷。最早著录此书的是南宋陈振孙的《直斋书录解题》："《华山记》一卷，不知名氏。"① 元人马端临《文献通考》沿袭此说。同样成书于元代的《宋史·艺文志》则著录作卢鸿撰，后世学者多受此影响，将《华山记》著录为北宋卢鸿撰。据王雪玲《历代华山志考补》（简称《王文》）一文考证，②《华山记》为无名氏撰，成书年代不晚于隋末唐初。《华山记》一书亡佚已久，但唐代类书《艺文类聚》《北堂书钞》《初学记》及张守节《史记正义》都曾征引过，《王文》指出"元代以后此书未见著录，当亡于此时"。经笔者查阅，明人王履《南峰记》一文提到："拂旦起，王道士出《华山记》相示，自峰崖、洞谷、池潭外，其宫观古迹等不可计。道士虽老而兵余湮毁，不甚识，又龙钟弗能余偕，故无以考。"是否可据此说明在明代时，《华山记》是存在的？关于这部佚书的整理，拟以辑佚的方式，从各类相关典籍中将相关内容辑录出来，并依照内容进行分类编排。

元史志经《华山志》14 卷。此书的著者为道门中人，并且曾担任华山云台观住持，故此其价值之重要自不必多言。王鹗《洞玄子史公道行录》对史志经生平尤其是撰写《华山志》之事记载较详："公以华山名岳，灵迹甚多，兵戈相寻，至于湮没，乃搜奇访异，亲历见闻，至古今名士所作碑记、表传、诗文，极力求之，期于必得而后已，于是著为《华山志》十有四卷。……公平生喜著述，为文不事雕篆，率皆真实语，前后累数百万言，皆有理致可观，无长语浮辞，惟《华山》一志，纤悉备具，尤为尽心，在他人不可及，观者当自知之。"③ 可惜该志已佚，只能从现存典籍中辑录其佚文，依照一定的体例进行编排，以补缺憾。

清路一麟《华山小志》12 卷。此书在《澄城县志》（乾隆）卷 14《闻人》中有记载："路一麟，号天石，字振公，恩贡未仕，好读书，善书画，……所著有……《华山小志》《鸳湖草》《天石子集》若干卷，藏于家。"《澄城县志》同时记载路一麟著有《华山汇考》，但二书均未见流传于世。

---

① 陈振孙：《直斋书录解题》卷 8《地理类》，上海古籍出版社，1987，第 261 页。

② 王雪玲：《历代华山志考补》，《碑林集刊》（第 17 辑），2011。

③ 李道谦：《甘水仙源录》卷 8，《道藏》第 19 册，第 788 ~ 789 页。

上述三种华山志虽已亡佚，但在下一步工作中，将运用辑佚学的方法，尽可能搜集其佚文，并加以合理编排，以存史兼丰富华山研究资料。在电子数据库及检索手段多样化的今天，这一设想是可行的。

（2）现存的8种华山志

金大定王处一《西岳华山志》1卷。成书于金大定年间的《西岳华山志》，为现今传世最早的一种，保存了宋金时期有关华山的记载，对于现今认识研究华山文化的演变，具有极为可贵的价值。重要版本有二。其一，《正统道藏》本《洞真部·纪传类》（第五册），明正统九至十年（1444～1445年）内府刻，是为此《志》传世最早的刻本，其文字应较好地保留了原本面貌。其二，万历本，明万历三十四年（1606年）陕西左布政使王民顺刻。源出上本，书名撰者同。卷首依次增明万历丙午（三十四年）王民顺《续刻华山志引》，李维桢序，嘉靖癸丑（三十二年，1553年）谢少南《刻华山志引》；卷末增附《西方七宿图》《西岳真形图》等二十二图，各图均有图说；又附王履、李攀龙、许孚远、范守己、吴同春等名士游记数篇。其余刘大用《序》、《唐玄宗御制序》（作《唐玄宗御制碑序略》）、《华岳图经》及正文同《正统道藏》本，属于同一系统。万历本文字经前人校订，复增补了相关内容，很有价值，1986年书目文献出版社、全国图书馆缩微复制中心予以影印，收入《中国文献珍本丛书·中国名山志》。

明嘉靖李时芳《重刊华岳全集》11卷。明李时芳纂。是书仅此一刻，刊于明嘉靖四十二年（1563年）。李时芳时为华阴知县，此书修纂刊刻甚速，而版刻风格亦较粗率，可推知或即刊于陕西。是本传本甚罕，今见于著录者仅首都图书馆、北京大学图书馆和陕西师范大学图书馆数家而已。

明万历马明卿、张维新《华岳全集》13卷。是志以李时芳《重刊华岳全集》为基础修纂而成，比对二者卷前目录、篇章排布有诸多相似之处，不过，《华岳全集》系后修，体例更为合理，且卷1所附20余幅岳图绘制精美，标注清晰，据图可对华岳诸胜景了然于胸，亦可寓目其间，神游斯山。《华岳全集》版本较为繁杂，《四库全书总目提要》《中国善本书提要》《著砚楼读书记》《中国古籍善本书目》诸家著录不一，经梳理比对，主要有四种：一为明万历二十五年（1597 年）原刻本，二为明刻万历三十年（1602 年）冯嘉会续补本，三为明刻大顺曹士纶印本，四为明刻大顺曹士纶跋清康熙递修印本。

清顺治东荫商《华山经》1 卷。明末清初华阴人东荫商撰并注。本书仿《水经注》，由正文与注文二部分组成，正文仅 800 余字，叙述华山之高广、方位、帝祠、仙洞、庙观、群仙、艺文；注文则广引群书，辨明原委。后附《华山经附辩》一卷，分辩峰、辩神迹、辩神栖、辩仙录、辩采书、辩碑误、辩艺文七类。《华山经》常见版本有：其一，清王晫、张潮辑《檀几丛书》本（二集卷十七），清康熙三十六年武林王晫、新安张潮刻本，上海古籍出版社 1992 年影印。其二，民国宋联奎等辑《关中丛书》本（第三集第六册），民国二十五年陕西通志馆排印本。上述二本均正文与注文齐全。其三，清王锡祺辑《小方壶斋舆地丛钞》本（第四帙第一册），光绪二十七年（1901 年）上海著易堂排印本，仅有正文，无注文。其四，此书又收入吴龙辉主编的《中华杂经集成》第四卷地理类，中国社会科学出版社，1994 年。此本系标点排印本，所据版本为《檀几丛书》本。

清乾隆姚远翿《华岳志》首 1 卷，正文 12 卷。国家图书馆藏原刻本，内封题“乾隆壬午夏刊　鹤树轩藏板”，《故宫珍本丛刊》（第 255 册）、《中国山水志丛刊》（第 6 册）据以影印。国图藏本内封面左上钤一竖方楷体朱印，印文为“呈进原本”，应是修《四库全书》时征自地方。此《志》传本甚罕，《华岳志》李榕自序谓“（姚远翿）订为《华志》十二卷，自谓折衷至当，而其书未传”，可见其成后不久已难于一见。今除国图外，《中国古籍善本书目》著录此刻之收藏单位，仅上海图书馆、温州市图书馆二家。

清道光李榕《华岳志》8 卷。《华岳志》的版本较为简单，传世诸本均为一个系统，依据时间先后及版本形态可分为三类。其一，校订清稿本、抄本。道光元年，李榕纂辑完成《华岳志》八卷清稿，其弟李标绘制插图，此本今藏国家图书馆。道光十一年付刻之前，此稿本复经校订，校订内容与稿本之间的区分清晰。另据李翼儒《跋》中可知，当时侨寓玉泉的赵孝廉本歟尚据稿本抄写之本，此本不见著录，今恐不存。其二，初刻本，即道光十一年刻清白别墅藏板本。其三，补刻本。光绪九年，湘乡杨昌濬据清白别墅藏板补刊。

清咸丰蒋湘南《华岳图经》2 卷。除清咸丰元年（1851 年）刻本、咸丰六年（1856 年）刻本外，另有《蒋子遗书》本、民国陕西教育图书社排印本（附资益馆主人《校勘记》1 卷）、《回族文献丛刊》、《中国山水志丛刊》等典籍均有收录。

民国孙智一《华岳志续编》4 篇。华山通仙观道士孙智一编，闵智亭道长补，内容分为名胜、人物、文艺及石刻四部。该志未曾刊刻，仅有线装手抄本，楷体小字，现已由赵国庆博士整理，收入樊光春教授主编的《终南仙籍》之中。

（二）金石类

此处所说的金石类文献，指除方志中金石类所收之外的、专门的金石文献，例如《石墨镌华》《关中金石记》《陕西金石志》《道家金石略》等。目前，汇聚与华山道教相关的金石文献最为集中、数量最多的，有两种，即《华山碑石》（华山管理局、张江涛编著，三秦出版社，1995 年）、《西岳庙碑石》（张江涛、刘帆编著，中央文献出版社，2011 年）。《华山碑石》与《西岳庙碑石》在当时参照了许多相关的金石文献，例如被誉为“汉隶第一品”的东汉延熹八年《西岳庙碑石》，就有《古迹记》《集古录》《金石录》《隶释》《寰宇访碑录》等几十种文献记载。因此从这两种资料中，将华山道教文献摘录出来，并附以相应的图版，是切实可行且省时省力的。不过，有几点问题需要注意。其一，二书所收碑石范围较为宽泛，除华山及西岳庙本身的碑石之外，还有存藏于华阴县的部分碑石，在整理华山道教文献时，应注意仔细甄别。其二，《华山碑石》以时间顺序排列，而《西岳庙碑石》以内容分，运用资料时，要注意对二者进行比较，并确定合理的编排顺序。其三，由于原碑剥泐、碑版佚失及整理者水平等原因，二书在碑石释文方面均存在一定的不足之处，要注意依据各种资料订正其错误之处。

以下是初期调查及整理的与华山道教密切相关的碑石：西岳华山庙碑、

汉碑阴题名记、华岳颂碑、华岳精享昭应之碑、西岳华山碑铭、述圣颂碑、韩赏告泰华府君文、谒岳庙文、颜真卿金天王庙题记、贾竦岳庙诗刻石、真君祠碑、华岳醮告碑、程琳叶清臣岳庙石柱题记、陈抟题字刻石、敕董若冲旨碑、太华山创建朝元洞之碑、张翰登华山诗刻石、华山始建青柯馆记碑、莲峰弄色、重刻宋修西岳金天王庙碑铭、曹梅登华山题记刻石、云台观阙名碑、望华山登华山别华山诗刻、郜光先谒华岳神诗刻石、三峰送落霞诗刻石、西巡至太华山下诗刻、华阴县重修西岳庙记碑、重修西岳庙记碑、乔壁星登华山诗刻石、偕刘肇吾登华山诗刻石、重修希夷先生祠记碑、华山诗刻石、华山诗图碑、文庙西岳庙南坛残碑、万历四十七年致祭碑、西岳庙进香残碑、邢汴登华山诗刻石、放生池诗刻石、放生池题字碑、葛曦华山诗刻石、葛守礼华山诗刻石、重修白云峰碑记、朝山建醮碑、铁牛台建修关帝洞碑铭、五岳真形图碑、创建茶坊碑记、米芾"第一山"刻字碑、董盛祚题记石柱、太华山记石柱、桃林坪建修茶庵碑记、创修五里关汤房碑记、重修云台观朱子祠记碑、华岳题名记碑、创建真武庙碑记、康熙四十八年致祭碑、康熙五十二年致祭碑、雍正元年致祭碑、乾隆十三年致祭碑、元夕恭建皇醮祈祷万寿无疆序碑、重修寥阳洞碑记、华山记碑、乾隆二十五年致祭碑、乾隆二十七年致祭碑、重修太虚观记碑、岳莲灵澍碑、恳颁圣匾碑、华佗墓碑、重修西岳庙碑、敕建西岳庙图碑、乾隆五十年致祭碑、重修关帝庙碑、重修献殿志碑、立铁旗杆志碑、嘉庆五年致祭碑、嘉庆十七年阙名碑、重修拱极观记碑、重修玉皇庙碑、道光九年致祭碑、林则徐游华山诗刻石、谕祭文、创建地母洞碑记、三官庙重修碑记、重修东岳大帝寝宫大殿并前增建牌坊石狻猊碑记、重修西岳庙碑记、功德碑、光绪三年太华山图碑、移修观音堂碑记序、真常观庙产纳粮碑、重修真常观学校碑记、重整庙业碑记、

羽化德教碑、重修拱极观志碑、（汉）西岳华山亭碑、（汉）樊毅修华岳碑、修华岳庙颂、宋赐西岳庙乳香碑、王刁洞残碑。

以上所列，是华山道教主要的石刻文献。笔者在整理过程中，结合诸家著录，对碑文重新考释、订正，以唐大历九年（774 年）所刻《谒岳庙文》为例。

《华山碑石》(第255页)原始录文:

大历九年甲寅季春，华阴令卢朝彻下车，散斋浃日，精意撰择元辰，吉蠲馈膳，靡爱斯性，修事，端笏祠宇，搢绅奠馈，敢告□岳配天，聪明□实，祸淫，宁实祚德。朝彻不佞，获领兹县，职兼洒扫，躬备陈荐，顾嗟菲□，愚蒙，清是家风所遗，方乃天诱其衷，与众难合，□容，向老何遭逢，抱拙恬澹，委运穷通。倪力于政，王降百禄，稍私其身，在肆□，福兼害盈，则仰岳灵，不识不知，何敬神为，拜手稽首，气莫敢息，□啐洒兮，俨然有待。松柏飕飕兮，□窣若来，容卫森森兮，请雨文兮，仿佛如在。

补正录文如下(改动之处，以双横杠标识):

唐大历九年甲寅季春，月哉生明。华阴令卢朝彻下车，散斋浃日，精意选择元辰，吉蠲馈饎，靡爱斯性，敬修祀事，端笏祠宇，搢绅奠馈，敢告金天王。粤山岳配天，聪明正直，岂直祸淫，实真祚德。朝彻不佞，获领兹县，职监洒扫，躬备陈荐，顾嗟菲薄，性受愚蒙，清是家风所遗，方乃天诱其衷，与众难合，于时不容，向老历志何遭逢，抱拙恬澹，委运穷通。倪力于政，王降百禄，稍私其身，王肆厥毒，福谦害盈，则仰岳灵，不识不知，何敬神为？拜手稽首兮，气莫敢息；跻庭啐酒兮，俨然有待。松柏飕飕兮，眉窣若来，容卫森森兮，仿佛如在。

除进行文字考释补订之外，搜集诸家题跋款识也非常有必要，它们或著录其碑目、藏地、时代、撰书者等概要信息，或于概要信息之外，附录节选或完整文字，从中可见石刻文字的传衍流变情况，包括对撰书者、刻石者、刊刻时代、内容增删等问题的考证，这些内容对于了解华山道教石刻文献的整体情况具有溯源领航之效。如果不依此法调查整理这些金石文献，则难以保证其文献的准确性，更谈不上为进一步的研究提供借鉴。

（三）游记及道教典籍类

华山以其峻美的风景和独特的历史文化尤其是道教文化底蕴，自古及今，吸引了难以计数的中外信众及游客，他们或朝山进香，或游览风景名胜，行迹所至，目光所及，珍之于心，诉之于文，故而留下了很多优美的诗文，游记即其中重要的一类。这些文字中，除赞美风景之外，往往涉及华山上的宫观庙宇、历史人文及修行之人，将这些散见于游记中的信息汇聚起来，缀点成面，可以从另一种角度了解华山的道教历史。不过，这里所说的游记类文字，仅指收录于私人文集或单行的部分。对于多处收录的文字，则以文献学的方法对其进行校刊，以避免重复，力争达到一本在手、各本尽览的效果。例如《五岳纪胜》（澹然）一文，对五岳的风景、庙宇、碑记文字等进行了描述，在该文第四部分述及华山，记录了西岳庙、玉泉院、希夷峡、毛女峰、王刁洞等景点的历史与现状。诸如此类的游记类诗文还有很多，若加以汇集，不仅可供研究华山道教史之用，还可供卧游之资。

作为道教典籍集大成之作，明《正统道藏》、万历《续道藏》中也收录有丰富的与华山道教相关的资料，具有重要的价值，可惜至今未曾有人对此进行过系统的整理。作为道教新、老华山派祖庭的华山，还保留有不少华山道教的经书、宗谱和道士著述，这些典籍大多为写本或抄本，未曾刊刻传世，常人难得一见，遑论持而阅之、研而究之？由于其数量少、价值高，亟待调查整理。除此之外，还有一些流传于民间的道书或笔记小说之类的文献，也与华山道教有关。例如《阴晋异函》，由清李汝榛编撰。此书分上、中、下三卷，完成于乾隆四十七年（1782 年），所辑皆古今杂家传记中有关华阴即华山中神怪灵异的故事。上卷为灵征、君符、仙、道、术，中卷为梦、魔、鬼、人、物，下卷为女流、贼徒、谐谈、辨伪。每则故事后均有评语，卷端有梅曾亮序、张西铭序、陈之翘序，卷后有李汝榛跋。关于神话传说在历史研究中的作用，学界已经多有论及，此不赘述。对这些资料进行甄别、整理并运用于研究之中，很有必要。

三　结语

本文第一部分回顾了华山道教文献整理与相关研究的现状，指出了其中的不足之处。第二部分的论述建立在对现存八种华岳志及华山金石文献进行系统整理的基础之上，并旁及游记、道书等文献资料，几乎涵盖了与华山有关的各类资料。本文的撰写，厘清了后续工作的思路。在研究方法上，应采用多学科交叉的综合研究方法，将历史考证与田野调查相结合，将理论研究与现实研究相结合，将神圣叙事与历史叙事相结合，多视角、多层次全面展现华山道教的历史文化。丰富的图书资料和电子文献数据库，录像、拍摄、印刷、扫描等调研设备的具备，均使本文的构想具有较强的可操作性。整理研究、点校出版这些文献，不仅有益于西岳文化的研究、保护及相关宣传、开发，促进古代山岳文献的保存和山岳文化的发展，同时也可让更多的人了解山岳志书的概况，加强保护开发和利用古代文献的意识，助推古代文献的整理和研究。

B.15

陕西话剧发展现状研究报告

——以陕西当代实验话剧研究院为例

王天丹 *

摘　要： 话剧是我国当前舞台艺术的重要剧种，是群众喜闻乐见的表演形式。陕西话剧经历了半个多世纪的发展，取得很大的成绩，但受市场经济、文化体制改革和观众文化消费风向转变等多种因素冲击，当前面临着诸多困境和问题。为推动陕西话剧发展，本报告以陕西当代实验话剧研究院为例，围绕陕西话剧和话剧院发展，进行了认真的调研和深入的思考，并提出相应的解决方案。

关键词： 话剧　实验话剧　陕西

话剧是指以对话为主的戏剧形式，主要手段为演员在台上无伴奏的对白或独白，少量使用音乐、歌唱等，不包含中国传统戏剧形式。清末留日学生的业余戏剧（1907 年春柳社）被认为是中国话剧最早的实践。一百多年来，中国话剧艺术边摸索，边成长，呈现百花齐放、百家争鸣的局面。陕西话剧走过了半个多世纪，曾经取得了很大的成绩，但由于市场经济发展、文化体制改革和观众文化消费风向的转变，目前面临严重的困境和问题。为了振兴和发展陕西话剧，针对当前所存在的困难和问题，经过认真调研和深入思考，本报告提出相应的解决方案。

---

* 王天丹，陕西省社会科学院文化研究所历史学博士，研究方向为陕甘宁史与陕西文化研究。

一　陕西话剧和陕西当代实验话剧研究院概况

陕西话剧形成于20世纪50年代，改革开放前曾有着很大的市场。即使是在1990年前，以现实主义题材为主的陕西话剧艺术仍在各大剧场争先上演，高校、工厂，甚至乡下，很容易看到其身影。但在20世纪90年代以后，随着电视电影等冲击，陕西话剧舞台出现了极度压缩的局面，剧团演职人员纷纷外出拍戏或转做他行。

目前，陕西话剧演出单位仅有四家，省属两家——陕西人民艺术剧院有限公司和陕西当代实验话剧研究院；市属两家——西安话剧院有限公司和西安儿童艺术剧院。陕西话剧从业人员共345人（其中儿童剧89人），2017年全省话剧演出744场，儿童剧407场；2018年全省话剧演出335场，儿童剧608场。它们为宣传党的政策、讴歌时代精神、传承中华优秀文化、弘扬爱国主义、教育青少年，提升整个社会的文化修养和文明程度，践行社会主义核心价值观，起到了积极的作用。

陕西当代实验话剧研究院是陕西省第一支民营话剧团，在陕西青年实验话剧团基础上改制而成，创办于2003年12月，在省文化厅的正确领导下和陕西省文联、省剧协的支持关怀下，陕西当代实验话剧研究院经济发展和社会效益取得了显著的提升，2016年以来，年均收入200余万元，在册人员51人，其中兼职22人、在职29人。

二　陕西话剧现状

（一）话剧创编

近10年来，总体上陕西话剧缺乏知名度特高的话剧作家和创作精品，能坚守、坚持从事话剧编剧的工作者少之又少。老院团陕西人艺、西安话院原来有一批老话剧编剧工作者，但近10年，甚至是近20年来，少有能搬上舞台的原创话剧作品。近年来，陕西人艺创排的知名话剧《白鹿原》（编剧：孟冰，导演：胡宗琪）、《平凡的世界》（编剧：孟冰，导演：宫晓东），西安话院创排的话剧《麻醉师》（编剧：唐栋、蒲逊，导演：傅勇凡）、《柳青》（编剧：唐栋，导演：傅勇凡），编剧均为外来军，尤其是中国著名编剧孟冰等支撑着陕西及以外其他省市的舞台创作。

陕西话剧对外地话剧创编主要是“移植剧目”，即将北京、上海大剧院成熟的话剧作品以演出版权的形式购买，由本土话剧院团复排，再次上演。例如陕西当代实验话剧研究院复排了北京盟邦戏剧的话剧《如果我不是我》《我不是李白》以及著名编剧尹韬创作的实验话剧《天上人间》，而仅仅是剧目移植，在合作要求上，也是不允许随意改编原剧的。陕西人艺、西安话院在坚持本土原创的战线上，依然要引进经典话剧移植复排，赢得观众和市场的认可。毕竟，引进的话剧都是在全国各地巡演过百场，经过千锤百炼，得到市场与观众高度认可的好剧。

目前，陕西本土话剧尚未形成自己的特色。用陕西方言说台词，演陕西故事，也并不能称为地方特色。地方特色，应以戏剧风格、表演流派、故事特性等综合评价，经过长时间的考验，经过历史的沉淀，才能慢慢形成。陕西话剧，还很年轻，未来的路还很长。

（二）演出剧目与内容

以陕西当代实验话剧研究院为例，其在内容方面始终坚持以人民为中心的创作方针，讴歌党、讴歌人民、讴歌伟大的时代，紧跟时代的脉络与步伐，创作时代需要的文艺作品。在艺术手法与体现形式上，坚持传统、勇于创新，借鉴现代新艺术载体（投影、多媒体、LED、网络、现场音乐等）对艺术手法的探索创新。在表演手法上，表演形态多元化，追求创新。如话剧《终身成就奖》，无论是在表演形态、导演手法上，还是在呈现形式上，都继承了传统，同时与现代审美相结合。在表演形式上，要求无限贴近生活，以与传统话剧的舞台腔有所区别。在表演中，强调演员要“说人话”，去“表演化”，“生活、生活、再生活”。

陕西当代实验话剧研究院的实验话剧《天上人间》（移植），是典型的实验派话剧，无论是在台词语言、戏剧结构上，还是在表演风格上，都属于前所未有的创新。导演借鉴中国传统戏曲的手眼身法步，结合人物特征创作出独有的表演方式，借鉴戏曲念白、声韵来抒发台词，借鉴布莱希特的间离效果、空间转换等，以独特的艺术手法展现在观众面前，不但在形式上新，在内容上也打破了传统话剧的叙述风格，采取倒叙穿插现实的空间模式讲述故事。

（三）人才培养与人事管理

1. 人才培养与录用

陕西各话剧院团主要通过学员班话剧演员培养，为戏剧人才储备后备军。以陕西当代实验话剧研究院为例，自 2012 年开办第一届学员班以来，截至第五届学员班，共计培养 59 人。学员班采用学分积分制，通过学分以及专业考核对学员进行甄别，考核不合格的会被淘汰。每一届约有 8 人顺利结业，并颁发结业证书。

通过对学员的培养，充分发挥学员班的优势，选拔具备条件的优秀学员参与到该院的各类文化活动、艺术创作中。第一届学员班排演的儿童剧《猫猫咪呀》，第二届、第三届学员班排演的儿童剧《许愿花》、参与的话剧《爱·不殊不忘》《终身成就奖》《如果我不是我》《天上人间》等，分别荣获第七届陕西省艺术节表演奖，陕西省第四届、第五届校园戏剧节优秀表演奖，陕西省第五届、第六届小戏小品大赛优秀表演奖等多项殊荣。连续三年，陕西当代实验话剧研究院以学员班学员为主力军，联合陕西广播电视台拍摄春节贺岁剧《家和万事兴》。

优秀的文艺人才的培养、遴选、使用是文艺院团发展的根本，也是繁荣戏剧事业的前提，陕西当代实验话剧研究院开办学员班的目的，在于在大学生中推广、普及戏剧艺术，同时为戏剧工作培养接班人，从而推动戏剧事业的健康、繁荣发展。通过学员班的文化传承与人才培养，将“文化陕西”的大旗一代代传下去。

2. 从业人员培训与提升

（1）在职专业技术人员（编剧、导演、演员、舞美）除参加国家人事部门规定的专业技术人员继续教育培训外，主要进行话剧周边艺术（跨界艺术训练：舞蹈、声乐、戏曲、书法等）的培训、交流、学习。在提高专业技能的同时，提升文化素养，树立文化自信的理念。

（2）参加由文化和旅游部、中国文联、中国剧协、省委宣传部、省人社厅、省文化厅、省文联、省剧协组织的文艺人才振兴计划、文艺高尖端人才培训等各类文艺工作者培训班。通过对党和国家文艺方针及有关政策的认真学习、贯彻落实，结合业务实际扎实提高业务技能，培养有情怀、有担当、有使命的文艺工作者。

3. 人事管理制度的变迁与趋势

（1）从养人到养人才的转变。以陕西当代实验话剧研究院为例，改制前，只要是在职演职人员，均享受最低工资，排练与演出享受相应的补贴。这样明显加大了运营成本。随着文化体制改革的深化，问题逐步得到解决。

（2）从管理人才到“放、管、服”的转变。以陕西当代实验话剧研究院为例，改制前，主要是对演职人员进行严格管理，凡是非本单位业务，必须层层请示，得到批准后方可开展外出演出。改制后，开始实行“放、管、服”政策。放：放手管理，不再限制演职人员在外通过本领域的专业技能提高生活质量，提高收入，提高业务能力。管：主要依照文艺方针、文艺政策、政策法规、文艺道德规范对演职人员开展教育、进行管理。服：主要体现了对演职人员的服务转变，即由管理到服务的根本转换。

（3）人才奖励机制完善。通过考核的，给予先进个人荣誉称号，对先进或考核为优秀的，在职称评定、待遇及其他保障方面有着优先权、特殊享有权等。

三　当前陕西话剧发展存在的问题

（一）政府采购不足

目前陕西话剧政府采购（财政购买服务）偏重于大剧团，尤其偏重采购北京、上海和国际上的大剧团的知名节目，本省话剧团政府采购的场次少，演出场次太少。

（二）缺乏话剧专业培训机会

在省上重要的专业技术人员培训计划中，缺少对社会组织和文艺单位的政策，也没有对这些单位话剧专业人才的培训计划，使话剧人才缺少社会培训的机会，丧失许多向上发展的空间，影响着整体话剧人才的培养和提升。

（三）剧团没有自己的专业剧场

陕西人民艺术剧院有限公司和陕西当代实验话剧研究院两个省属话剧骨干专业剧团、儿童艺术剧院，均没有自己独立的专业剧场。西安话剧院有限公司仅有 594 座的剧场，远远落后于日常话剧表演 1000 座以上剧场的要求。这些话剧社演出就要租用其他单位的剧场，由于没有剧场，剧团往往不敢创作剧目，创作后也没有场地演，市场上的剧场租金平均一天 3 万到 5 万元，一般一个剧目演出 8 场，仅场租费、彩排合成费、灯光费大约就得 30 万元，这些开支增加了演出的成本。

（四）缺乏高尖端人才

以陕西当代实验话剧研究院为例，一级演员月基本工资 2700 元，演出费每场平均 450 元，月最大限度演出八场，全月收入 6300 元（最大值），收入待遇较低。个别话剧团在改制前，一年没有演出，演员没有演出费。因为工资待遇低，大量的优秀话剧人才流失或者转行。由于知识产权难以保护，行业混乱，编剧存在稿酬低、生活困难的问题，致使陕西省各专业话剧团专业技术人员不足，特别是高端人才缺乏，严重影响了陕西省话剧事业的发展。

（五）没有专业宣发

陕西各专业话剧团普遍存在没有专业的宣发的困境，缺乏相关方面的专业人才和团队，缺少对各团的优秀剧目进行及时的宣传，观众不能得到这些优秀话剧的信息，也就很难达到让观众观看、参与和分享的目的。这严重制约了陕西省话剧事业的发展壮大。

四　建议和对策

（一）提升文化水准，力推优秀作品

一是从中国优秀传统文化中汲取营养。中国历史悠久的戏曲艺术和民间艺术有很多好东西，如戏曲的写意美学、诗剧传统等。此外，中国的哲学、诗歌、小说、美术、音乐、书法都可以滋养陕西话剧创作。百年中国话剧史上如曹禺等很多前辈艺术家也留下了很多宝贵财富，但这一百年间“断层”“断流”严重，反复太多。二是将民族文化精髓与陕西话剧融会贯通。一代代陕西话剧人进行了不少探索，成绩不容抹杀，但还有很大提升的空间。陕西话剧还没有与我们民族的文化彻底打通，形成良性的传承关系和最有效的链接。陕西话剧要持续发展，就要在东西文化交融中建构起强大的戏剧人学传统，并对中国传统文化的精髓进行更深层次的发掘，让长河永流、薪火相传、香火永驻。三是要在陕西省开展一次戏剧观的大讨论，重新检讨陕西的戏剧观，深度拓展戏剧观和话剧思维，以此来推动陕西话剧的发展。

（二）提高作品质量，占据文化市场

艺术作品的创作和储备是个阶梯型的工作，就话剧而言，一般小戏的创作基本在三个月左右，大戏则以两年为一个周期，构思创作周期长且复杂，涉及舞美设计制作、造型设计和制作、音乐设计、人员的投入和排练等工作。从剧本创作到舞台呈现都要有细致的打磨过程，边演边调整，要达到定版的状态周期就会更长一些。因此，一方面要坚持品质至上，从政策和资金

保障上，鼓励精品创作；另一方面，创新表演和展现方式，在不断的表演和展示中，给创作留出充足的时间和生存空间。

（三）降低演出成本，建立固定剧场

除了演员的表演，剧场的硬件设施是观众观看体验的重要方面。西安目前硬件最好的剧场，非西安音乐厅和陕西大剧院莫属，其自主引进了大批国内外优秀的歌剧、舞剧、话剧等。陕西话剧业普遍缺乏自己独立的剧场，每一次合成排练都得去租场地，经济和时间成本较大，不利于更好地磨炼和呈现话剧艺术。

（四）增加财政投入，扶持话剧发展

当前，陕西各级政府在搭建平台、统筹资源方面给予了剧场演出很多帮助，如全省文化产业扶持基金积极支持话剧项目论证，同时各级政府也多方面增加财政投入，通过扩大政府采购，给各话剧团下达演出任务和创作计划，推动话剧演出进社区、进校园等方式，积极扶持优秀剧目，支持话剧事业的发展。但相比国内先进省份，陕西省对话剧表演及相关剧团的扶持还远远不够，财政投入力度不够，方式方法也亟待创新。

（五）适应市场需求，改革传统机制

有业内人士认为，当前话剧表演中，靠补贴生存的剧目不算真正意义的市场化。观众自愿掏钱买票，才是一部剧目成功走向市场的标志。演出市场还在不断发展，其中的形式也在不断变化，在全国各地，都有着不同的人群在做这样那样的尝试，其目的都是为了打造出更适合新时代的新业态。那么，怎样占据演出市场，扩大和吸引观众？从全国来看，一种是已经逐渐开始的“嘉年华”性质的演出，做成具有周期性的，像乌镇戏剧节那样给人一种“戏剧享受”的演出形式。从演出层面来讲，也有很多新的尝试，可以拒绝常规，多一些意外元素，比如观众和演员混在一起，注重互动性。

有好的作品剧团的演出才有信心。怎样扩大影响、吸引观众就成了核心

问题。对此问题应该由政府出面和引导，拨付专项资金，建立专业的宣传和发行队伍，为优秀剧目的演出加大宣传力度，扩大社会影响。以现代传媒手段（如自媒体、门户网站等网络平台）扩大宣发效果。同时，收集观众话剧喜好的相关信息，为新的剧本创作提供真实可靠的市场信息，推动新的剧目创作和话剧发展。

（六）改革人事制度，吸引优秀人才

习近平总书记在文艺工作座谈会上的讲话指出：繁荣文艺创作、推动文艺创新，必须有大批德艺双馨的文艺名家。要把文艺队伍建设摆在更加突出的重要位置，努力造就一批有影响的各领域文艺领军人物，建设一支宏大的文艺人才队伍。

第一，给予全职的骨干文艺工作者良好的待遇保障。文化管理部门应进一步制定健全更为合理的奖惩机制，确保通过政策导向与经济激励使全职人员干得有劲，制定科学的职业发展规划，引导全职人员在公平、公正的人事制度下，良性竞争与发展。让文艺工作者活得有尊严，不为铜臭气所动。

第二，做好挂职人员的管理工作。尽可能避免挂职人员在单位内外的业务冲突，保障挂职人员对外有发展，对内有干劲。制定符合挂职人员的绩效标准，挂职人员参与本单位业务给予相应的奖励，对挂职人员的未来发展进行科学的规划和正确的引导。

第三，科学规范挂靠人员的岗位门槛。挂靠不等于兼职，更不等于来去自由。挂靠人员必须具备一定的业务素养和专业水准，能代表本单位在外发展人员的形象，可以理解为单位的代言人。对于挂靠人员不能不管不问，应正确引导其发展规划和有计划地开展职业道德培训与业务培训。通过人事管理制度与科学的政策要求，吸引挂靠人员主动、积极地参与到本单位各项业务中。鼓励多贡献，多奉献。制定好相关政策，做好将挂靠人员转为挂职与全职人员的工作。

第四，建立吸引人才的优惠政策。陕西省目前制定有吸引人才的优惠政

策，但至今还没有将话剧人才吸引列入其引进的范围。为了吸引优秀话剧人才，陕西应该对话剧专业人才一视同仁，将吸引优秀话剧人才列入吸引优秀人才范围之内，在工资待遇、住房、课题项目、职称职务晋升等方面给予大力支持。建立人才发展基金，为吸引优秀话剧人才提供强大的经济保障和物质支持，使陕西省话剧迎来更多新秀，创作出更好的剧目。

区　域　篇

Regional Reports

B.16
公共文化服务转型升级研究报告
——以安康创建国家公共文化服务体系示范区为例*

项目课题组**

摘　要： 在获批第四批国家公共文化服务体系示范区创建资格后，面对“四区叠加”的独特市情和公共文化建设“五大结构性”矛盾问题，安康市把创建工作作为扶贫扶志的主要抓手、追赶超越的动力支撑、文化繁荣发展的重要载体，集中力量“补短板、调结构、抓创新、做示范、促公平、提效能”，初

* 本文系安康市创建国家公共文化服务体系示范区和制度设计阶段性成果之一。

** 项目主持人：杨海波，安康市文化和旅游局局长。项目参与人：王军，安康市文化和旅游局副局长；陈启安，安康市文化和旅游局公共文化科科长；段小虎，西安文理学院研究馆员；杨九龙，西北大学公共管理学院副院长、教授；冯永财，西安科技大学图书馆副馆长、副研究馆员；井水，西安财经大学图书馆副馆长、副研究馆员；闫小斌，陕西科技大学图书馆副研究馆员；刘亚玲，西北政法大学研究馆员；陈碧红，宝鸡市图书馆副馆长、副研究馆员；朱启发，中共安康市委宣传部宣教科科长；李焕龙，安康市图书馆馆长；蒋典军，安康市汉滨区文化馆馆长；李晶，西安文理学院副教授；闫毅，西安财经大学图书馆馆员。

步形成了符合安康实际、彰显安康特色的社会力量帮扶新机制、乡村公共文化供给新探索和一批公共文化服务新品牌。在此基础上确定的“安康新民风建设引领乡村公共文化服务创新发展”制度设计研究选题，聚焦覆盖城乡公共文化服务体系建设重点、难点问题，对接安康经济社会发展战略和新民风建设实践，形成了以乡村新民风建设为引领，以乡村公共文化建设“三个改革”为抓手，以培育乡村文化“内生性动力”为主要内容，以全面推动乡村公共文化服务创新发展为目标的制度设计思想和以推动“三个改革”、强化“三个培育”、实现“六个结合”为主要内容的制度设计框架。

关键词： 公共文化服务　示范区　新民风　制度设计　安康市

安康位于陕西南部，北靠秦岭，南依巴山，土地面积 2.35 万平方公里，人口 305 万，辖 1 区 9 县和 1 个国家级高新区、1 个综合配套改革示范区，现有 140 个乡镇、1528 个行政村、208 个社区。获批第四批国家公共文化服务体系示范区创建资格后，面对“四区叠加”[①] 的独特市情和公共文化建设“五大结构性”矛盾问题[②]，安康把创建工作作为扶贫扶志的主要抓手、追赶超越的动力支撑、文化繁荣发展的重要载体，集中力量“补短板、调结构、抓创新、做示范、促公平、提效能”，初步形成了符合安康实际、彰显安康特色的社会力量帮扶新机制、乡村公共文化供给改革新探索和一批公共文化服务新品牌，群众享受基本公共文化服务的数量、质量和均等化水平、便利化程度明显提高。现将示范区创建工作情况汇报如下。

---

① 限制开发重点生态功能区、南水北调中线工程重要水源区、川陕革命老区和秦巴集中连片特困地区。

② 基础设施建设历史欠账多、服务供给不足、供给不均衡、供给成本高、地方财政自足率低。

一 创建工作进展和规划落实

（一）保障体系建设务实规范

安康市、县两级均成立了由政府“一把手”负责的创建工作领导小组和由文化主管部门“一把手”负责的创建工作领导小组办公室，组建了创建工作专家咨询委员会和制度设计研究专家组，制定出台了“创建规划”“过程管理”“目标考核”“重点任务”等一系列指导文件、工作制度和实施方案。《安康市创建国家公共文化服务体系示范区工作目标考核办法》明确了各项创建工作的主体责任和重点任务；《安康市公共图书馆、文化（群艺）馆、博物馆、基层综合文化服务中心服务标准（试行）》促进了基本公共文化服务标准化、规范化；《安康市政府购买公共文化服务实施方案和目录》推动了服务产品的多元化供给；《安康市公共文化机构志愿服务管理办法》建立了公共文化志愿服务招募、注册、服务、激励制度；《安康市文化工作表彰奖励办法》进一步调动社会各界参与公共文化服务体系建设的积极性和创造性；《安康市“十强百优”文化人才扶持培养办法》为建设一支结构合理、富有活力的高素质文化人才队伍提供了制度保障。2018 年，全市投入公共文化建设资金 7. 1 亿元，占一般预算收入的 16. 84% 。

（二）文化设施建设全面提速

安康博物馆、安康剧院、“藏一角”博物馆、市群艺馆、市体育运动中心、龙舟文化园、西城阁、香溪文化广场、高新生态文化公园和运动公园、“一江两岸”文体场所等一批市级标志性公共文化设施建成使用；汉江大剧院即将投入运营；安康体育公园、美术馆、非遗展览馆、工人文化宫开工建设；中心城区 20 个自助图书馆将在 2020 年底全部建成并投入使用。市、县两级公共图书馆和文化馆设置率 100% ，上等级率 91% ；“汉水生态博物馆群”初具规模；“一县一剧院”项目加快推进；镇、村（社区）综合文化服务中心（站）建成93%；改造提升广播电视发射台站10个，电视综合覆盖率99%，便民广播综合覆盖率96%，初步形成了覆盖市、县、镇、村（社区）四级公共文化服务设施网络。

（三）服务效能显著提升

围绕文化场所“活动搞起来、资源活起来、服务优起来”目标，各级各类公共文化服务设施全部实现免费开放，“菜单式”“订单式”公共文化服务逐步推行。一是实施每个村（社区）“组建一支文化社团、开展一项非遗传承、组织一台常态化文艺演出”的“三个一”文化服务项目。二是以安康创建和公共文化服务“创新奖”案例征集、评选为契机，发现和培育了“文化小康行动”、百姓大舞台、新民风讲习所、安康人周末读书会、“安康节拍”和面向老年人的“艺养天年”、面向青少年的开笔启智“开笔礼”、面向贫困人口的“公益文化春风行”、面向留守儿童的“留守儿童版画艺术培训”等一大批公共文化服务品牌。三是不断加大新服务产品供给，新创紫阳民歌剧《闹热村的热闹事》入选国家艺术基金扶持项目，原创实景歌舞剧《丝路之源·十美石泉》实现常态化演出，一批具有安康文化标识的文艺作品在中省获奖。四是实施国家公共数字文化推广项目，“文化安康”公共数字文化服务平台上线运行，市、县区互联互通的公共图书馆自动化管理系统正式运行，数字图书馆、博物馆、文化馆建设加快推进，“地方史志”“陕南民歌”“汉调二黄”“馆藏文物”等一批具有安康特色的数字文化资源项目陆续建成开放。群众满意度较创建前大幅度提高。

（四）社会力量参与机制初步形成

将政府购买公共文化服务资金纳入财政预算，每年购买演出服务2000场次，购买有线电视用户11万余户；启动“安康阅读起跑线”社会力量帮扶项目，截至2019年8月，省内外企事业单位、政府部门和个人共向安康公共文化服务机构和中小学图书馆捐赠图书30余万册、资金

50余万元、数字资源200余万元，开展业务培训20余场次，培训文化工作者2000余人次；采取政府主导、星级创建等措施，扶持和培育规模化群众文化组织1500余个；实施“艺术培训机构联盟”“公共文化机构社会组织联盟”“馆企合作”等社会化服务项目；建立了公共文化志愿服务招募、注册、服务、激励制度，全市每年招募“三区”文化志愿服务人员200余人，组建了一批公共文化志愿服务机构，打造了一批文化志愿服务项目。

（五）体制机制改革创新全面启动

全面推进市群艺馆、市图书馆、安康博物馆法人治理结构改革，县域文化馆、图书馆总分馆制建设稳步推进，文化馆、图书馆乡镇分馆建成率分别达到49%、50%；通过机构改革，恢复了一批乡镇文化站机构，解决了机构编制难题；旬阳县、汉阴县通过政府购买服务方式落实了镇、村公共文化服务人员问题；市委、市政府即将出台《安康市文化工作表彰奖励办法》，着力营造崇文尚文的良好社会氛围，进一步调动社会各界参与公共文化服务的积极性和创造性。

市人大常委会开展了《公共文化服务保障法》执法检查，市政协开展了示范区创建工作专题调研，形成了市县联动、部门协同、文化主力、社会参与的创建工作格局。

（六）交流宣传影响广泛

举办了首届“南水北调”中线城市文化旅游联动活动，实施了“春雨工程”安康文化志愿者宁夏石嘴山行活动，连续举办了两届“丝路源点·生态安康”高峰发展论坛。编印《创建简报》14期，制作发布了创建宣传片、招贴画，在高速路、城市重点路段、公共文化机构设置了宣传牌、宣传栏。组织《安康日报》、安康电视台、安康人民广播电台集中宣传报道公共文化服务典型案例。《中国文化报》《陕西日报》等中省媒体先后60余次宣传报道安康市示范区创建和公共文化服务体系建设工作。

二　制度设计进展

制度设计专家组通过大量实地调研和对安康创建工作基础条件的分析，确定了“安康新民风建设引领乡村公共文化服务创新发展”制度设计研究选题。

该选题聚焦我国覆盖城乡公共文化服务体系建设重点、难点问题，对接安康经济社会发展战略和新民风建设实践，按照坚持法治思维、问题导向，坚持因地制宜、突出特色，坚持新民风建设引领、制度创新驱动的制度设计原则，明确了以乡村新民风建设为引领，以乡村公共文化建设“三个改革”为抓手，以培育乡村文化“内生性动力”为主要内容，以全面推动乡村公共文化服务创新发展为目标的制度设计思想。具体内容包括推动“三个改革”、强化“三个培育”、实现“六个结合”。

（一）推动“三个改革”

充分利用安康新民风建设中形成的组织体系、制度体系和“一约四会”乡贤治理体系，着力推动乡村公共文化建设观念改革、治理结构改革和供给侧结构性改革，重塑上级政府与村级组织、村民之间的社会关系，理顺文化创造主体、文化消费主体和文化供给主体之间的关系，通过村民参与、民主决策制度化，使乡村文化建设走出内生权威缺乏和外生权威弱化的双重困境。

一是推动乡村公共文化建设观念改革。课题组按照国家乡村振兴战略部署和公共文化服务体系建设重心下移的总体要求，结合乡村文化历史地位、发展逻辑、脱贫攻坚需要和新民风建设实践，提出将乡村公共文化作为安康公共文化建设新起点“第一公里”的建设思路，打破了以往“最后一公里”将乡村文化建设置于体系“末端”、时间“末端”、任务“末端”的传统思想观念，让乡村文化建设回归其作为中华文化发源地和生长根脉的历史地位，为解决长期困扰公共文化服务体系建设的“城乡二元结构”提供了新的思路。

二是推动乡村公共文化治理结构改革。根据《中华人民共和国村民委员会组织法》和《中华人民共和国公共文化服务保障法》，充分利用安康新民风建设中形成的组织体系、制度体系和“一约四会”乡贤治理体系，在有条件的行政村试点建立“乡村文化理事会”和“乡贤读书促进会”，健全和创新村党组织领导下的农村文化自治组织建设，形成法治、德治、自治“三治融合”的乡村现代公共文化治理新模式。

三是推动乡村公共文化供给侧结构性改革。在乡村公共文化建设理念改革、乡村公共文化治理结构改革的基础上，进一步推动乡村公共文化供给侧结构性改革，实现政府供给与自我供给、社会帮扶的有机统一。

（二）强化“三个培育”

利用新民风建设所形成的参与文化、参与制度，重点加强乡村公共文化建设“三个培育”：培育乡村文化发展的内生动力；培育乡村文化“自组织”能力；培育乡村文明生长点。实现村民自我管理、自我教育、自我服务的有机统一。

（三）实现“六个结合”

利用新民风建设所取得的实践成果，重塑传统乡土社会的道德秩序和伦理精神，推动乡村公共文化建设“六个结合”：将新民风建设与乡村文化建设相结合，形成融合发展新格局；将新民风建设与文化“精准扶贫”相结合，培育勤于学习、勤于读书、勤于思考和勤劳致富的良好乡风；将由政府主导的自上而下的“总分馆制”建设与农村居民自下而上的乡村文化“自组织”建设相结合，构建乡村文化发展的和谐关系；将乡村公共文化服务“硬实力”建设与“软实力”建设相结合，充分发挥乡贤群体的积极作用；将“供给创造需求”与“需求引导供给”相结合，激发贫困地区群众文化消费和文化创造潜力，推动供给体系结构优化、效能提升；将创建示范区建设短期目标与培育安康阅读文化长期目标相结合，继续组织和实施“安康阅读起跑线”项目。

三 创建工作主要特色与亮点

（一）启动新民风建设引领乡村公共文化服务创新发展新探索

以倡导“诚孝俭勤和”为核心的安康新民风建设，是安康市委、市政府针对党建工作新要求、扶贫攻坚新形势、文化建设新任务、社会治理新问题提出的一项具有统领性、基础性、全局性的战略规划。一方面，新民风建设为乡村文化秩序重构提供了重要抓手，特别是当乡村传统文化面临现代多元文化解构压力时，新民风建设巩固和坚守了乡村文化传统根基，起到了引导乡村文化健康有序发展的积极作用；另一方面，新民风建设调动了乡村社会各种积极力量，建立的“一约四会”机制，培育了乡村参与文化，为乡村公共文化治理体系和治理能力现代化奠定了良好基础。目前，安康创建在该领域的探索已经从理论层面逐渐延伸到制度和实践层面。

（二）形成以“安康·阅读起跑线”为主题的社会力量参与新机制

“安康·阅读起跑线”项目是由安康市创建办和制度设计课题组，根据安康创建中面临的结构性矛盾问题，联合策划并组织实施的社会力量帮扶项目，包括捐赠、培训和服务资源跨行业整合三项具体内容。

（1）2019 年 5 月 7 日在“安康·阅读起跑线”启动仪式上，来自省内外十几家企业、高校图书馆和中小学图书馆，现场捐赠了价值 216 万元图书、数字资源和文化产品。此举也带动了安康各界的捐赠热情，政府部门和个人共向安康公共文化服务机构捐赠图书 30 余万册、资金 50 余万元，初步形成了社会力量帮扶长效机制。

（2）为提升公共图书馆、中小学图书馆人员业务素质和服务“软实力”，践行中共中央办公厅、国务院办公厅《关于加快构建现代公共文化服务体系建设的意见》和文化部等七部门《“十三五”时期贫困地区公共文化服务体系建设规划纲要》提出的“建立文化结对帮扶工作机制”。西安科技大学组织本馆业务骨干对口帮扶安康市和10个区县图书馆，目前已经采取一对一的方式完成了面授培训，培训文化部门干部，市、区县图书馆以及基层文化工作者1300余人，下一步将进入在线培训和技术支持阶段；西安市图书馆学会中小学委员会组织西安市十家“最美校园图书馆”对口帮扶安康市和10个区县中小学图书馆，目前已经完成了集中面授、网络课程培训和到西安中小学名校图书馆观摩、实习等，正在积极开展一对一培训和阅读推广讲座。受该活动影响，西工大附中部分优秀高考生主动到安康相关区县学校与当地学生分享读书、学习经验，取得了很好的效果。

（3）推动公共图书馆与中小学图书馆资源共建共享。教育部《中小学图书馆（室）规程》提出：中小学图书馆是“社会主义公共文化服务体系的有机组成部分……要积极参与各种资源共建共享……为社会服务”。“安康·阅读起跑线”立足于安康阅读文化的培育，协调企业免费向中小学图书馆开通图书馆自动化管理系统，通过试点先行的方法，逐步实现两大系统图书和数字资源的共建共享。

（三）开展乡村公共文化治理结构改革新尝试

乡村是当前我国公共文化服务体系建设最薄弱的环节，也是重点和难点所在，推动乡村公共文化治理体系和治理能力现代化，具有重大的理论和现实意义。安康创建工作结合最新文化扶贫理论、公共治理理论、公共文化供给侧结构性改革理论，利用安康新民风建设中形成的组织体系、制度体系和“一约四会”治理体系，在紫阳县蒿坪镇蒿坪村等行政村开展了建立“乡村文化理事会”和“乡贤读书促进会”试点工作，取得了阶段性成果。目前正在进一步完善相关配套制度、扩大试点，力争形成符合安康实际、彰显安康特色、具有示范引领作用的创新体系。

（四）培育一批精准供给的公共文化服务新品牌

安康以创建和公共文化服务“创新奖”案例征集和评选为契机，培育

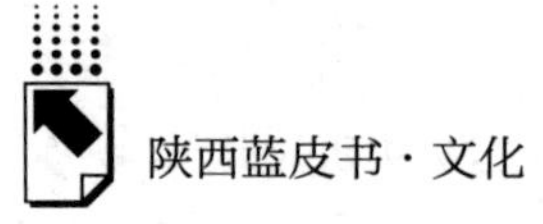

了一批公共文化服务新品牌。

安康博物馆针对青少年打造了旨在弘扬优秀传统文化的“开笔启智”活动，通过“正衣冠”“感恩鞠躬”“净手净心”“朱砂启智”“击鼓明志”“开笔启蒙”等活动，让青少年接受隆重的传统文化教育，2018年该活动被评为“陕西省首届博物馆教育项目优秀案例”二等奖。

白河县文化馆推出“三个一”工作法：一张“免费服务联系卡”，搭建服务群众桥梁；一张“演出征求意见表”，实现精准文化服务；一张“群星相约邀请函”，引导社会力量参与文化惠民活动。实现了供给与需求的有效对接。

安康群众艺术馆与社会力量合作，启动了“安康留守儿童版画传播、交流、推广”项目，初步形成了覆盖多个区县的师资体系和教学网络，留守儿童创作出一大批具有一定艺术价值的儿童版画作品，在全国产生了一定的社会影响，该项目被陕西省文化和旅游厅列为2018年陕西省文化传播交流推广资助项目。

安康市图书馆通过“抓小众，带大众”的办法，持续推进全民阅读推广活动，先后形成了“安康人周末读书会”“王庭德读书会”等一批有影响的阅读推广活动品牌，年到馆读者从不足2万人次增长到20万人次以上，阅读团体从1个增加到50多个。特别是“安康阅读吧”的陆续建成，进一步调动了广大群众的阅读热情，安康市图书馆因此荣获中国图书馆学会2018年“全民阅读工作先进单位”。

此外“文化小康行动”文化志愿服务项目向全国展示推广；“安康节拍”广场舞被列为全国示范品牌；旬阳县文化馆总分馆制建设经验在全省推广；与民政部门合作，面向农村老龄人口文化需求的“艺养天年”项目持续推进；一批具有安康文化标识的文艺作品在中省获奖；以中国安康汉江龙舟文化节为载体，引导群众参与文化活动，“我要上龙舟节”成为城乡群众的“梦想舞台”；深入实施中心城市“文化大本营”工程，形成了安康百姓大舞台、汉水文化大讲堂等受观众喜爱的服务项目；一批“艺术培训机构联盟”“公共文化机构社会组织联盟”“馆企合作”等社会化服务项目逐渐开始发挥社会效益。

四　存在的突出问题

一是服务供给城乡不均衡。受区域自然环境影响，县域设施建设、流动服务、总分馆建设成本高，财政投入压力大。二是结构性矛盾突出。地方财政自给能力严重不足，经费投入未严格按照中省标准予以保障；市图书馆设施较为落后，部分县级公共文化设施有待提升，镇、村（社区）综合文化服务中心标准化程度较低；村（社区）综合文化服务中心的公益性文化岗位有待落实；全市公共文化服务队伍总量不足、结构不合理。三是服务效能不高。图书馆、文化馆“总分馆”服务体系建设整体推进缓慢，资源整合能力、向下延伸服务能力不足；有些文化服务机构“硬件较硬”但“软件很软”，服务效能偏低、单位服务成本过高；有些文化服务机构“软件较硬”但“硬件很软”，人力资本效能偏低，部分区县图书馆、文化馆财政投入七成以上是用来养人的，可用于商品和服务、基本建设和其他资本性支出的经费不足支出总额的三成，服务“软实力”整体较弱。

五　后期创建工作思路

安康地处秦巴山集中连片特困地区腹地，一区九县地方财政自足率不足10%，因此安康不能走完全依赖财政大规模投入的创建道路，而是要在做好规定动作的基础上，精准对标《西部创建标准》，落实主体责任、夯实创建任务、做实标准内容，将有限的财政资金用来解决“补短板、调结构、抓创新、做示范、促公平、提效能”等最核心、最基础、最关键的问题。

（一）补短板、调结构，完善覆盖城乡的四级服务体系建设

一是依法落实各级政府公共文化服务主体责任和“一把手”创建工

作组织领导机制。二是推动公共文化服务经费投入、机构设置、人员配置保底达标。三是改造提升市图书馆设施功能，加快中心城区24小时自助图书馆、安康美术馆、安康非遗展示馆和汉滨区少儿图书馆建设。四是进一步提升县区文化馆、图书馆设施水平，完善镇、村（社区）综合文化服务中心服务功能，构建较为完备的市、县、镇、村（社区）四级公共文化设施网络体系。五是推动市、县（区）公共文化服务目录和各级各类公共文化服务标准落实落地，提高公共文化服务标准化水平。六是务实推进县域图书馆、文化馆总分馆制和市级公共文化机构法人治理结构改革。

（二）抓创新、做示范，彰显安康创建特色

一是开展公共文化服务创新奖评选，推动“创意、创新、创造”实践探索，着力打造10个具有安康特色的公共文化服务品牌，激励引导服务创新，催生更多更好的特色服务项目。二是创建“一县一特色”公共文化服务格局，在服务机制和效能提升上实现新的突破。三是加强文化和旅游深度融合，在公共文化设施景观化、公共文化机构导游化、公共文化活动旅游化等方面形成特色亮点。四是加快推进乡村公共文化供给侧结构性改革，做好乡村文化理事会建设试点和推广工作，推动村（社区）“组建一支文化社团、开展一项非遗传承、组织一台常态化文艺演出”的“三个一”公共文化服务制度化、规范化。五是坚持理论创新、制度创新与实践探索相结合，高质量推进“安康新民风建设引领乡村公共文化服务创新发展”制度设计课题研究和乡村公共文化服务创新实践。

（三）促公平、提效能，发挥示范引领作用

一是结合乡村文化振兴战略、安康新民风建设实践和乡村公共文化治理结构改革，将公共文化服务体系建设重心向农村和基层倾斜，探索贫困地区乡村公共文化服务创新发展的方法路径，努力实现公共文化服务“末梢”变成“前端”、“最后一公里”变成“最前一公里”，推进全市公共文化服

务均等化发展。二是利用新民风建设所形成的参与文化、参与制度，重点加强乡村公共文化建设“三个培育”，实现供给与需求的有效对接，进一步提升服务效能，实现村民自我管理、自我教育、自我服务的有机统一，力争为全国贫困地区公共文化服务体系建设做出示范。

B.17 2019年榆林市构建现代公共文化服务体系研究报告

许定国*

摘 要： “十三五”时期，榆林公共文化服务体系建设取得了较大成绩。但由于多年的历史欠账，榆林公共文化服务体系仍存在明显短板。本研究报告分析了榆林市公共文化服务领域取得的主要成绩，全面剖析了榆林市公共文化服务面临的三大短板，在此基础上提出“十四五”时期榆林构建现代公共文化服务体系的对策与建议。

关键词： 公共文化 服务体系 榆林

榆林市位于陕西省的最北部，是陕西面积最大的地级市，常住人口达380多万。随着经济体量的增加和当地人口的增长，当地群众的公共文化需求日趋强烈。早在2009年，榆林市委市政府就在全市范围内开展了“书香榆林”建设，开始扭转榆林经济发展与公共文化建设不协调的局面。2015年，榆林市专门制定了《榆林建设西部文化大市专项规划》，以建设西部文化大市为总目标，以现代公共文化服务为理念，在公共文化建设领域持续发力，统筹城乡公共文化基础设施配置，优化整合12个县区（市）公共文化资源，切实保障了全市人民的基本文化权益。2019年，成效尤为显著。

* 许定国，陕西省社会科学院文化研究所助理研究员，研究方向为现代公共文化服务体系与文化体制改革、红色文化。

一　2019年榆林市构建现代公共文化服务体系主要成绩

（一）精准发力，加大榆林公共文化基础设施建设力度

“三馆”建设是衡量现代公共文化基础设施是否达标的关键。榆林市“三馆”建设，分别指榆林市博物馆、图书馆、展览馆三大馆，位于榆林市高新区明珠大道以西、沙河路以南、长兴路商业综合体以北，周边有万达广场、沙河公园、校区等多元化建筑。榆林市博物馆、图书馆、展览馆、东沙文体馆，以及体育中心、会展中心等“四馆两中心”项目于2017年正式动工兴建。榆林大剧院是榆林文化艺术中心先行启动的龙头文化项目、市级重点文化项目，由榆林高新区管委会投资，榆林文旅代建。项目位于高新区阳光广场南，明珠大道东，占地面积33.52亩，总建筑面积约41500平方米，总投资5.17亿元，主要由1203座的歌剧厅、260座的多功能小剧场、4个影厅电影院、少儿艺术培训中心、艺术展厅、排练厅、贵宾厅及化妆间、地下车库等附属设施组成。榆林大剧院于2019年投入使用，可承接国际大型交响乐团、艺术团、专业演出团体演出，提供音乐、曲艺、歌舞等文化艺术交流平台，有力提升了市民的文化品位，丰富了市民的精神文化生活。

实现县级数字影院和乡、村两级公共文化服务站全覆盖，加大市、县、区公共文化设施免费开放力度。自2016年以来，全市镇办综合文化站正式向基层群众免费开放，将免费开放内容、文化站长工作人员公示栏、开放时间等张贴在居民小区（农村社区）的显著位置。各县区公共文化服务站通过发放问卷调查表，了解基层群众的文化需求。各个文化站都能做到每天向群众免费提供电子阅览、图书借阅、上网学习、辅导培训、娱乐健身等服务，并定期开设免费的琴棋书画培训、农业技术指导、法制宣传讲座等。这些形式多样、内容丰富、实用又接地气的文化培训活动，让基层群众切切实实感受到了文化惠民的获得感。

表 1 2018～2019 年榆林公共文化基础设施建设情况

序号	重点任务	建设部门	建成时间
1	榆林文化大厦（含科技馆功能）	榆林市文化旅游局	2018
2	榆林文化艺术中心（含音乐厅、影剧院）	榆林市文化旅游局	2018
3	榆林博物馆	榆林市文化旅游局	2018
4	榆林青少活动中心	榆林市文化旅游局	2019
5	镇（办）文化站、村（社区）综合文化服务中心、室外文化广场（演出舞台）	各区县文化局	2019
6	农家书屋配置电子阅览室	各区县文化局	2019
7	街道（社区）、村文化广场设置 LED 屏、阅报栏	各区县文化局	2019
8	社区（村）文化广场文体活动器材	各区县文化局	2019
9	农村广电网络建设	各区县文化局	2019

（二）以点带面，促进榆林城乡基本公共文化服务均等化

榆林市在完善当地公共文化服务设施设备的同时，充分考虑到城乡常住人口变化和贫困县的实际情况，重视文化扶贫，将公共文化服务的重心向基层和贫困县区倾斜。截至 2019 年，榆林市重点完成市图书馆、美术馆、博物馆等公共文化设施建设，各县（市、区）文化馆和图书馆全部达到国家三级馆以上标准，有条件的县（市、区）都建设了博物馆。充分利用合并的镇原办公场所、学校旧址等设施，建设基层综合性文化服务中心。综合性文化服务中心在满足党员教育、节目排练、群众健身、科学普及、普法教育等功能的同时，强化文化服务功能，在布局上强调既要有室内文化活动室，也要有室外文化广场、戏楼等，确保空间的科学利用和效用的充分发挥。各级各类公共文化机构，综合运用阵地服务、流动服务、数字服务等多种形式，提升公共文化服务品质和服务效能。根据群众实际需求深入实施文化惠民工程，完善镇、社区及农家书屋出版物补充更新工作。统筹有线、无线、直播卫星技术手段，加快广播电视户户通建设，实现农村广播电视全覆盖。上述举措，实现了公共文化服务均等化的目标。

（三）项目带动，通过公共文化服示范项目带动群众性文化活动常态化发展

基层群众性文化活动是现代公共文化服务体系的一大硬指标。2019 年，“榆林市古城六楼民俗文化展演”荣获国家级公共文化服务体系示范项目。国家级公共文化服务体系示范项目对于带动基层公共文化向纵深发展有着积极影响。榆林市以此为契机，积极争取国家级陕北文化生态保护实验区专项经费 800 多万元，新建或提升改造了 10 个县级非遗综合展示馆、27 个非遗传习所。横山区成功申报为“中国曲艺之乡”，成为继延安市安塞区之后陕西第二个获此殊荣的县区。榆林市群众文化节开展 10 年来，至 2019 年形成了广场舞展演、群众广场歌汇、群众合唱展演、陕北民歌演唱会、陕北民歌大赛、群众优秀摄影作品展、群众优秀剪纸展、群星获奖作品展演八大特色项目，有力促进了榆林群众性文化活动常态化发展。

（四）多措并举，政府购买公共文化服务机制日趋成熟

榆林市从 2015 年起，通过市县联动，实现了每个行政村（社区）每年至少购买一份公益性演出，建立政府购买公共演出服务长效机制。按照“行业经营、市场运作、政府买服务、农民得实惠”的基本原则，向基层群众免费提供电影服务，要求每个行政村每月必须保证村民观看一场免费电影。加大广场社区公益电影放映力度，每年购买广场社区公益电影不低于 1200 场，充分满足和丰富了广大市民和进城务工人员的精神文化生活（见表 2）。

表 2　2015～2019 年榆林市政府购买公益文艺演出统计

单位：场

年份	政府购买演出场次	农村公益电影放映场次
2015	1556	51004
2016	1662	51210
2017	1713	51333
2018	1894	54263
2019	1920	55520

（五）发挥人才和经费“两条腿走路”模式，加强公共文化服务的长效机制建设

重视公共文化领域人才建设是榆林市构建现代公共文化服务体系的一大亮点。2019年，榆林市文化部门在招聘文化从业人员时，明文规定：公共文化服务单位的工作人员应具备文化文艺相关专业大学专科以上学历，并经过用人单位的专业科目笔试和面试考核合格方能上岗。按照《榆林市关于加快构建现代公共文化服务体系的实施意见（2015）》的要求，全市各级文化单位每年定期下派文艺工作者到县（区）及以下文化单位开展“文化帮扶”，连续下派年限不少于一年；积极引导省级文化部门专业人才到县以下对口单位实地锻炼，并作为职称晋升的一项重要指标。同时，榆林市严格执行城乡社区公共文化设施建设资金从城市住房开发投资中提取1%的政策，作为农村文化建设专项资金，并逐年加大城市社区公共文化建设专项资金的额度。这“两条腿走路”的模式必将彻底扭转榆林经济建设与公共文化建设不协调的局面。

二 榆林现代公共文化服务体系的主要短板

（一）硬件短板

2019年，榆林公共文化建设实现了硬件设施已从市一级覆盖到县一级的目标。但由于多年的历史欠账，榆林公共文化服务体系在硬件方面仍存在明显短板：越往下延伸，就会发现，乡镇和村一级的公共文化硬件设施，受当地财政底子薄弱的影响，仍不能满足当地群众的基本文化需求。现阶段，榆林城乡公共文化还有较大差距，尤其是偏远县区的农民文化生活单调枯燥的问题尤为突出。农村文化基础设施少，在农村公共文化服务均等化目标实现之后，如何解决农村不同群体对公共文化硬件的个性化需求，仍是一道亟待破解的难题。

（二）人才短板

尽管近年来，榆林公共文化队伍建设成绩斐然，但仍然存在着一些问题。主要表现在两个方面。一是乡镇和农村两级文化服务人才缺乏。乡镇文化站受编制限制和福利待遇制约，引进文艺专业人才难度较大，公共文化服务专业人员流失较大，农村文化队伍的整体服务能力仍有待提高。二是队伍“老化”问题已经显现。调查发现，榆林南六县（米脂县、绥德县、子洲县、吴堡县、清涧县、佳县）的农村公共文化从业人员平均年龄在39.5岁，人员更新力度不够大。

（三）服务短板

本报告认为，现代公共文化服务体系的受众可以分为以下几类。

第一类：日常乐于读书看报，文艺兴趣浓厚，喜欢自娱自乐的群体。这类群体对社区书屋、农家书屋、乡镇综合文化站、农家文化大院有着强烈的需求，这种刚性需求使他们对政府公共文化服务怀有浓厚的兴趣，也给予高度的期望。这类群体我们可称之为公共文化服务的主流群体或刚性群体。这部分群体以城乡中老年人居多。

第二类：日常没有什么文娱兴趣爱好，但在需要时会求助于公共文化服务。如育龄妇女、待业青年、中小学生。他们在家门口渴望学到自己需要的知识，渴望有一个自修、自习的地方，渴望家门口有一个属于自己的健身活动场地。即使没有，他们也不会太过计较。

第三类：以农村的外出务工人员和“三留守”人员为主。农民群体在当代中国是典型的弱势群体，多年来他们一直生活在文化沙漠之中，连最基本的文化需求都很难得到满足。公共文化要为乡村振兴、农民致富发挥平台作用。如农民在农业生产、种养殖中存在知识欠缺，他们就会求助于农家书屋；进城务工农民在进城打工期间想要依法维护自己的合法权益，这就促使他们掌握必备的法律法规知识。还有农村的留守老人、留守妇女、留守儿童等“三留守”人员，怎样通过公共文化服务场地建设，为这些弱势群体创造一个既方便留守儿童寒暑假学习娱乐，又方便留守老人读书看报，还方便留守妇女学技术的地方，是农村公共文化服务场地建设的关键，这也对农村公共文化场地的“一馆多用”提出了更高要求。

如何在互联网时代，适应这三类群体对现代公共文化服务的不同需求，根据他们的需求有针对性地开展公共文化服务，仍是榆林公共文化面临的最大短板。

三　加强榆林现代公共文化服务体系建设的对策建议

榆林市公共文化服务体系从现在起至“十四五”期间（2021～2025年）既要注意补短板，补齐农村文化基础设施的短板，还要注意提升当地公共文化领域的管理与服务。不能出现建了场馆却无人问津的情形。榆林市重点要补的短板如下。

第一，要将多年以来的历史欠账，如图书馆、剧院、科技馆、青少年宫等文化硬件基础设施在“十三五”末期完成并尽快投入使用，以便在制定公共文化建设“十四五”规划时，不会拖后腿。

第二，考虑到榆林北六县（榆阳区、横山区、神木区、府谷县、靖边县、定边县）、南六县（绥德县、米脂县、佳县、吴堡县、清涧县、子洲县）的经济条件差异较大，建议2020年的榆林市公共文化建设，可以采取“北六先行，南六跟进”的策略，从北六县中挑选2～3个经济实力强、文化资源丰富、公共文化底子实的区县，率先发展，通过“北六”带“南六”战略，促进榆林公共文化实现全覆盖。

第三，要夯实乡镇和村一级公共文化的底子。多年来，榆林各村镇公共文化领域荒漠多、欠账多，很多村镇缺文化设施设备，农家书屋不健全，村级文艺人才更是奇缺，这无疑压抑了乡镇和村一级的公共文化建设活力，也使文化惠民福利难以惠及每个村民。建议从2020年起，除了定期开展送戏下乡、政府购买演出服务之外，由市文化和旅游局牵头，以县为范围，组织开展一次榆林12区县农村公共文化服务建设普查活动，摸清县、乡镇、村三级公共文化建设的家底，尤其是要摸清这三级公共文化领域的硬件配置、文艺人才储备、公共文化经费的调拨分配情况，从而加大对未达标县的投入力度。

第四，补齐公共文化服务短板，增加文化惠民福利。要彻底打破榆林公共文化服务存在的短板，就应尽可能从各县区财力出发，在榆林 12 个县区的两馆一站（图书馆、文化馆、乡镇综合文化站）中实现资源共享，改变长期以来各区县互不往来、各自为政的不良现象。要对照国家公共文化硬件设施建设标准，加强县、乡、村三级公共文化馆藏资源、数字资源共享的整合力度。联合开展诸如优质典藏图书交换、文化人才交流、文艺节目联合编排展演等，让榆林本土的文化资源多起来、动起来、活起来。已经建成的榆林大剧院、榆林图书馆、榆林博物馆建议按照国家要求免费向群众开放。要充分利用这些场馆开展便民利民的群众性文化服务活动，提高当地群众的参与度，让文化场馆人气增起来、文艺活动多起来。在补齐上述短板之后，还要采取以下措施。

（一）在2020年力争实现县县有图书馆的目标，彻底清除公共文化领域的历史欠账

2018 年 8 月，建筑面积达 13 万平方米的榆林市图书馆、榆林市博物馆开工建设。2018 年在第六次全国县级以上公共图书馆评估定级上等级图书馆名单中，榆林市有 7 个县级图书馆达标上榜，使榆林市图书馆上等级率由 2017 年前的 33% 提高到 2018 年的 67% 以上。建筑面积达 18300 平方米的府谷县图书馆正式开馆，成为目前陕西省面积最大的县级公共图书馆。基层综合性文化服务中心达标率达到 66.5%，顺利完成了“省考市”指标“基层综合性文化服务中心达标率达到 65%”的目标。[①]

按照 2019 年榆林市政府工作报告要求：加快推进县城图书馆、文化馆和社区农村综合文化服务中心建设，提升公共文化服务共建共享水平。众所周

① 榆林市文广局 2018 年工作简报。

知，公共文化场馆建设周期较长，设施设备的配备也需要较长时间。因而，这就要求，榆林公共文化服务体系建设不能参照其他地市，采取按部就班、亦步亦趋的方式进行。更不能在没有科学规划的前提下，急切地赶进度。理想的做法是：在2019年完成市级公共文化服务体系目标任务考核达标的前提下，从2020年起，整体消除榆林12个县（区、市）公共文化的历史欠账，尤其是要对公共文化建设最为薄弱的绥德、米脂两县加大投入。在消除历史欠账时，既不能像“撒胡椒面”那样采取各县区平均的方式进行，也不能不考虑这些县的实际情况，要量力而行，不能贪多求大，贪快求多。这些都是公共文化建设的大忌。因而，建议加强12个县区县级公共图书馆、文化馆建设，加强乡镇综合文化站建设。先以“两馆一站”为根基，打牢筑实各区县公共文化硬件设施的底子。对于“两馆一站”已经齐全的县，要在乡镇和村一级尽快铺开，加大乡镇公共文化人才的引进力度，加强农村公共文化活动室、农家书屋的全面建设。力争在“十四五”时期，榆林市文化事业费财政支出占比达到2%，每万人公共文化设施面积达到4000平方米，每万人文化从业人员数达到5人，人均拥有公共图书馆藏书3册。

（二）以《陕西省公共文化服务保障条例》为根本遵循，提升榆林公共文化服务效能

2019年7月1日，《陕西省公共文化服务保障条例》正式颁布实施。条例第五条明确指出：应当按照公益性、基本性、均等性、便利性的要求，提高基层公共文化服务效能。在“十四五”时期，榆林公共文化建设既要继续在公共文化硬件设施上发力，还要提升公共文化服务效能，即如何有效化解有限的场地设施设备与公共文化人流量大之间的矛盾，如何解决公共文化服务模式单一与基层群众多样化、个性化的文化需求之间的矛盾，如何实现“一馆多用”等问题。这些矛盾和问题都是切切实实存在的，解决的办法也不可能总是无限制地建设再建设。因而，提升榆林公共文化服务效能，建议从以下方面着手：边建边用、边配边用，充分调动县级政府建设公共文化服务体系的热情，按照《陕西省公共文化服务保障条例》的要求，落实县级

人民政府构建公共文化服务体系的主体责任，在2020年要求12个县区都必须制定公共文化设施建设专项规划。专项规划应在提升榆林12个县区公共文化服务效能上发力，坚持场馆服务、流动服务和数字服务相结合。探索公共文化领域手机订单式服务，在“十四五”时期，实现群众通过榆林当地文化场馆的微信公众号、手机App下单，免费或低价位获取自己喜爱的数字文化资源，形成覆盖城乡、服务效能高效便捷的公共文化设施网络，充分满足群众基本文化需求。

深入推进榆林公共图书馆、文化馆、体育场馆等免费开放。在全市范围内，由政府举办的博物馆、展览馆、剧院、影院等公益性文化设施，要积极为社会力量、社会资本举办的公益文化活动提供支持，为民办文化艺术团体进行公益性展览展演提供场地支持。城市公共文化广场、社区和乡村公共文化设施要因地制宜地为社会力量开展公益性文化活动提供便利。图书馆、文化馆（站）、博物馆等公益文化事业单位，要为社会力量兴办的公益性文化实体、民间文化团体、群众文化团队提供专业支持。推广富平县村校联办图书室的做法，不断提高图书资源的利用率。建立群众文化需求反馈机制，在准确掌握群众基本文化需求的基础上，整合区域内各类公共文化产品，开展“订单式”精准服务，提高公共文化服务效能。

（三）因地制宜加强榆林流动文化设施设备配置，大力激发基层干部群众的文化自信

文化自信是公共文化保持创新活力的关键。习近平总书记强调指出：“文化自信，是更基础、更广泛、更深厚的自信。”[①] 从2019年榆林市公共文化建设的实践看，存在着政府热，群众冷；政府主动，群众被动；政府送什么，群众接受什么等现象。这些现象的背后反映出榆林城乡基层群众的文化自觉还没有被充分激发出来。要让基层干部群众树立高度的文化自信，就必须通过以下措施激发群众的文化自觉；因地制宜建设流动文化设施；建立

① 习近平：《在庆祝中国共产党成立95周年大会上的讲话》。

完善移动图书馆、流动演出服务网、流动书香车等基本公共服务，深入基层开展图书借阅、培训辅导、巡演巡展、电影放映等流动服务；在2020年实现哪里有群众哪里就有文化设施设备，让公共文化活动成为城乡基层群众日常生活必不可少的一部分。

鼓励基层群众开展丰富多样的文娱活动。多年来，受旧文化影响，尽管政府在10多年前就曾大力推动过“书香榆林”建设，但崇尚读书、热爱文化的浓厚氛围还远未形成。群众自发性的文艺活动也较为冷清，出现政府卖力搭台，群众却“无人唱戏”的窘境，这是要高度警惕的。这也提醒榆林市公共文化主管部门，不能一味地满足于送戏下乡、建场地、送设备，而忽略群众的文化创新创造活力。如果一味地都是政府文化主管部门操办公共文化，那么从长远看，无异于舍本逐末、缘木求鱼，而且这也与公共文化服务的群众性这一根本属性背道而驰。因而，从现在起至“十四五”时期，如何激发榆林基层群众的文化创新创造活力是榆林构建现代公共文化服务体系的一大难题，更是一个必须打破的瓶颈。这个瓶颈已根深蒂固地存在了多年，现在必须尽快打破。

（四）丰富公共文化服务内容，加强富有榆林特色的公共文化服务产品的开发

将榆林的非物质文化遗产元素融入公共文化服务体系。榆林红色文化资源丰富，非物质文化遗产种类繁多。老百姓喜闻乐见的榆林小曲、陕北秧歌、陕北民歌在城乡基层广为传唱。每逢庆典节庆日，这些节目都久唱不衰，百听不厌。建议在构建现代公共文化服务体系过程中，既要加强对非物质文化遗产的保护，也要使靖边跑驴、清涧道情、绥米唢呐、横山老腰鼓、府谷二人台等传统民间艺术精粹走进社区、走进村庄、走进寻常百姓家，让这些文化艺术瑰宝在基层生根发芽，茁壮成长（见表3）。

如果能在公共文化领域引入这些极具榆林特色、极富陕北风情的民间艺术，那么榆林公共文化服务的内涵也必将越来越丰富，而不会像过去那样显得苍白无力。

表3 榆林市国家级非物质文化遗产统计（截至2019年）

序号	“非遗”门类	特色	与公共文化结合点
1	榆林小曲	民间说唱艺术形式	群众演出
2	陕北秧歌	民间舞蹈艺术形式	群众演出
3	陕北民歌	信天游、小调	群众演出
4	靖边跑驴	民俗社火	专业人才培训
5	清涧道情	民间曲艺	专业人才培训
6	绥米唢呐	民间音乐	专业人才培训
7	横山老腰鼓	民间舞蹈	专业人才培训
8	府谷二人台	民间小唱艺术	群众演出
9	陕北民谚	民间故事	群众演出

（五）提高榆林公共文化费用的支出比重，继续加大政府购买公共文化服务力度，实现公共文化服务的精准供给

实现公共文化服务的精准供给需要改变此前一定程度上存在的内容单一、供给缺乏弹性等问题，更好地同广大人民群众的需求相对接。现实中，我国农村人口结构不断变化，相关需求也日益多元。在这种背景下，围绕公共文化的投入不能是一次性的，应当在内容资源上不断进行更新。同时在载体上也应与时俱进，更多地运用现代科技手段，让人们更便捷地获取知识和信息。[①]

公共文化费用支出是国家用于发展公共文化事业的经费支出，主要包括国有博物馆、图书馆、艺术馆、文化馆、文艺团体以及新闻、通信、广播、电视、图书出版、报纸杂志等部门的经费拨款。2019年，中央补助榆林公共文化服务体系建设中，用于政府购买演出服务场次补助资金共647万元。建议政府购买公共文化服务节目能推广订单式服务。根据不同区县的实际情况，根据城乡群众不同的文化需求，购买公共文化服务。与此同时，还要在12个县区广泛征集优秀的公共文化节目，对内容新颖、极富榆林地方特色的节目，要加大扶持力度。等节目打磨成熟后，在榆林全市推广。在“十四五”时期，

① 《人民日报》2019年8月20日第5版。

建议开展公共文化优秀节目“一县一公共文化项目”活动，争取在2025年“十四五”末期，各县区形成60个以上叫得响又上座的品牌文艺节目。

（六）突出“6+X”模式，促进城乡公共文化场馆整合联动

“十四五”时期（2021~2025年）确定榆林公共文化服务的硬任务是继续在公共文化服务领域加强硬件基础设施建设，在2019年至2021年尽快补齐短板，尤其是各乡镇的公共文化硬件配置，首先要通过“6+X”模式，争取在“十四五”开局之初就尽快完成。“6”是规定项目，即在榆林12个县区建设1个文化活动室（不低于90平方米）、1个电子阅览室（文化信息资源共享工程专用）、1个图书阅览室（农家书屋）、1个棋牌室、1个多功能厅（用于党员远程教育、科普、普法教育、道德讲堂、村民议事开会等）、1个文化体育广场。“X”是自选项目，即根据建设规模和群众需求选择设置非物质文化遗产展示室、健身室、青春驿站、便民之家、妇女之家、司法调解室等。其次，要加强考核，通过严格考核，力促公共图书馆、文化馆、乡镇综合文化站加强管理，优化服务，以优质的服务赢得越来越多的受众，实现公共文化领域不同服务对象的全覆盖。最后，要加强集约管理。建立以市级馆为中心馆，县（区）级馆为总馆，镇（街道）综合文化站为分馆，村（社区）综合文化室为服务点的总分馆体系，推进城乡“结对子、种文化”，加强城市对农村文化建设的帮扶，形成常态化工作机制。通过上述举措，为榆林市现代公共文化服务体系建设在“十四五”时期争取良好开局。

B.18

汉中文旅融合发展研究报告*

毋 燕**

摘 要： 汉中作为陕西省文旅融合发展的先头兵，截至2018年底，汉中国家森林城市创建顺利通过第三方评估验收，中心城区美丽城市建设工作稳步推进，扎实创建省级环保模范城市，因此，被新华网纳入首批生态型城市之列。鉴于汉中市各地文旅工作的发展步伐和规模各有差异，带着问题意识和目标导向，本报告将对汉中市所辖的两区九县的文旅融合发展概况有重点地梳理总结，以展现文旅工作落实的具体措施，系统总结文旅融合的宝贵经验，从而在理论和实践两方面为陕西省文旅融合提供可资借鉴的新思路，共同推进陕西省文旅融合在更广的范围内、更深的层次上结出累累硕果。

关键词： 文旅融合 汉中经验 系统工程 品牌创意

一 汉中文化旅游业发展概览

两汉三国，真美汉中。

汉中，以独有的汉文化遗存为规划奠基，从优良的山水生态领域着手开

* 本文系陕西省社会科学院院重大课题“陕西深化文旅融合，壮大旅游产业研究”（立项号：19SXZD06）的研究成果之一。

** 毋燕，陕西省社会科学院文学艺术研究所助理研究员，研究方向为文艺理论、文化文艺批评。

发，潜心致力于打造“城市即旅游、街道即景区、社区即景点、市民即风景”的全域旅游新地标。2017 年第三届全国全域旅游推进大会在汉中举办，会上汉中提交视频，分享交流经验。随着全国文旅融合工作的逐步推进和深入开展，汉中市文化旅游持续走在追赶超越的上升通道，2018 年 12 月 28 日，全省全域旅游推进会在汉中市召开。2019 年 1 月 3 日，在新华网主办的“第六届旅游业融合发展与创新论坛”上，汉中被授予“中国最佳全域旅游创建示范市”称号。

汉中旅游业态日臻繁盛。截至 2018 年底，全市有世界文化遗产 1 处、世界灌溉工程遗产 1 处、国家历史文化名镇 1 处、中国传统村落 5 处；省级历史文化名城 2 处、省级传统村落 5 处；各级文物保护单位 284 处，其中国保 19 处、省保 86 处；博物馆 22 座（免费开放 4 座），馆藏文物 2. 2 万余件（套），等级文物 1704 件（套）；各级非遗名录 466 个（国家级 6 个、省级 63 个），代表性传承人 117 人。有世界人与生物圈保护区 1 处，国家自然保护区 8 处、森林公园 4 处、地质公园 1 处、水利风景区 3 处、湿地公园试点 2 处，省级风景名胜区 7 处、自然保护区 5 处、森林公园 5 处，建成了 17 家省级旅游特色名镇和 25 家省级乡村旅游示范村。其中，龙岗寺遗址列入国家 150 个大遗址保护项目，有 8 个项目进入全国优选旅游项目名录（包括兴汉生态旅游示范区、西汉三遗址等），天台森林公园等 3 个项目纳入中央文化旅游发展视域，两汉三国文化景区亦纳入全省的十大文化旅游景区发展项目。

好风凭借力。文化是魂，是可以生发、推促旅游繁荣的酵素和推手。汉中文旅资源丰富，盛名在外的就有古汉台、拜将台、蔡伦墓祠、张骞墓、武侯祠等汉文化历史名胜古迹。事实上，汉中不仅有着博大的人文历史资源，同时还有着丰富的自然地理资源，用物华天宝、人杰地灵来形容当不为过，具体来说可概括为以下类别：以两汉和三国为核心的历史文化；以“蜀栈”（米仓道、金牛道和荔枝道）、“秦栈”（陈仓道、傥洛道、褒斜道和子午道）为重点的栈道文化；以“石门十三品”为代表的书法文化；以社火、陕南民歌、汉调桄桄等为主体的民俗文化；以菜豆腐、汉中面皮、宁强核桃馍等为代表的饮食文化；以黎坪、华阳等为代表景区的生态文化；以“汉中仙毫”为首的茶文化；以洋县华阳红二十五军司令部旧址、川陕革命根据地纪念馆为典型的红色文化；以青木川镇和华阳镇等先行的古镇文化；以张良庙为基点的道教文化。基于诸种丰厚的文化资源，汉中近些年一直着力打造以“春赏花、夏避暑、秋怡情、冬康养”为重点的全季旅游，致力于做优叫响“汉祖之源·汉人老家”“汉水之源·国家宝库”“丝路之源·投资热土”“活力之源·绿色循环”这四张名片，全力推动旅游业全域布局、全景打造、全业并举综合发展。

汉中市坚持以文化深入全域旅游规划，打造重点文旅品牌，包括：央视播出了七集历史文化纪录片《汉中栈道》，“大汉中、古栈道”文化旅游品牌建设长足推进；汉文化研学旅行基地建设研讨会成功召开，就“汉文化寻根之旅”课程开发项目与中科创大形成合作伙伴等。为了打造“中国最美油菜花海汉中旅游文化节”这个汉中旅游的形象IP，汉中不断去芜存菁，不断添砖加瓦，为汉中旅游锻造出了一张耀眼的名片。依托田连阡陌的油菜花海，形成了“点有特色、线成体系、面具规模”的各式花海景观。正是因为文化多形式多层次融入旅游的业态之中，汉中的文旅融合收获了可喜战果。2019年，汉中市重点开发51个风格鲜明的观花点以及29条成熟的观花线路，多维发展，推出春季汉中地域的特色文化和生态旅游产品。截至2018年底，汉中倾力打造省级环保模范城市，中心城区扎实推进美丽城市建设三年行动，国家森林城市建设顺利通过第三方验收，被列为新华网公布的首批生态型城市；佛坪、留坝纳入全省的文化生态强县建设队伍，西乡跻身国家生态文明建设示范县之列。

顺应全域旅游发展趋势，推动景区转型升级和全域旅游下文旅融合的新格局，汉中已然踏上阔步发展行列。2018年全市接待游客5210万人次，实现旅游收入306亿元，同比增长23%和32%，提前两年完成“十三五”旅游规划经济目标任务。从2019年1月到3月，全市共接待游客1705万人次，实现旅游收入106.37亿元，同比增长了31.4%和38.9%。截至2018年底，汉中旅游业惠及多领域，其中促进住宿业发展的贡献率超过90%，

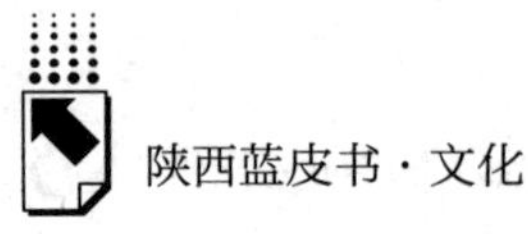

促进交通运输业的贡献率超过 80%。在乡村旅游快速蓬勃发展的春风中，汉中市农家乐累计发展 1100 余家，解决 5 万余人就业，一并带动 20 多万人受益，推促 2.1 万贫困群众顺利脱贫。不可否认，文旅融合的成果已然成为本市稳增长、促改革、调结构、惠民生的关键引擎，并且有力地将全市经济总量位次前移，加快了追赶超越的发展步伐。

鉴于汉中市各区域文化旅游建设步伐和规模各有差异，带着问题意识和目标导向，本报告将对汉中市所辖的两区九县的文旅融合发展概况有重点地梳理总结，以展现文旅工作落实的具体措施，系统总结文旅融合的宝贵经验，从而从理论和实践两方面共同推进陕西省文旅融合在更广的范围内、更深的层次上结出累累硕果。

二　汉中各区县的文旅融合落实特色

（一）汉台区

汉台历史悠久。往上追溯，公元前 11 世纪已是商朝一个方国。及至公元前 206 年，汉王刘邦驻跸汉台，举雄才，出奇兵，以此为发祥地，开建西汉王朝，由此之后，包括汉水、汉中、汉族、汉文化等称谓一脉相承；逮至三国，蜀汉丞相诸葛亮六出祁山，立誓北伐曹魏，就在此地开府理事。至于褒斜道石门及其摩崖石刻，还有拜将坛、古汉台、饮马池等遗存皆是驰名中外。

汉台区文旅融合工作全面展开。2018 年，全年实现旅游收入 77.9 亿元，增长 30.9%。

重视特色旅游。着力打造 2019 年“中国最美油菜花汉中海旅游文化节”，布局多达 9 万亩的油菜田地，策划 30 余项旅游项目，落成 5 个包括王道池在内的精品观花点。

打造商贸流通网络。以创建国家全域旅游示范区为引领，以承办 2019 年油菜花海旅游文化节为契机，大力推进第三产业提质增效。推进中悦国际等 17 个商业综合体建设，建成华汉新世纪和海洋城商业街。盛世国际、竹园华府商业区开业，天汉文旅、乐嘉中心等商业综合体加快建设，新增限上贸易企业21家。农村电商物流实现全覆盖，郭湾李子等十余种本地特色产品网上走俏。建成林海山庄综合接待中心，舍身崖临空玻璃栈道竣工，设计并建成投用信息咨询服务中心和区旅游集散中心。

着力智慧汉台旅游宣传。壮大提升云商工场等创业创新基地，扶持做强奥翔科技等领军型电商示范企业，引领区域电商发展与聚集。

（二）南郑区

南郑，秦巴故里，山水怡情。

南郑旅游以山水风光和田园休闲为主。境内有黎坪国家森林公园、国家AAA级南湖风景区、国家水利风景区红寺湖、全国100家红色旅游经典景区之一的汉中市川陕革命根据地纪念馆，以及全国重点文物保护单位圣水寺、何挺颖烈士故居等。

聚力打造景城一体。加快汉山景区创4A步伐，实施生态修复综合整治项目，建成汉山植物园，进一步完善设施、提升品质，把城边的山变成城中的景。突出扩容提质，推进黎坪创5A工作，加快地质公园博物馆、龙山二期项目建设。完善龙头山旅游服务配套设施，开展景区周边环境综合整治。

注重本土资源利用。牟家坝、法镇、红庙依托茶产业优势，加快生态茶园建设，延伸茶叶产业链条，打造集种植观光、文旅体验于一体的茶产业小镇。新集镇围绕建设区域中心镇目标，进一步完善集镇功能，提升辐射能力，做大做强商贸服务业，打造农副产品集散地和商贸物流中心。

寻根农业文化。精心打造法镇湘水、濂水黄官、陈村高台乡村旅游环线，积极推动喜神谷、崖房坪、庙坝太红山乡村旅游示范基地项目，完善停车场、汉家乐、自驾游营地配套设施，形成道路相通、景点串珠的乡村旅游新画卷。大力推广田园综合体模式，支持汉山万亩果园发展壮大。

（三）城固县

城固，张骞故里，神奇橘乡。

重视顶层规划。围绕“一城、两轴、三区”空间布局，认真贯彻执行《城固县全域旅游总体规划》，大力推进多规合一，形成了以全域旅游规划为总纲、景区规划和专项规划为基础的旅游规划体系。

设立专项资金保障。设立2500万元旅游产业发展专项资金，成立文化旅游发展有限公司，积极吸引社会资本参与旅游项目建设，2019年重点实施9个文旅项目，计划年度投资10亿元以上。投资8000余万元的博物馆新馆建设基本完工。

本土多文化融合。精心筹划油菜花节城固分会场和首届“中国农民丰收节”汉中主会场暨柑桔旅游文化月活动，成功举办汉中·城固半程马拉松赛、2018（戊戌年）祭祀丝绸之路开拓者张骞大典、国际留学生感知中国桔乡文化、麒麟健身鞭全国邀请赛、全国钓鱼公开赛、高校“桔娃”动漫创意大赛等旅游活动31项。传承弘扬张骞文化、红色文化、状元文化、灯火文化、酒业文化的内涵品质和时代价值，将红色文化小镇、酒文化主题公园、汉水生态农业风景线、农业田园综合体等项目建设有机融合。

开发特色乡村旅游产品。合丰桃园、二里金沙滩、文柳路观花点、桔园小北河、六一村千亩荷园、方家坡兰花培育基地、勇帆农业等乡村旅游新业态纷纷涌现，双溪镇石堰坪村成功创建为省级乡村旅游示范村。桔园镇刘家营村获得陕西旅游名片“百强榜”十大美丽乡村称号。

优化旅游配套设施。加快实施“快进慢游”旅游交通网络、四星级酒店、县医院医养结合中心、宜家旅居休闲养老中心等基础配套建设，县智慧旅游平台、游客服务中心已建成投用。打造合丰桃园、丝路花海、独丘山等固定观花点，建成城南路、文柳路两条观花环线；完成城南路、文柳路、嵩马路和县城通往张骞纪念馆的五条道路。新增3条旅游公交专线40余班次。观花环线道路、沿线村庄风貌提升工程全面启动。

重视营销策划宣传。先后赴广元、南通、上海、港澳等地开展系列旅游推介活动22场次。在凤凰卫视、汉中电视台、《汉中日报》等媒体广泛开展专题宣传，彰显“张骞故里、神奇橘乡”的旅游品牌。

（四）洋县

洋县，朱鹮之乡，生态洋县，蔡伦封地。

洋县是陕西省唯一建有朱鹮和长青两个国家级自然保护区的地区，被誉为地球上同纬度生态最好的地区之一，也是世界珍禽朱鹮唯一的人工饲养种源地和主要的野外栖息地。位于傥骆古道上秦岭腹地的华阳古镇被誉为秦岭第一古镇。

多点支撑统一架构。重点抓好龙亭田园综合体建设，积极实施路网工程、游客中心、乡村阳台、稻田艺术、千亩荷花园、分段式水街等项目，全力打造国内知名的“三生融合”样板工程。

以建设“四好农村路”为主线。板块式打造金沙湖、柳山湖片区美丽乡村，同步推进华阳旅游专线百里生态艺术长廊、高铁过境段美丽风景线、傥河至贯溪旅游观光风景线建设，全面完成9镇17村环境综合整治，建成美丽宜居示范村13个。

打造旅游交通体系。抓好8个观花点、5条精品观花线路提升工程，启动八里关国际观鸟旅居小镇、金水大峡谷、柳山湖景区建设，加快推进金水银滩项目。建成投用南部旅游环线、汉江左岸堤顶路，加快实施谢文路、深山环、北部旅游环线东延伸段建设和108金水淹没段改线，力争启动通用机场、华阳旅游轻轨建设，打造陆空互动、多式联运的旅游交通体系。

重视文旅商贸圈的构建。积极迎接5G时代，加快培育现代物流、检验检测、融资租赁、信息服务等新兴产业，建成投运尚都核心商业圈、华林时代中心、居然之家商城，开工建设五方国际商贸城，促进服务业向精细化、专业化、优质化升级。

特色五彩3D艺术稻田。位于陕西汉中洋县龙亭，五彩缤纷的水稻勾勒出“庆祝建国70周年”和“秦岭四宝”的轮廓，利用卫星定位，种植出3D画面。“庆祝建国70周年”以北京天安门和高铁华阳号为背景，将国家符号和洋县符号进行巧妙融合，意义深远；“秦岭四宝”朱鹮、大熊猫、金丝猴、羚牛的卡通图像在大自然的画布里跃然在稻田上，充满趣味。

（五）西乡县

西乡，中国最美茶乡。30 万亩生态茶园绿漫大地，万亩樱桃园红醉游人。

多产业联动发展。旅游三产提速升级，樱桃沟、骆家坝、五丰、沐阳农业公园等景区景点设施不断完善，茶叶樱桃采摘体验、樱桃花海跑、米仓山百里越野徒步等活动促进西乡旅游持续升温。建成农贸市场 9 个、镇村电商站点 217 个，西乡茶叶、牛肉干首次亮相陕台“春晚”。

重视景区开发建设。围绕“一心两翼三区四线”布局，加快骆家坝创 AAAA 和沐阳农业公园创 AAA 景区步伐，启动午子山创 AAAA 景区工作。加快游客接待中心、博物馆、五丰田园综合体建设，开放红四方面军钟家沟会议旧址，建设午子山索道和玻璃栈道。精心策划网红景点、生态观光、山地徒步、水上娱乐等主题线路。

拓展本土特色文化品牌。创新油菜花海节、茶叶樱桃采摘体验、农耕民俗文化等活动。

加大文旅融合政策扶持。修订《旅游产业投资开发奖励办法》，落实旅游促销政策措施。

（六）勉县

武侯故里，魅力勉县。

武侯省级文化旅游名镇建设位居全省前列，温泉镇市级乡村振兴示范点建设全面启动，周家山、新街子、老道寺、元墩、新铺等重点集镇功能及辐射带动作用进一步增强。

加大资金支持。投资 1.7 亿元于定军山水土保持田园综合体、南大门建设及武侯墓景区扩容项目。

形成全域旅游格局。依托文化，发展了山水风景观光、三国文化展示、乡村田园休闲、养生康体度假四大旅游新业态，串珠式规划系列文化景点和景区线路，倾力打造多元发展、多维支撑的全域旅游发展崭新基地。

建成旅游品牌。着力建成多式联动、畅通高效、安全舒心的综合服务系统。完善智慧旅游的服务多功能，聚焦三国历史文化内涵的挖掘开发工作，并系统策划定军山之战暨刘备设坛称王1800周年的系列纪念活动，多格局推动历史文化资源与新兴旅游产业的深度融合。在武侯墓景区开设包括汉服古装巡游、游园猜灯谜、体验武侯智慧等系列节目；武侯祠景区举办“趣玩新春·礼遇三国”第二届春节民俗文化节活动；诸葛古镇景区组织的活动则融合了非遗、艺术、特技、马戏、互动等多种元素，不仅有三国群英贺新春大巡游、龙腾盛世闹新春、三国人物铜人展、喜登花轿等体验项目，还有“非遗项目—达瓦孜”“悬空真人抓娃娃机”“疯狂马戏团”表演。

重视特色小镇推进。推进骆家坝、堰口省市级文化旅游名镇建设，以杨河工匠精神、峡口茶旅融合、大河生态魅力、高川孝道人文等示范引领特色镇村发展。加强农村建设风貌引导管控，深入挖掘村史典故、民俗资源，增强乡土韵味，让乡村既有“颜值”，更具“气质”。

繁荣发展消费市场。大力发展商务会展、休闲娱乐等现代服务业，推动传统商贸线上线下融合，释放市场活力和消费潜力。深入推进电子商务进农村综合示范县项目建设，完善电商服务体系，拓展农村电商市场。

（七）宁强县

宁强，汉水之源，氐羌故里。

形成宁强全域旅游发展体系。编制完成《宁强县全域旅游规划》，多角度深挖红色、关隘、历史、乡村的文化内涵，并有规划地将自然资源、历史人文、风俗习惯以及民间艺术等多元素有机渗透融合，重点推进“一城三极四带”的全域旅游发展格局。着力促进包括金牛古道文化观光体验走廊、草川子羌族文化原生态民俗村落、汉水源头公园、九台山文化遗迹保护风景区等的开发建设。

打造特色旅游品牌。深挖汉源文化、羌文化等本土文化内涵，加强羌绣、麻辣鸡、核桃馍等非物质文化遗产传承保护，鼓励书画、歌曲、影视剧等艺术精品创作，精心包装茶艺、傩戏等特色演艺节目。扩大“汉江源”

“青木川”“羌博园”“最美天坑”等文化旅游品牌效益，建设青木川古镇、汉水源森林公园、羌族文化产业园三大景区。

创新旅游宣传营销。借助文化经贸搭台，发展全域旅游，先后成功举办六届汉水源龙舟邀请赛以及以中国·宁强羌文化挖掘保护发展为主题的高峰论坛互动、中国古村落保护与发展高峰论坛、全国傩艺绝技大赛、首届羌族文化旅游节、特色农产品暨文旅产品入港闸等成系列的文旅项目，设计多种有质量的旅游风光观赏片子，邀请央视节目包括《汉中天坑》《记住乡愁》《中国影像志》等进入宁强取景拍摄录制节目，以期推进宁强的社会知名度和文化影响力；分别办成以“汉之源羌文化风情节”、“2017 年 WBA 中国职业拳击精英赛”以及“青木川激情漂流节”为旅游主题的趣味节目；开展“十万学子免费畅游青木川”系列丰富多彩的旅游景区惠民乐民活动。

创新管理运营机制。发挥青木川、汉江源旅游公司作用，加强与全国知名旅游企业合作。提升接待服务水平，加快县域重点片区停车场、旅游公厕、咨询服务等设施建设，建成智慧旅游服务平台、站前广场客运中心以及青木川、草川子、玉皇观茶园 3 处房车营地，推进餐饮住宿行业标准化管理，不断提升旅游接待服务水平。全年接待游客 560 万人次，实现综合收入 24 亿元以上。

推进全民兴旅行动。加强全县旅游、人文历史等内容的宣传普及，增强机关干部以及出租车司机、企业员工等涉旅群体旅游服务意识，推介好宁强故事，形成全民共建、全民兴旅浓厚氛围。

推进全业融合发展。大力发展休闲度假、养老养生、学术研究等新业态，实现旅游与文化、生态、农业、体育等全业融合。全年新发展文化旅游企业 10 家。

（八）略阳县

略阳，蜀道流芳地，郙阁翰墨乡。

拓展旅游产业链。推进“旅游 + 文化、农业、体育、研学”等全业态融合，加快景区建设、产业配套、要素升级。

鼓励农家乐提升发展层次。扶持发展“汉家乐”“羌家乐”等中高端休闲民宿，持续打造西淮油菜花海、嘉陵红叶精品线路，融入汉中旅游圈。

重视借力宣传。依托十天高速，向西拓展，全方位宣传推介。

（九）镇巴县

世界天坑，民歌镇巴。

抓好民歌传承。打造民歌品牌，创新举办镇巴民歌文化旅游活动，竖起“陕南民歌看镇巴”旗帜。编辑出版《镇巴民歌》MV 第二期。

建设镇巴市民新生活。实施文化支持计划，加快镇、村基层文化综合服务中心建设，全面落实县镇（办）文化馆、图书馆总分馆制，推广移动图书馆，方便更多群众阅读。

健全智慧旅游平台。坚持“月月喜相逢”进镇入村，各种群众文化活动向集镇、集中安置点靠拢，真正让更多的当地群众加入文艺节目之中，激发干群斗志和精神风貌，积极创编群众喜闻乐见的十九大精神宣传、脱贫攻坚等文艺节目。

加大投资支持。文化和旅游市场管理支出 38.16 万元，较上年度增加 33.16 万元，增长 663.2%，原因是上年度文化综合执法大队人员及公用经费在旅游服务中心预算，本年度实行独立预算。旅游宣传支出 15 万元，较上年度增加 15 万元，原因是此项为专项业务新增，新设预算（智慧旅游平台建设）。其他文化和旅游支出 536.56 万元，较上年度增加 62.99 万元，增幅 13.3%，原因是本年度新增加了旅游厕所建设专项支出。

（十）留坝县

留坝，英雄神仙地，栈道漂流乡。

留坝坚持用旅游的理念规划全县，用景区的标准建设城乡，促进城乡协调发展，聘请国内一线专家团队编制了高品质的“中国山地旅游度假示范区”规划，在研学、康养、运动以及民宿、乡宿等方面的新业态日渐成熟。

资金扶持。从 2012 年始，7 年时间，先后共投资 5 亿元，确保完成

“精美留坝”的城乡环境综合整治任务，着力建设“望得见山、看得见水、记得住乡愁”的美丽乡村。具体有：创建了7个省级休闲旅游示范村，建成4个省级特色旅游名镇，打造了25处以格桑花海、农耕文化体验园、芳草坪花谷、垂钓基地等为代表的休闲农业观光点，开发近百家农家乐基地。45项旅游开发重点任务完成投资2.3亿元。2015年荣居新浪网“寻找陕西最美乡村”票选活动榜首。连续三年荣登“全国百佳深呼吸小城榜”。2017年，荣获环保部命名的“绿水青山就是金山银山（两山论）实践创新基地”称号，该称号全国共计13家，西北只此一家。

形成特色旅游品牌。坚定走休闲农业、品牌农业、良心农业的发展路径。两年时间拿下了留坝香菇、木耳、土蜂蜜等7个国家性的地理标志产品，在全省的国家地理标志产品数量方面抢占了先发优势。通过品牌认证、标准制定、种源控制、市场管控等多措并举，推出“留坝棒棒蜜”“留坝土鸡”等一批高品质旅游商品。实践农旅深度融合，探索出了“政府+龙头企业+扶贫社+农户”的“订单农业”发展模式，农业发展方式从单纯种养的传统农业转变为高附加值的休闲农业，实现了农产品“做特、做优、卖贵”的目标。

推出特色文化项目。编排大型民俗歌舞剧《爱在山水间》，开发了紫柏山宴、翎芳宴饮食文化品牌，实施“1950年代”主题文化县城建设，留坝书房、老电影博物馆、青年旅舍等一批优秀文创项目落户留坝，以体验乡村新生活为主题的“隐居乡里”乡宿度假产品即将投用，留坝旅游文化品位显著提升。

增强文旅外延。建成全省首条专业山地自行车赛道，开展青少年自然成长营、青少年足球研训基地等特色运动项目，规划特色山地运动小镇，核心以山地骑行、足球、滑雪等为内容，集休闲、体验、竞赛、探险、科考于一体，努力打造中国山地运动之城。

全民参与。部分群众到景区务工或者开办农家乐、特色民宿等，成为旅游直接从业者；部分群众通过发展“四养一林”（养鸡、养猪、养蜂、养菌，林下中药材、高产板栗等林产业），为游客提供旅游商品，成为间接从业者。目前，县上核心景区90%的就业岗位提供给贫困户，全县旅游直接从业人数在3500人以上，包括外出务工人员2200余名返乡创业。全县达70%的百姓以多种方式或直接或间接进入文旅产业项目中，在群众的人均纯收入中贡献了3306元，占比约达34.5%。旅游也成为最好的扶贫产业，留坝的经验在全国旅游扶贫大会上进行了交流介绍。

建立完整规范的全域旅游导识系统。成立集公务出行、商务接待、旅游服务于一体的汽车租赁公司。高标准建设旅游咨询服务中心，优化智慧旅游服务平台功能，建成县城智慧停车场，打造多式联运、畅通高效、安全舒心的服务体系。增强旅游发展活力。

构建宣传声势。用足用好1000万元奖励基金，鼓励社会资本参与旅游产品开发和旅游服务。加快文旅集团股份制改造步伐，力争年内实现新三板挂牌目标。深化与周边地区旅游互惠合作，持续巩固汉中、宝鸡、西安市场，不断拓展成都、重庆、兰州市场。充分运用电视、报刊等传统媒体，积极借力微信、微博、抖音等社交平台，全方位开展“全域留坝·四季旅游”品牌宣传推广。

（十一）佛坪县

佛坪，古道明珠、静美佛坪。

佛坪，是大熊猫的乐园，也是中国山茱萸出产强乡，故有“中国熊猫第一县”和“生物基因库”的美誉。

目标精确，打造秦岭原生态山地休闲度假旅游目的地。把整个县域作为一个旅游景区，重点打造以沙窝—熊猫谷旅游大环线为核心的“秦岭四宝”生态文化旅游，以西岔河镇三教殿为核心的研学文化体验区，以岳坝镇为核心的古道探秘历史文化旅游区，以西岔河镇秒家庄为核心的农耕文化体验区，以“引汉济渭”库区为核心的滨水文化游乐区。

紧抓特色树立品牌。重点推进“十八谷”“秦岭四宝”主题旅游区、精品民宿项目，熊猫谷景区荣获“2018年度国家旅游最佳生态旅游目的地”，新增10户农家乐及6家宾馆，落成智慧旅游平台，在全市先行厕所革命，已获得2个省级文物保护单位。顺利开发第九届秦岭大熊猫旅游节暨音乐节，网红公益演出点击量过亿，《大美秦岭·熊猫陕西》主题晚会，特别是首届秦岭大熊猫论坛，使得特色品牌“中国熊猫第一县”再一次熠熠生辉。

全业态融合。打造“汉家乐”品牌，建设龙草坪、沙坪、银厂沟等民宿集群，开发购物、娱乐、美食街区，大力发展养生度假、健康医养等旅游业态，积极探索旅游演艺，加快开发田园综合体，实现旅游与生态、商贸、农业、林业、体育等行业的深度融合。

全方位服务。牢固树立以游客为中心的理念，完善智慧旅游平台，建设大河坝游客中心、岳坝游客中心等旅游设施，持续推进厕所革命，提升旅游服务人性化、精细化水平；严厉整治旅游环境，强化行业标准化管理，推进文明旅游发展。

旅游项目建设，注重文化特色。佛坪县在旅游项目建设上，特别重视对人文景点的打造。已建成的县城老街、沙窝复兴寺民俗广场、红军旧址、三教殿仙果寺文化广场、天境文化展示区、岳坝镇古民居等项目，深受游客喜欢。后期实施的大秦岭·佛坪博物馆维修、大河坝风情小镇等项目，将更加注重文化特色，打造成高品质的旅游景点，丰富佛坪的文化旅游资源。同时，佛坪县还不断完善熊猫谷景区的建设，熊猫谷景区再添一只成年大熊猫“乐乐”，相继建成了秦岭大熊猫科普馆、大熊猫VR体验馆、科普长廊、儿童营地、DIY手工作坊等项目，升级了篝火晚会、《野人部落》实景演出等文化产品，进一步增加了游客的体验感和获得感。

旅游宣传推广，注重文化为魂。从2014年起，县政府每年安排不少于500万元用于文化旅游宣传，通过参加西洽会、西部文博会、西安丝博会等国内外文化旅游交流活动“走出去”，举办“大熊猫旅游节暨音乐节”“茱萸花海踏春游”等系列具有浓郁佛坪特色的文化旅游活动“请进来”，加强对外交流、合作与学习。同时邀请文学艺术家到佛坪采风，创作文学、电影、歌曲等作品，通过出版系列文化旅游丛书、大型画册，创办报纸、杂志等方式，推介佛坪文化和旅游项目，提升佛坪的美誉度和知名度。

旅游人才培养，注重本土文化。佛坪县在文化旅游融合发展的实践中，充分发挥本土文化人才的作用，依靠他们不断探索、发现、整理、加工和创新地域文化，使隐性文化不断有序地、符合规律地转化为显性文化，为全域旅游发展服务。一方面，设置专项经费加强非遗项目保护，已成功申报“佛坪竹编技艺”等为省级传统工艺振兴项目；另一方面，支持本土文艺团队繁荣壮大，充分发挥老体协、夕阳红艺术团等30余支民间文艺队伍的作用，发掘和培养乡土文化能人，引导鼓励他们成为宣传佛坪文化旅游的主力军。

三　汉中文旅融合的发展经验

汉中市依托文旅融合先行发展，文化产业近年来持续呈现高速稳定增长态势，增加值连续保持2位数增长；到2018年底，全市文化产业增加值近40亿元，增长14%，高于全市同期GDP增速，文化企业营业收入增长20.3%，文化产业成为汉中市经济发展新的增长极。从汉中市各区县的文旅融合落实进展来看，尽管各个地方的发展抓手各有侧重，推进速度也各有不同，但依然可以从文旅融合发展的各要素中发现一些相似的实践经验。

（一）强化顶层设计，明确战略构架，落实资金投入

领导负责树保障。建立以市委、市政府主要领导负责牵头的国家全域旅游示范市创建工作指挥部，召开旅游产业发展大会暨创建国家全域旅游示范市动员会、现场会、推进会等，并及时创制实施方案、推进计划，细化分解示范市创建年度任务，建立月通报制度，形成市县联动、各方参与、合力推进的创建格局。

目标高远有方向。汉中文化产业发展政策持续加力，相继出台了《汉中市“十三五”时期文化发展改革规划》《关于促进优秀传统文化发展的实施意见》《加快汉中文化产业发展十条政策措施》《汉中市级文化产业发展专项资金管理办法（试行）》《汉中市小微文化企业成长培育计划》《关于进一步扩大文化旅游消费的实施意见》。在全国地级市层面，率先构想实现

全域旅游战略，坚定“文化旅游强市”战略定位，形成《关于实施全域旅游工程的意见》，编制《汉中全域旅游发展规划》，敲定国际自然旅游目的地建设的总体定位和“一核两路六组团”的空间布局，提出了“1358”发展思路（围绕建设“文化旅游强市”目标，突出“改革创新、项目带动、文旅惠民”三个关键，推进“文艺创作、遗产传承、精品打造、智慧旅游、品牌打造”五项工程，实施“文化体系建设、文物拓展利用、全域旅游升级、文旅业态融合、乡村旅游提质、服务设施提档、旅游品质提升、市场营销推广”八大行动）。

资金支持筑根本。汉中已形成6000万元的旅游产业发展基金；“十三五”以来，在政府引导、市场运作、社会参与的共进中，累计争取中省专项资金3.9亿元，设立市级文化产业发展专项资金1000万元和10亿元的文旅产业基金，着力布局文旅基础设施建设和产业发展项目。其中，2018年，全市文化体育与传媒支出4.71亿元，同口径较上年增加3373万元，增长9%。实施文旅重点项目81个，投入各类资金350多亿元。2018年，26个市级重点文旅项目完成投资92.5亿元，占年计划的102.8%；仅2019年第一季度，预计35个重点项目完成投资18.5亿元，占年计划的22%。

体制机制促活力。成立市旅游信息服务中心、旅游治安管理支队、旅游工商分局、基层旅游法庭多层落实。在激励机制上，多管齐下，制定A级景区暨乡村旅游标准化创建、旅游促销等政策措施，对新兴打造的A级景区、旅游特色名镇和旅行社组织的包机、专列等旅游团队分别给予不同级别的奖励政策。在管理队伍建制上，设有以龙岗和黎坪、西汉三遗址等为代表的7个景区管理委员会，并构架市旅游投资公司，多方引进包括陕旅、陕煤化、陕西水务在内的大集团旅游资源并设置项目；组织“汉中有礼”文创旅游公司，建成运营汉中市文化旅游商品中心。开发出文旅商品13类1000余件（套），在陕西（第六届）旅游商品大赛上，选送的10类32件（套）旅游商品从全省20类669件（套）旅游商品中脱颖而出，取得2金1银3铜的佳绩，并获最佳创意设计奖和最佳组织奖，获奖等级、总数居全省首位，文旅融合的凝聚力、影响力和吸引力进一步彰显。

（二）立足资源，形成多层市场主体，打造文化旅游 IP 品牌

培育文化企业智囊团。把孵化壮大文化市场经营主体作为拉动产业发展的主攻方向，多措并举做大市场蛋糕，文化企业培植加速。截至 2018 年底，全市文化及相关产业市场主体 5877 户，同比增长 21.78%；全市规模以上文化企业达到 97 户，同比增长 33.33%。

打造文化产业园区建设先头兵。天台森林公园等 3 个项目被纳入中央文化旅游提升工程计划，宁强县、略阳县被文旅部、财政部纳入国家藏羌彝文化产业走廊，两汉三国文化景区被列入全省十大文化旅游景区项目。兴汉新区核心区局部展示，龙岗遗址文化生态园、羌族文化产业园等园区建设加快推进，天汉文化公园和张骞文化产业园一期建成，汉中市文化旅游商品展销中心开业运营，藏羌彝文化产业走廊建设空间格局基本形成。截至 2018 年，全市累计培育 1 个省级文化产业示范园区、10 个省级和 25 个市级文化产业示范基地。

渗入式开发旅游 IP。大力推广“公司 + 合作社 + 培训学校”“合作社 + 专业户”发展模式，鼓励扶持羌绣、藤编、棕编等开发系列特色文化旅游产品，在带动贫困群众就业、增加收入、拉动地区发展等方面发挥重要作用。如 2019 年初，南郑区良顺藤编有限责任公司生产的蒲扇被外商看好，签订了外销欧洲 10000 把的供销合同，把汉中的非遗手工艺品卖到了国外。吸纳西安、成都、重庆等区域特色旅游要素进入汉中，发展旅游研学、生态旅游、健体养生等新兴业态，重点促进旅游与文化、农业、生态、体育等多方的深度融合。这一点在各区县的介绍中都有详细说明。其中《天汉传奇》实景演出引爆市场，湿地公园醉美芦花成为网红打卡地，汉中菜花蜚声民间，天汉文化公园、诸葛古镇、大汉山、紫柏山滑雪场吸引各方游客。努力推进褒城组团国家级旅游度假区、天坑群地质遗迹保护利用工作。

（三）致力于多业态融合，形成产品供给多元化

一是多思维开发乡村文化旅游。依托国家的乡村振兴战略，紧抓机遇，

开发文化旅游风景线和名镇乡村精品村，形成以宁强金湾银滩和南郑玫瑰庄园为代表的新产品，举办中国乡村复兴论坛·留坝峰会、中国（青木川）古村落保护与发展高峰论坛，洋县龙亭田园综合体稻田艺术获得世界纪录认证。目前全市培育“汉家乐”27 家、农家乐 1000 余家，落成 19 个国家休闲农业和乡村旅游示范点（县镇村、美丽田园），形成 42 个省级旅游特色名镇、乡村旅游示范村，这其中有 2 家民宿获得省级表彰。

二是拓展研学内涵和基地。实施旅游休闲“八大提升工程”，推进“大汉中、古栈道”文化旅游品牌、天汉楼通史馆建设，建设勉县九昱温泉、南湖、红寺湖等休闲景点，开发“华阳论道·谁与争锋”国际围棋争霸赛以及城固半程马拉松等多项大型体育赛事，开展“丝绸之路源点城市”汉文化研学旅行研讨会、“汉文化寻根之旅”专题研讨会，与包括西北工业大学在内的 10 所高校签订汉文化战略发展合作伙伴协议，秦巴民俗村被评为“全国中小学生研学实践教育基地”，川陕革命根据地纪念馆等 4 家单位入选全省研学教育基地。推进张骞文化园、龙岗生态文化旅游园、古路坝研学基地等特色鲜明的文旅综合栏目，铺开深入“西北联大在汉中活动情况”、“故宫文物南迁”纪念地、“汉中老城变迁史”等文物资源调查工作，创制《中国早期秦蜀古道考述》《秦蜀古道全程探行纪实》，建成“天汉古韵——汉中历代文物展”。

三是以精品文化节目补给营养。创作一批思想性、艺术性、观赏性相统一的舞台剧、电视剧、纪录片、电影等文艺精品，特色龙舞《中华舞龙人》在香港荣获铜奖，话剧《四叶草》入选文旅部庆祝改革开放四十周年全国优秀现实题材展演剧目，脱贫攻坚题材现代戏《汉山红》在全市巡演，新编桄桄戏《红色交通线》即将上演，《西汉三堰》《汉中向您报告》《汉中栈道》等专题纪录片相继播出，电影《凿空者》《路云和月》《寻找北极星》完成拍摄。

（四）加快基础设施建设，优化旅游环境消费系统

一是刺激旅游要素，活跃企业发展落地。创制《支持外埠特色旅游要

素企业来汉聚集发展的优惠政策》，打造特色汉上第一街、天汉长街以及汉人老家街等项目，从外引入迪卡侬、胡桃里、小龙坎等旅游要素企业，形成发展产业综合链条，提升影响力以增强旅游人气。

二是力抓“三建设一整治”。包括略五路在内的10余条道路换新颜；朱鹮梨园等33处固定观花点以及勉县阜川等23条精品观花线路完善更新；跻身“全国厕所革命先进市”行列，推进“厕所革命”的新三年发展计划，累计建成厕所达433所。扎实开展“利剑行动”等专项行动，严格规范餐饮、住宿以及出租车等行业发展，落实旅游工作的精细化、人性化和标准化目标。加大A级景区、五星级饭店复核，推进“全国旅游监管服务平台”运行使用，深化“放管服”改革。举办天汉讲坛、全域旅游暨乡村旅游扶贫等培训，旅游服务质量在全省测评排名不断靠前。

三是智慧旅游快捷称心。规划落成旅游信息服务中心生态广场，推促全市旅游数据集成应用平台建设，完成携程汉中旅游旗舰店搭建，11个县区建成旅游产业运行监测与应急指挥中心，全市A级景区闸机与“一机游三秦”公共服务平台成功对接，3A级以上景区实现无线网络全覆盖。推进重点旅游单位、涉旅场所网络、视频、停车、支付等信息化基础设施提升工程。

（五）重视宣传，全维度带动，提升品牌对外形象

一是办好节会活动。汉中市油菜花节被纳入新华网的中国最负盛名的十大节庆行列，连续十年推出了中国最美油菜花海汉中旅游文化节活动，举办包括汉中旅游形象大使选拔赛、2018世界旅游小姐全球总决赛、首届朱鹮国际论坛、《汉风秋月》中秋晚会、汉中全域旅游及名优农产品港澳推介会等重大文化旅游活动，吸引了新华网等国内外媒体和广大游客聚焦汉中、走进汉中。赴深圳、西安、成都、兰州、银川等重点区域举办文化旅游推介招商活动，开展文化合作交流。

二是重视传统媒体宣传。在凤凰卫视和丝路沿线、高铁路网城市开展城市品牌宣传，在广州、重庆等城市举办推介会，在中央电视台和天津、兰州

等电视台开展主题宣传，在《人民日报》《陕西日报》等报刊进行专版宣传，举办全民导游大赛、文化和旅游融合发展论坛、全国旅行商大会等，邀请包括新华社在内的25家国内媒体进行关于汉中人文历史和自然风光的报道，树立宣传汉中旅游对外形象。

三是创新宣传方式。开展了汉中旅游LOGO评选和全域旅游美图、短视频大赛，在香港地铁站和西安钟楼地下通道、高铁北站做了灯箱广告宣传，在汉中电视台、《汉中日报》推出《全域旅游·全景汉中》专栏，联合汉中公交集团推出了具有汉中旅游元素的公交卡，持续加大微博微信等新媒体宣传。强化与抖音、途牛等的合作，加强微博微信、微电影等新媒体营销，深化区域旅游协作互惠宣传，利用影视作品、体育赛事、文化名人等借势宣传。

四　汉中文旅融合凸显的问题

着力创建国家全域旅游示范市，重点打造“两汉三国　真美汉中”的城市发展品牌，形成推进全域旅游、全业旅游、全季旅游的最新格局，任重道远。这其中，汉中文旅融合在某些方面还存在明显的不足，尤为突出的问题是全域旅游亮点不多、品牌不响、拉动作用不明显。

第一，体制机制有待健全细化。在调研过程中，了解到文旅融合刚从机构融合开始，人事变动大，很多处室还没有融合，很多任务尚未明确。顶层设计有所疏漏，体现为，一方面行政职能、政策规定不充分，分工还不够细化，信息还不通畅，或出现交叉领域，或出现空白地带，很多工作都尚未深入开展。这其中，包括一些政府和企业在产品开发过程中，责任边界不清，权力模糊，景区经营权交给了文化企业，政府出台的惠民政策却与景区的管理相抵牾，打击了文化企业投资热情。另一方面是博物馆人员和资金配置与发展服务目标之间有差距。传统博物馆是以收藏、保管、研究为主，如今增加了公共服务功能，也就是要以旅游服务为主。然而国家配套的服务设施和资金仍以原有的职能给予配比，这样就产生了服务功能与编制能力之间的缺口，制约着博物馆的发展和服务效能的提高。

第二，产业融合模式创新不足，支撑体系尚不完善。从调研来看，产业融合模式创新力缺乏，发展路径单一，三产融合刚起步，只是零星的示范，观光、旅游、休闲的融合还没有形成稳定链条。不少博物馆，包括一些省级博物馆，具备地段、游客、馆藏等众多优质资源，但融合工作仍停留在文化的管理与维修环节，文与旅还是“两张皮”，尚未以旅游理念带动文化的新一轮活跃。

第三，全资源整合开发薄弱，旅游 IP 推进缓慢。带动文化与旅游融合发展的市场主体培育不足，核心竞争力不强。精品景区打造缓慢，资源开发不足，文化内涵提炼不够，文化旅游价值提升不高。尽管各区县也都在致力于挖掘特色内涵，但品牌打造工作尚不够深入，特色古镇、文化街区还没有深入结合特色开发利用，在建筑形态、文化开发等形态上大同小异。尽管大型实景演出能够立足景区的文化故事，但仍不能尽显文化韵味。视觉盛宴不仅要实现视觉上的一饱眼福，更应该达成历史与文化的对接。

第四，专业人才缺乏，本土的文创企业不多。从业人员素质参差不齐，无力引进高端旅游专业人才，即使引进也未能长久留住。在专业队伍建设上，表现为成员多非旅游专业，旅游专业出身的人员又不能深耕文化，故而表现为队伍建设的管理和运营效率低下。IP 的复制要去考虑它的稀缺性和个性化，不可能无限制复制已经成功的 IP，另外要有场景化，再有就是延伸性，IP 是一个持续创新的过程，这就有待具有综合评判考量整个文化旅游市场的专业人才队伍做出努力了。

第五，金融政策支撑错位，补给倾斜针对性不强。调研获悉，不少文化企业囿于金融政策，指出有些政府资金支持是“撒胡椒面”的平均分配，缺乏重点突出的扶持对象。一些文化企业前期投入力度大，在先行垫付了产品开发资金后，当地政府不能及时补足欠资，加之缺少稳定资金的注入，没有反哺的能力，致使企业无法有更充裕的资金投入旅游产品的丰富和升级上。

第六，旅游产品单一雷同，游客理念落地乏力。以游客为中心的理念尚未真正树立，旅游产品开发滞缓，很多地方还没有重视旅游产品作为文化传承传播载体的意义和价值，旅游商品创意性开发不够。服务不全不优，参与性、互动性、体验性项目少，旅游有效供给、优质供给明显不足。尤其是在风俗地域旅游上竞争力和影响力都不够强大，较多项目都是以参观为主，缺少必要的游客互动节目，故而体验性和参与性弱，必然很难吸引游客，更不能留住游客。餐饮住宿特色不鲜明，首先标准化服务不到位，其次服务细节有待提高，旅游品质尚不足以达到游客的期待。

五　汉中文旅融合未来可期的方向

文旅融合涉及文化、金融、经济多方面的融合。面对新文化、新需求、新流量等因素的促推，文旅市场正日显宏阔。因而文旅融合工作当务之急是通过体制机制的完善，较快地从机构融合，也就是人的思想融合到政策落实融合，直至最终职能融合。

第一，加大文化与旅游相融合的力度。要从两方面下大力量，一是形成文旅融合人才队伍。多方聘请各领域专家，形成顾问机制，研究本域文化，有的放矢、有机推进，形成文旅融合强劲发展的中长期规划报告。同时，壮大一批产业关联度高、功能融合性强、创新能力突出的文化和旅游骨干企业做强做优做大。二是体制机制的逐步完善，顶层设计是关键，明确部门职能分工。重视文旅消费投资的资本端、产业端、市场三个维度的分析研判，着力于文旅融合的产品能力、渠道能力、运营能力的生产和提升。支持汉中文化传媒、广电传媒、报业三大集团做大做强，发挥示范引领作用。

第二，多路径带动产业发展，规模打造园区小镇聚集发展。一是依靠重大工程带动战略，重视商圈的带动作用，开拓“文化＋科技”的新兴产业，拓展文化旅游、演艺娱乐、互联网、影视传媒、艺术培训、工艺美术、印刷复制、出版发行、广告会展、文化用品生产经营等文化产业发展格局。二是多地开花，落实建成有潜力的国家公园重大项目，形成景区联动合力，推促综合效益显著的项目开发。加快推进龙岗遗址文化生态园、兴汉汉文化产业园、天汉文化公园、诸葛文化产业园、张骞文化产业园、蔡伦文化产业园、羌文化产业园、汉中玉文化产业园等一批功能优势互补、错位发展的产业园区建设，积极创建国家级、省级和市级文化产业园区。三是加快特色文化小镇建设。推进古路坝国际研学小镇、秦岭瑞士小镇、青木川古镇等一批有历史记忆、地域特点的特色文化小镇、文化乡村和特色文化街区建设。鼓励利用闲置工业厂房、老旧建筑、废弃矿山、工业农业遗产等，高起点建设文化艺术、特色产业相结合的文化产业区。四是开拓研学游的产业发展基地。进一步提升已有研学基地的科研和教育功能，总结经验形成路径，拓展新一批价值高、操作性强的研学新基地，在研学覆盖规模扩大的同时促进教育与公共服务深度迈进。

第三，因地制宜打造大品牌 IP，厚植竞争优势。重点推进提升两汉三国文化、川陕革命红色文化、秦巴民俗文化、绿色生态文化、氐羌文化等特色文化影响力。针对汉中地理和人文优势，高水平开发一批温泉疗养、古镇街区等休闲度假新产品，高标准建设一批水上运动、全民健身等文体旅新业态，全力推动从“点、线、面”向“多点、多级、多彩”转变。时机成熟，可以成立旅游产品研发基地。譬如，依托目前紫柏山、华阳、黎坪、青木川等景区创 5A 发展以及褒城组团国家度假区、龙岗文化生态旅游园区、南湖、汉江源等重点文旅项目建设，定位旅游新 IP 打造，群策群力，全方位多环节下大功夫扎实推进。

第四，重视文化企业的培植，增强发展新动能。强化政策倾斜、资金扶持，保障专业人才供给，适当给国有文化企业调配一些优质资源，重视本地文化企业的引导帮助。落实好《加快小微文化企业发展实施意见》等政策措施，支持“专、精、特、新”中小微文化企业发展。对于有潜力的大型文化企业，政府可以加大支持力度，扶持资金可考虑作为注册资金，一方面为企业减轻债务负担，另一方面可以小资金撬动更多社会资本投入文化领域，形成多渠道筹资投资的文化发展机制。

第五，多维度全域化宣传，助力旅游市场营销。酒香也怕巷子深。以当地知名 IP、独家文化体验吸引观众互动，并通过线上线下结合的新模式，以“引进来”“走出去”的思路，打破传统的旅游路线推广模式，加大宣传营销力度。一是加大主流媒体旅游形象宣传，借助各种论坛、会议以及各种要素企业的力量深入宣传，精心办好第二届朱鹮国际论坛，推进国内知名高校、科研院所与汉中特色文化资源“联姻”，有的放矢策划研学基地开发。二是加快发展依托数字技术进行创作、生产、传播和服务的数字文化产业，培育基于大数据、云计算、5G 等新技术的新型文化业态。强化与抖音、途牛等合作，深化与丝绸之路、秦蜀古道和高铁、航线开通城市的协作互惠宣传。重视智慧旅游，推动影视拍摄、动漫游戏、时尚购物和旅游相结合，开发数字旅游创意产品，做到线下体验丰富，线上传播有料。三是支持文化企业和优秀文创产品参加全国知名文化会展活动。发挥“张骞文化经贸使团”作用，推动文化企业深度融入“一带一路”。鼓励文艺院团开展优秀剧（节）目对外交流演出和商业性展演，扩大对外影响。

六　结语

文旅融合是一个系统工程，在推动文旅融合的过程当中，需要将提升文化和旅游消费作为一项重要的工作。

现代的游客要求更为综合全面，不仅关注文化历史遗产资源所承载的文化品位与家国风尚，而且非常向往现代节奏中的生活环境品质和人间烟火气息。因此，作为文旅融合的根脉，文化彰显就需要同时考虑地域特色，紧接地气，但又不失文化广域内涵。在工作深入开展过程中，文旅融合并非过眼云烟似的快餐消费，理应成为精神享受与灵魂共鸣；不应该一味地猎奇斗艳，而需要给予更为深厚的情怀与品质。因此，文旅融合美好目标的实现，不仅需要体制的保障、机制的规范，还迫切需要有一大批有情怀、有担当、有见识的专业人士加入结盟，因时制宜、因物制宜、因事制宜、因地制宜，群策群力开拓出文旅融合的崭新篇章。

有必要指出，品牌创意已然成为文旅融合的核心发展力。品牌是制胜法宝，决定了一个企业乃至国家核心的竞争力，已然成为经济全球化发展中不可忽视的重要资源，一个产业兴盛的背后往往是一批民族品牌的强势崛起。众所周知，迪士尼主题公园的米老鼠、唐老鸭、狮子王等动漫形象为游客广为乐道，《寻梦环游记》引发并带火了墨西哥的亡灵节，作为城市公共艺术游客的打卡地好莱坞的星光大道不容忽视，乌镇的国际戏剧节、宋城大型歌舞千古情系列、木心博物馆，不胜枚举，诸多成功的文旅案例带给我们深刻的启发，它们制胜的关键是什么？毫无疑问，是独特的文化创意。这正是文化旅游产业发展中最为核心、最为鲜活、最为强劲的要素。如上所述，那些赢得游客青睐的，无论是国际的还是国内的景点，都无一例外摄取了文化创意的精髓。显而易见的事实是，文化创意必然是文化旅游产业实现创新型发展、内涵式发展的有效选择，也是旅游业转型升级的捷径和关键环节。本着因地制宜、有的放矢的原则，汉中文旅融合发展就面临一个迫切需要解决的问题，即在推进文旅融合进程中，身处 IP 为王时代，如何打造和创新旅游 IP？这将是文旅融合者拓展工作中的重中之重。

B.19

西安城市营销策略发展研究报告

马燕云*

摘　要： 城市营销是城市品牌开发与传播的有效推进途径之一。作为千年古都，悠久深厚的历史积淀一直是西安的文化底色和城市特色。2018 年，西安获批成为国家中心城市，伴随产业环境、生活环境、经济环境等诸多方面的变化，西安的城市营销策略也进行了相应的调整。面对新机遇，西安仍存在如何做好历史古都的城市营销、如何更准确地界定城市品牌、如何更有效地传达城市价值等问题。本报告从西安城市营销现状入手，依据城市品牌营销理论、城市品牌营销规律和特征等，分析历史文化古都未来发展的可能趋势与可行路径，并提出推进其城市品牌建设的对策和建议。

关键词： 西安　城市营销　城市品牌　城市形象

城市营销策略发展，是城市品牌发展和城市形象传播的有效手段之一，也是实现城市治理体系和治理能力现代化的重要途径之一。西安的城市营销策略发展和城市品牌化推进，同步于其自身城市化的加速发展，在提升城市竞争力、优化城市宜居环境、促进区域协调发展、显现城市价值等方面发挥了积极作用。

---

* 马燕云，陕西省社会科学院文学艺术研究所助理研究员，研究方向为唐宋时期中国西北区域社会文化史、口述历史和城市文化发展史。

美国学者菲利普·科特勒在《国家营销》一书中指出："在剧烈变动和严峻的全球经济条件下，每个地区都需要将地区形象（包括有形的基础设施、无形的文化内涵），通过营销手段来整合资源，使地区形成独特的风格或理念，以满足众多投资者、新企业和游客的要求与期望。"[①] 这是"城市营销"学术理念的最早来源，即运用市场营销的方法，将具体城市的产品、企业、品牌、文化氛围、贸易环境、投资环境、人居环境及城市形象等各种政治、经济、文化、自然资源进行系统的策划与整合，通过树立城市品牌，提高城市综合竞争力，广泛吸引更多的可用社会资源，以推动城市良性发展，满足城市居民物质文化生活需求。[②] 学界将城市营销分为北美学派和欧洲学派，前者倾向于从宏观发展来把握城市营销态势，后者则是从供需双方、市场三个层面考虑问题，进而强调"产品化"的思维模式，设计出符合市场需要的"城市产品"。

20 世纪 80 年代前，我国实行计划经济体制，居于城市发展核心地位的是城市产业，此时期的城市营销是自发形成的，且形成的要素比较单一。其后，随着市场经济的不断深入、中国城市化的快速发展[③]和政府职能的逐步转变，我国的城市经营和城市营销逐步兴起。20 世纪 80 年代到 90 年代初，北京、上海、天津、沈阳、广州、南京、武汉等城市开始规划建设"卫星城"，这是我国城市化建设的起步阶段。全国范围内加大建设小城镇，一大批县被改为市，大幅增加了我国的城市数量。当时提出的战略是"小城镇，大战略"，严格控制大城市，适度发展中等城市，大力发展小城市。这一时期，对于城市营销的认知并未发生质变，但已有部分城市将注意力逐步投放到以廉价的劳动力、土地资源和优惠政策去吸引投资，在民风民俗、历史传统等城市文化方面的城市营销策略逐步开始实施，形成了温州等一批有影响力的城市品牌。进入 21 世纪，在对外开放和全球化进程的共同推动下，我

① 〔美〕菲利普·科特勒：《国家营销》，华夏出版社，2003，第 43 页。

② 陈倩、李凡：《城市营销经典案例（第一辑）》，经济管理出版社，2014，第 1 页。

③ 当一个国家的城市化水平达到 30% 时，城市化速度会加快，直至达到 70% 时才会平稳下来。

国的城市化平均以每年0.6%左右的速度提升，国民经济大幅发展，城市化水平不断提高，我国城市化进程步入了新阶段。昆明等部分城市，已形成城市营销意识，制定基于竞争力、市场供需和城市消费者类型的城市营销策略，随着环渤海经济圈、长三角经济圈、珠三角经济圈等都市经济圈逐步成型及西部大开发战略的实施，北京、上海、大连、青岛、深圳、广州、成都、重庆、苏州、昆明、西安等城市品牌逐步形成，我国迎来“城市营销时代”。①

2018年10月31日，《中国城市营销发展报告（2018）》在北京发布。该报告在城市品牌发展指数（CBDI）基础之上，提出了省域品牌发展指数（PBDI）和城市群品牌发展指数（ABDI）概念及模型，并从文化独特性、文化开放性、文化活力和文化吸引力四方面指标对中国289个地级以上城市、30个省（自治区、直辖市）以及20个主要城市群的文化品牌发展进行了评估与测量。报告显示：2017～2018年，在19个副省级以上城市中，西安分别居城市文化品牌发展指数第9位，城市旅游品牌发展指数第9位，城市品牌传播发展指数第10位，城市品牌发展总指数第10位。② 相较于2016～2017年，在城市品牌总指数、城市品牌传播指数方面，西安城市品牌发展指数排名不变，在城市旅游品牌发展指数方面上升1位。西安也成为西北地区唯一连续两次跻身十强的城市品牌。

一　西安城市营销策略发展现状

（一）西安城市营销策略发展总体情况

2004年，西安市委提出城市四化理念，即“国际化、市场化、人文化和生态化”。2005年2月，《西安国际化、市场化、人文化、生态化发展报

① 李怀亮、任锦鸾、刘志强：《城市传媒形象与营销策略》，中国传媒大学出版社，2009，第103～115页。

② 刘彦平主编《中国城市营销发展报告（2018）》，中国社会科学出版社，2019，第13页。

告》首次为西安做出了明确的城市定位，即“具有历史文化特色的国际性大城市”。2008 年 5 月，国务院正式批复《西安城市总体规划（2008 年 ~ 2020 年）》，即西安市新一轮城市总体规划。2009 年 6 月，《关中—天水经济区发展规划》经国务院审批通过，加强西咸一体化建设、打造西安国际化大都市成为城市发展战略目标和城市营销战略准则。2011 年，全力打造西安（咸阳）国际化大都市出现在《陕西省国民经济和社会发展第十二个五年规划纲要》的发展目标中。同年，《西安市国民经济和社会发展第十二个五年规划纲要》也将建设国际化大都市作为西安城市发展的首要目标，并精准提出西安城市品牌定位就是“世界城市文化之都”。[①] 2016 年，西安市以坚持创新、协调、绿色、开放、共享的发展理念，坚持“四个全面”的战略布局，打造“一带一路”创新高地和内陆型改革开放新高地，全力打造“品质西安”，[②] 作为城市品牌升级和城市形象营销的新理念，全力推进西安初步成为具有历史文化特色的国际化大都市。[③] 2018 年 2 月，西安成为第九个国家中心城市，《陕西省〈关中平原城市群发展规划〉实施方案》正式发布。2018 年 7 月西安市第十三次党代会召开，会议审议通过的《中共西安市委关于加快国家中心城市建设推动高质量发展的决定》指出，西安作为国家中心城市的发展战略定位为“三中心两高地一枢纽”，即打造西部地区的经济中心、对外交往中心和丝路科创中心，建设丝路文化高地和内陆开放高地，以及建立国家综合交通枢纽，将西安建设成为面向国际的具有历史文化特色的国际化大都市。同时，围绕城市发展空间格局，坚持“以人为本、以山为屏、以水为脉、以塬为靠、以绿为基、以文为魂”，实施“北跨、南控、西进、东拓、中优”战略，逐步形成大西安“三轴三带三廊一通道多中心多组团”的发展格局。联合国城市发展报告也将西安评选为“2018 全球最具发展潜力新兴城市”。2018 年 6 月，在中国社会科学院财经

---

① 《西安市国民经济和社会发展第十二个五年规划纲要》，西安市人民政府网，2011。

② 西安提出“品质西安”，涵盖经济发展、城市治理、宜居城市、对外开放、人民生活和政府服务等。

③ 黄晓敏：《西安城市品牌形象传播问题与对策研究》，渤海大学硕士学位论文，2017。

院发布的《中国城市竞争力报告 No. 16——40 年：城市星火已燎原》中，西安与深圳、北京、上海等城市一同入选改革开放 40 年经济发展最成功 40 个城市。2019 年 7 月，《西安国际化大都市发展蓝皮书（2019）》发布，其中，“韧性城市”[①] 建设、实现西安“精明增长”[②]、利用人才红利提前完成万亿目标[③]等成为西安城市营销策略中的新亮点。

（二）西安在国内城市的竞争力与城市营销力指数排名情况

2002 年以来，西安在国内城市中城市综合竞争力情况见表 1 至表 7。

表 1　2002 ~ 2011 年西安在国内 294 个城市中的城市综合竞争力

年份	排名	综合竞争力指数
2002	36	0.551
2003	41	—
2004	42	—
2005	44	—
2006	48	0.603
2007	52	—
2008	54	—
2009	42	—
2010	39	0.680
2011	36	0.717

资料来源：根据《中国城市竞争力报告 No. 10》数据绘制。

① 韧性城市：2002 年的联合国可持续发展全球峰会上，倡导地区可持续发展国际理事会（ICLEI）首次提出了“韧性城市”概念，将其引介到城市与防灾领域。在各种研究基础之上，IMD 又针对“韧性城市”概念进行了细致严谨的研究，并对概念进行了扩充与延展，将城市的韧性分为四个维度：工程韧性、生态韧性、经济韧性与社会韧性。

② 精明增长：是一种新型城市发展理念，其主要内容是遏制城市无序蔓延和侵占农地、缓解城市交通拥堵、防治大气污染、有效治理“城市病”。

③ 万亿俱乐部：指 GDP 突破一万亿元的城市群体，为虚拟组织概念。截至 2018 年，全国总计共有 16 座城市 GDP 突破一万亿元，其中北京、上海突破三万亿元大关，上海浦东新区成为第一个 GDP 突破万亿元的新区。

表 2　2012 年西安在国内的城市竞争力

西安在国内 293 个城市中的综合经济竞争力					
综合经济竞争力指数	排名	综合增量竞争力指数	排名	综合效率竞争力指数	排名
0. 14293	35	0. 22484	30	0. 01627	49

西安在国内 287 个城市中的可持续竞争力		
类别	指数	排名
可持续竞争力指数	0. 56737	30
宜居城市竞争力指数	0. 47296	90
宜商城市竞争力指数	0. 53143	27
和谐城市竞争力指数	0. 69011	4
生态城市竞争力指数	0. 29230	199
知识城市竞争力指数	0. 67469	17
全域城市竞争力指数	0. 25258	121
信息城市竞争力指数	0. 56598	19
文化城市竞争力指数	0. 59314	12

资料来源：根据《中国城市竞争力报告 No. 11》数据绘制。

表 3　2013 年西安在国内的城市竞争力

西安在国内 294 个城市中的综合经济竞争力					
综合经济竞争力指数	排名	综合增量竞争力指数	排名	综合效率竞争力指数	排名
0. 176	34	0. 264	31	0. 020	44

西安在国内 289 个城市中的可持续竞争力		
类别	指数	排名
可持续竞争力指数	0. 530	27
宜居城市竞争力指数	0. 648	36
宜商城市竞争力指数	0. 611	19
和谐城市竞争力指数	0. 560	19
生态城市竞争力指数	0. 385	187
知识城市竞争力指数	0. 653	15
全域城市竞争力指数	0. 303	77
信息城市竞争力指数	0. 719	20
文化城市竞争力指数	0. 611	9

资料来源：根据《中国城市竞争力报告 No. 12》数据绘制。

表 4 2014 年西安在国内的城市中竞争力

西安在国内 294 个城市中的综合经济竞争力					
综合经济竞争力指数	排名	综合增量竞争力指数	排名	综合效率竞争力指数	排名
0.200	33	0.305	25	0.021	43

西安在国内 289 个城市中的宜居、宜商和可持续竞争力						
可持续竞争力指数	知识城市竞争力排名	和谐城市竞争力等级	生态城市竞争力等级	文化城市竞争力等级	全域城市竞争力等级	信息城市竞争力等级
0.540	27	★★★★★	★★★★★	★	★★★★★	★★★★★

资料来源：根据《中国城市竞争力报告 No. 13》数据绘制。

表 5 2013~2014 年西安在国内 100 个城市中的城市营销发展力

城市营销指数									
总指数	排名	品牌指数	排名	推广指数	排名	治理指数	排名	收益指数	排名
0.38161	11	0.48649	9	0.30812	11	0.51936	12	0.21247	82

城市品牌指数									
品牌指数	排名	品牌吸引力	排名	品牌关注度	排名	品牌独特性	排名	文化包容	排名
0.48649	9	0.17013	8	0.38561	9	0.47023	9	0.92	23

城市营销推广指数									
推广指数	排名	社会资本	排名	推广推荐	排名	网络营销	排名	沟通互动	排名
0.30812	11	0.15843	13	0.23852	12	0.635	19	0.20052	7

资料来源：根据《中国城市营销发展报告（2014~2015）》数据绘制。

表 6 2016~2017 年西安在国内 287 个城市中的城市营销发展力

城市品牌发展指数											
CBDI 总分	排名	文化品牌指数	排名	旅游品牌指数	排名	投资品牌指数	排名	宜居品牌指数	排名	品牌传播指数	排名
0.531	10	0.510	9	0.581	10	0.551	12	0.471	11	0.540	10

续表

城市文化品牌发展指数											
文化品牌指数	排名	文化独特性	排名	文化开放性	排名	文化活力	排名	文化吸引力	排名	文化品牌指数	排名
0.510	9	0.767	3	0.444	13	0.298	11	0.533	10	0.510	9
城市旅游品牌发展指数											
旅游品牌指数	排名	旅游人气	排名	旅游吸引力	排名	旅游发展效益	排名	旅游营销传播	排名	旅游品牌指数	排名
0.581	10	0.861	10	0.568	5	0.374	66	0.521	10	0.581	10
城市投资品牌发展指数											
投资品牌指数	排名	要素质量	排名	经济基础	排名	创新创业潜力	排名	投资营销传播	排名	投资品牌指数	排名
0.551	12	0.450	12	0.511	31	0.793	7	0.449	12	0.551	12
宜居品牌发展指数											
宜居品牌指数	排名	宜居口碑	排名	社会治理	排名	民生质量	排名	生态环境	排名	宜居品牌指数	排名
0.471	11	0.541	12	0.451	19	0.457	19	0.435	72	0.471	11
城市品牌传播发展指数											
品牌传播指数	排名	城市知名度	排名	城市关注度	排名	媒体营销传播	排名	政务新媒体传播	排名	品牌传播指数	排名
0.540	10	0.637	6	0.518	6	0.503	10	0.502	13	0.540	10

资料来源：根据《中国城市营销发展报告（2017）》数据绘制。

表 7　2017～2018 年西安在国内 289 个城市中的城市品牌发展力

总指数	排名	城市文化品牌发展指数	排名	城市旅游品牌发展指数	排名	城市投资品牌发展指数	排名	城市宜居品牌发展指数	排名	城市品牌传播发展指数	排名
0.507	10	0.528	9	0.568	9	0.458	11	0.474	11	0.507	10

资料来源：根据《中国城市营销发展报告（2018）》数据绘制。

（三）西安城市营销策略分布

1. 品牌营销

（1）城市品牌定位。于宁在《城市营销研究——城市品牌资产的开发、传播与维护》中指出：城市品牌是各种城市元素的无形总和，包括城市的名称、人文风情、历史的传统、城市的标志、地区文化，甚至城市的声誉和承诺兑现，它们关乎该城市能否在消费者心目中树立起清晰且明确的美好印象，关乎通过这些无形元素的相叠能否树立起明确的竞争标识、能否有效地表达出某个城市的地域特色。①

2005 年 2 月，西安第一次做出明确的城市定位——具有历史文化特色的国际性大都市。2011 年 4 月 7 日，在西安市政府办公厅公布的第十二个五年规划纲要中，将西安的城市品牌明确定为：以国际化大都市建设为基础，将西安打造成为"世界城市文化之都"。② 2018 年，陕西省人民政府《陕西省〈关中平原城市群发展规划〉实施方案》③ 明确将"三中心两高地一枢纽"④ 作为西安的城市营销战略定位。从世界历史文化名城发展成为西部经济中心、从国际旅游目的地城市发展成为对外交往中心、从亚洲知识与技术创新中心发展成为丝绸之路的科创中心、从东西方文化交流中心发展成为丝绸之路的文化新高地、从黄河中上游地区的国际资本聚集中心发展成为内陆开放新高地、从新亚欧大陆桥经济带中国段最大的中心城市⑤发展成为国家综合交通枢纽。经过 14 年自上而下的规划设计及城市营销途径求新、求质地持续推进，西安已准确找到自己的城市定位，并将新时代西安的新城

① 于宁：《城市营销研究——城市品牌资产的开发、传播与维护》，东北财经大学出版社，2012，第 49 页。

② 《西安市国民经济和社会发展第十二个五年规划纲要》，西安市人民政府网，2011。

③ 《陕西省人民政府办公厅关于印发省关中平原城市群发展规划实施方案的通知》，陕西省人民政府网。

④ 三中心两高地一枢纽："三中心"即西部地区重要的经济中心、对外交往中心、丝绸之路科创中心，"两高地"即丝绸之路文化高地和内陆开放新高地，"一枢纽"即国家综合交通枢纽。

⑤ 张竞文：《浅析西安城市品牌的构建与发展》，《西安社会科学》2008 年第 12 期。

市形象在全世界范围内推广传播。

（2）城市形象树立。良好城市形象的树立和城市价值的有效传递、城市荣誉的建立是营销方式之一。1988 年至 2018 年，西安所获城市荣誉已达 37 项（见表 8）。

表 8　西安城市荣誉

荣誉称号	年份	荣誉称号	年份
全国双拥模范城市	1988,1992,1996,2000,2004,2008,2012,2016	全球最具发展潜力新兴城市	2014
全国副省级城市	1994	中国十大区域性金融中心城市	2014
全国社会治安综合治理优秀城市	1997,2001,2005,2009	最佳国内旅游城市	2014
国家卫生城市	2008	中国十大影响力会展城市	2014
综合性国家高新技术产业基地	2008	国家电子商务示范城市	2014
国家园林城市	2009	国家跨境贸易电子商务服务试点城市	2014
中国最具文化底蕴城市	2009	国家现代服务业综合试点城市	2014
中国最具幸福感城市	2009,2012,2013,2014,2015,2017	国家食品安全示范城市	2014,2017
海外高层次人才创新创业基地	2009	国家质量强市示范城市	2014,2016
中国国际形象最佳城市	2010	中国最佳营商环境十大城市	2014
十大中国最关爱民生城市	2010	全国文明城市	2015,2017
中国十大创新型城市	2011,2012	国家系统推进全面创新改革试验区	2015
国家知识产权示范城市	2012	国家自主创新示范区（西安高新区）	2015
中国形象最佳城市	2013	国家森林城市	2016,2017
中国十佳品牌会展城市	2013	全国科普示范区（西安新城区）	2016

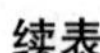

续表

荣誉称号	年份	荣誉称号	年份
中国最具投资吸引力城市	2013	国家全域旅游示范区（西安临潼区）	2016
国家下一代互联网示范城市	2013	中国最具投资潜力城市	2017
中国领军智慧城市	2014	国际美食之都	2017
中国最具文化软实力城市	2014		

资料来源：根据西安市地方志办公室统计数据绘制。

2. 关系营销

（1）国内关系营销。据《中国城市友好交往度》的数据统计，陕西在全国各省份中的得分及排名如下：城市友好交往度得分 0. 631 分，城市友好交往度排第 6 位，交往长度排第 10 位，交往广度排第 11 位，交往深度排第 7 位，交往热度排第 1 位，交往频度排第 5 位。西安在全国地级以上城市中的得分及排名如下：城市友好交往度得分 0. 613 分，城市友好交往度排第 12 位，交往长度排第 1 位，交往广度排第 5 位，交往深度排第 19 位，交往热度排第 58 位，交往频度排第 24 位。①

（2）国际关系营销。国际友好城市是世界各国政府之间通过协议的形式建立起来的一种国际联谊与合作关系。1973 年，我国开启友好城市活动。改革开放以来，我国的对外交流逐步频繁，国际间友好城市的互动活动也逐步步入健康的发展道路。1992 年经中央批准，我国的国际友好城市活动迎来了统一协调发展的新阶段。根据相关统计，2015 年 2 月 10 日，我国已与五大洲 133 个国家建立了 2154 对友好城市（省州）关系，其中，涵盖我国的 30 个省份（不包括台湾地区及港、澳特别行政区）、444 个城市，和五大洲的 473 个省（州、县、大区、道等）及 1450 个城市。

① 中国人民对外友好协会城市交流中心、中国社会科学院城市与竞争力研究中心联合研究组：《城市竞争蓝皮书：中国城市竞争力专题报告（1973 ~ 2015）》，社会科学文献出版社，2016，第 5 ~ 7 页。

西安与国外城市缔结友好关系的历史，始于20世纪70年代。1974年，西安首次与奈良成为友好城市。此后，随着友好交往的深入和中国外交的逐步开放，目前，与西安建立的国际友好城市达28个国家33个城市，与西安建立的国际友好交流城市达38个国家67个城市。这些国际友好城市关系和国际友好交流城市关系的建立，为城市双方的交流与合作搭建了桥梁和平台，如表9所示。

表9　1974～2019年西安市部分友好合作城市一览

城市	国家	结好签字时间	城市	国家	结好签字时间
奈良	日本	1974年	昆卡	厄瓜多尔	2010年
京都	日本	1974年	格罗宁根	荷兰	2011年
爱丁堡	英国	1985年	科托尔	黑山	2013年
波城	法国	1986年	撒马尔罕	乌兹别克斯坦	2013年
堪萨斯（密苏里州）	美国	1989年	马雷市	土库曼斯坦	2014年
伊斯法罕	伊朗	1989年	蒙哥马利郡	美国	2014年
多特蒙德	德国	1992年	霍巴特	澳大利亚	2015年
拉合尔	巴基斯坦	1992年	久姆里	亚美尼亚	2015年
船桥	日本	1994年	晋州	韩国	2016年
庆州	韩国	1994年	克拉古耶瓦茨	塞尔维亚	2016年
雅西	罗马尼亚	1994年	于默奥	瑞典	2017年
第聂伯罗彼德罗夫斯克	乌克兰	1995年	奥尔登堡	德国	2017年
科尼亚	土耳其	1996年	圣彼得堡	俄罗斯	2019年
加德满都	尼泊尔	1996年	布鲁塞尔首都大区	比利时	2019年
巴西利亚	巴西	1997年	基希讷乌	摩尔多瓦	2019年
魁北克	加拿大	2001年	瓦伦西亚	西班牙	2019年
科尔多瓦	阿根廷	2006年	布托	尼泊尔	2019年
庞贝	意大利	2007年	安东	韩国	2019年
卡拉马塔	希腊	2009年	迦太基	突尼斯	2019年

资料来源：根据西安市地方志办公室统计数据绘制。

3. 文化营销

2012 年，西安成为第一批国家知识产权示范城市，获得“全国文化体制改革先进地区”的荣誉称号。在体育赛事方面也取得了突破，举办了第18 届城墙国际马拉松比赛。①

2013 年，从开展文物文化遗产保护、举办惠民文化活动，到丝绸之路经济带的建设，西安市逐层多面大力推进。提前完成“博物馆之城”建设，累计建成各类博物馆 100 座；组织各类惠民演出 1400 余场，建成农民健身工程 700 个；与丝绸之路经济带沿线国内外 15 个城市共同签署《西安宣言》，与中亚城市马雷、撒马尔罕建立友好关系，运营大唐西市丝绸之路风情街（一期），正式开通“长安号”国际货运班列，西安的城市影响力成功拓展至国际范围。②

2014 年是西安大力促进相关传统行业转型升级的一年，以永兴坊为引领的特色美食商业街区逐步开启，京东等知名互联网企业落户古都，涵盖西安商贸和餐饮业领域的电商交易总额达到 1200 亿元。西安市制定出台旅游业持续健康发展“新 10 条”，全年接待海内外游客 1.2 亿人次，实现旅游总收入 950 亿元，入选“年度国际游客满意度最高中国旅游城市”，并再次荣获“最佳国内旅游城市奖”。西安成功举办首届丝绸之路经济带国际博览会、西部文化产业博览会等大型展会 175 个，成交额达 1207.5 亿元，被评为“2014 中国十大影响力会展城市”。③

2015 年，西安全面启动丝绸之路经济带新起点建设，将欧亚经济论坛确定为国家“一带一路”建设十大平台之一，丝绸之路经济带城市圆桌会成功举办，发布《西安宣言》。④

2017 年，是西安文化实力显著增强的一年。为充分挖掘千年古都的历史文化价值，西安市出台《西安市不可移动文物保护条例》，新增加“西安

① 《2013 年西安市政府工作报告》，西安市人民政府网。

② 《2014 年西安市政府工作报告》，西安市人民政府网。

③ 《2015 年西安政府工作报告》，西安市人民政府网。

④ 《2016 年西安政府工作报告》，西安市人民政府网。

城市记忆”等博物馆，博物馆总数达至126座。话剧《麻醉师》获得全国“五个一工程”优秀作品奖荣誉，《白鹿原》《大秦帝国之崛起》《那年花开月正圆》等影视作品热播全国。成功举办第2届中法文化论坛“西安日”活动，将“西安声音”传播到世界。同时，密切关注城市文化品牌发展的新态势，将着眼点逐步凝聚于文化和旅游的相交点，以文化产业的新业态升级和建设国家级城市文化中心作为城市营销发展战略之一。①

2018年，西安稳步推进“大西安”城市发展战略。“文化+”战略大力实施，规上文化企业新增130家，共计486家，营业收入实现500亿元。加大城市公共文化事业发展力度，新增包括西安交通大学西迁博物馆在内的8座博物馆，西安博物馆总数达134座。新建惠民实体书店840家，荣获“中国书店之都”称号。“西安年·最中国”“唐都长安1400年”等城市文化品牌营销活动成功实施。大力拓展城市营销的地域边际，如举办第3届中法文化论坛、2018西安国际马拉松赛、第17届西安国际音乐节、“2018中欧旅游年”闭幕式等活动。城市文物保护和历史古都文化弘扬也成功走出西安、走向世界，如新增国家5A级旅游景区——城墙·碑林历史文化景区、成功获选“东亚文化之都”、世界文化旅游大会永久会址落户西安等。②

2019年，西安围绕世界文化之都和世界旅游时尚之都的城市定位，从“文化+”“旅游+”“体育+”等城市营销模式，更新发展为“互联网+文化+外贸”的城市营销新格局，突出文化核心，以互联网和对外商贸作为推进发展双翼。在发挥既有区域城市文化营销成效的基础之上，同步实施城市全域的诸多营销途径，如全力投入陕西省三大博物馆的改造升级、鼓励民营博物馆的发展、新建数字智慧博物馆；深化书香之城、音乐之城、博物馆之城的三城建设，积极举办2019年西安国际马拉松赛事、2019西安国际音乐节等具有城市特色的文娱活动；通过大力更迭文创产业、电竞产业、会展会议产业、融合园区、创客空间、特色小镇等手段，

① 《2018年西安政府工作报告》，西安市人民政府网。

② 《2019年西安政府工作报告》，西安市人民政府网。

逐步培育具有国际知名度的西安力量，延展西安城市营销内容的新样态和新布局。①

表 10　2018 年西安曲江新区举办的主要节事营销活动

节事名称	营销内容
“西安年·最中国”新春系列文化活动	大唐不夜城“现代唐人街”日均游客量保持 15 万人次左右，最高峰达到 27 万人，成为西安春节活动的最大文化 IP
春满中国·最西安	在西安全城范围内举办“最风光”的踏青寻胜、“最青春”的康体休闲、“最风尚”的现代娱乐、“最古韵”的文博祭祖等系列活动
第九届西部文化产业博览会	集中展示了中国以及共建“一带一路”国家优秀的文化成果和卓越的文化产品，是中国文化产业集体实力的展示。是我国与国际文化市场对话、合作与交易的重要平台
2018 西安国际马拉松赛	在西安城墙永宁门鸣枪开跑，共有来自 26 个国家 2 万名运动员参赛，本届赛事分全程、半程和迷你马拉松，全面展示了西安承古开新、向善向上的城市精神，现代时尚、绿色宜居的城市环境，开放包容、充满活力的城市形象
第五届丝绸之路国际电影节	共吸引了来自世界六个大洲、68 个国家的 565 部中外优秀影片参展，来自伊朗、土耳其、俄罗斯等 60 余个共建“一带一路”国家和地区的知名影人、专家学者参与活动。电影节期间，三大活动、六大论坛顺利开展。147 部电影陆续走进西安 30 所高校、10 个广场和 100 个社区，展映观影人数达近万人次
2018 央视春晚秋晚	作为央视春晚的四个分会场之一，元宵晚会在西安大唐芙蓉园上演，央视中秋晚会花落大唐芙蓉园，时尚、美丽的西安城市形象，通过央视的镜头传递给全球亿万电视观众
欧亚经济论坛文化分会	国内外知名专家学者、企业家、艺术家及行业协会嘉宾共同探讨文化产业热点话题，对未来产业发展提出新思考，为西安文化产业的快速发展提供了新动力、注入了新活力
2018 西安城墙国际马拉松赛	西安城墙国际马拉松赛创办于 1993 年，比赛全程在西安明城墙上进行。比赛设置半程马拉松、13.7km 环城跑、5km 迷你马拉松三个项目，将城市特色与赛事项目有机融合，参赛运动员来自美国、澳大利亚、法国、日本、伊朗、以色列、土耳其、希腊、意大利等国家和地区
2018 西安国际音乐节	西安国际音乐节已成功举办 16 届，成为西安打造“音乐之城”的重要活动，每年音乐节期间都有上百场精彩的音乐主题演出，曲江新区及全市各区县以场馆演出、户外公演、主题演唱会、音乐声光秀、街头演出等形式，上演交响乐、独奏、室内乐、民乐、爵士乐、流行乐、秦腔、综艺等多种演出

① 《2019 年西安政府工作报告》，西安市人民政府网。

续表

节事名称	营销内容
2018 西安城墙全球星空时尚模特大赛	曲江新区与星空传媒合作,邀请全球超过 45 个国家或地区的 60 名模特参加比赛,并邀请国内外超模和明星、歌手以及国际设计师助阵,通过星空国际台和 Channel V、陕西卫视向全球转播,向全球展示西安独特的历史文化和现代、时尚、活力、青春的城市魅力

二　西安城市营销策略中存在的不足

（一）城市品牌核心理念不够清晰

西安是中国历史上建都朝代最多、影响力最大的都城，是国务院最早公布的国家历史文化名城之一，也是国家重要的科研、教育和工业基地。“一带一路”给西安城市形象的传播带来了新契机，但是在城市品牌的核心价值体现方面仍有所欠缺。城市品牌的核心价值取决于城市对自身内涵的认同清晰度、对外界所存差异的认知清晰度，是一种在横向对比后的纵深探索，是明确自身城市品牌的差异度和个性化后的必然结果。改革开放以来，尤其是进入 21 世纪，随着西安城市文化营销策略逐步拓展，以及国际化程度的逐渐提高，西安一直在探求城市品牌定位和核心价值，也竭力打造在历史古都之外的城市品牌色彩。如 2005 年 2 月，西安市发布的《西安国际化、市场化、人文化、生态化发展报告》中提出“具有历史文化特色的国际性大城市”的城市定位。2011 年，《陕西省国民经济和社会发展第十二个五年规划纲要》提出将西安打造为“世界城市　文化之都”的城市品牌形象。2016 年，《西安市国民经济和社会发展第十三个五年规划纲要》提出打造“品质西安”的口号。2018 年，“韧性城市”建设又成为西安城市品牌内涵中的新成员。这些城市定位或者说城市品牌目标的提出，无一不体现出西安随时代而进、求新求变的城市节奏，但它们之间缺乏一种共同核心价值的连续性和支撑力。城市品牌应具有相对的稳定性和唯一性，其目的就是用来区别与其他城市的相似度。上述西安城市品牌理念的设定，并未将城市品牌的核心价值彰显出来。“国际化”“世界城市”“韧性城市”等这些概念，不足以指向西安的核心城市特色。“国际化”“世界城市”都表述了西安要“走出去”、想“走出去”的城市营销定位，但仍需结合城市文化在新时代发展进程中的独特性，精准定位城市品牌核心理念。

（二）城市品牌传播手段和渠道不够丰富

西安现有的微信政务平台如“掌上西安”“西安乱弹”“西安攻略”等App，现有的政务微博如“西安公安”“西安发布”“生活 IN 西安”等，每天都更新发布信息，拥有数百万的粉丝，但是这些微博、微信均各自为政、传播手段和渠道单一，城市品牌的传播效果不够理想。作为 2016～2017 年中国城市品牌传播排名十强的西安，在城市知名度和城市关注度上均排第 6 位，属于十强城市中新媒体运营和政务新媒体水平最低的城市。①

2018 年 1～4 月，与西安相关的抖音视频超 61 万，播放总量超 36 亿次，仅西安永兴坊摔碗酒单条视频的最高播放量就达到 811.3 万。2018 年 5 月，西安“五一”期间的旅游总收入达 45 亿元，相较 2017 年同期增长 139%，居“国内十佳旅游目的地”第 3 名。2018 年 8 月，与西安相关的视频播放总量达 89.1 亿次。2018 年 9 月，《短视频与城市形象研究白皮书》指出：在抖音短视频播放量百强的城市中，西安已经占到近两成。② 对于城市形象传播，“抖音指数”认为共分为如下三个阶段：第一阶段，是前移动互联网阶段，包括 PC 阶段，处于政府规划、媒体执行，城市形象定位不清晰的阶段；第二阶段，是移动端图文阶段，开始的标志是 2012 年 8 月 13 日微信公众平台的上线，处于官方民间话语分野、城市认知降维极化的阶段；第三阶段，是移动端短视频阶段，开始的标志是 2016 年 9 月抖音的上线，处于政府与民众共同讲述、生活化的城市形象更具区分度的阶段。③ 2018 年，西安

① 刘彦平：《中国城市营销发展报告（2017）》，中国社会科学出版社，2018，第 228 页。

② 杨博宇、郭苗苗：《西安城市推介策略研究》，《传播力研究》2019 年第 19 期。

③ 《短视频与城市形象研究白皮书》，“抖音指数”微信公众号，2018。

跻身“网红城市”。但是，西安城市品牌的传播广度和深度仍然不够、城市品牌认可度和关注度不够持久。抖音短视频的火爆，并没有从源头解决西安城市品牌传播中提升知名度和凝聚关注度的现实问题。

三　推进西安城市营销策略发展的对策建议

（一）强化顶层设计，有效实施城市营销策略

顶层设计是西安市文化品牌打造的重要渠道，要求政府在城市营销策略的制定实施和城市品牌的打造中发挥积极的主导作用。城市营销策略的构建、城市品牌的建设和城市形象的传播，不仅关系到城市建设的现在，更关系到城市未来的发展趋势。一个城市的营销策略的推进，必须立足于本地区的实际发展状况和民生民情的现实环境。“一带一路”和国家中心城市建设的双重开放格局为西安提供了审视自身和打造品牌的机遇，可以更广泛更深入地推进文化交流、文化合作、文化贸易等方面的工作。政府应从顶层设计出发，提高对制定城市营销策略的重视度，加强对城市品牌核心价值的研究、规划和设计，有效维护和完善城市形象传播，制定因地制宜的城市发展政策和措施。在具体的实施过程中，可由专业的城市策划机构或者设立城市营销专家组的形式，采用定量或定性的学术分析，通过与其他共建“一带一路”的城市和国家中心城市的数据对比，找出优势，找准劣势，创建以西安为标本与核心的发展理论体系，精准定位西安可持续发展的城市营销策略。

（二）强化城市品牌传播整合营销，扩大城市形象传播力度

2016～2018 年，西安是唯一连续两次跻身十强的城市品牌，这与西安在“一带一路”行动中积极调整发展节奏、主动担当发展使命密切相关。西安也在新时代的城市发展中，成功树立了西北地区内陆型改革开放新高地的形象。从 2010 年的城市网络营销力度数据到 2017 年的城市品牌传播力度

数据来看,[1] 西安一直处于城市排名中下游的位置。[2] 当前，城市品牌传播处于社交媒体时代，是一个人人皆有可能成为传播者的时代。政府主导性减弱，用户个体主导性增强。传播者可以是政府、是公共部门，也有可能是私人组织、个体网民等。城市营销是城市形象体系建立和城市价值体系塑造的有力方式，城市品牌传播是这其中的重要营销方式之一。整合营销应当从市场需求出发，从关注城市形象的参与者、受众群体的心理和精神需求出发，从视觉、听觉、触觉等层面，将多种宣传推广途径相互连接，使分散的传播方式在城市营销过程中凝聚发力。

过去，拥有悠久历史的西安给予外界的是单一、平面的刻板印象。现在，西安主动运用多种营销方式，如夜游营销、节事营销、短视频营销、电竞营销等，扩大了城市知名度、提高了城市关注度。未来，西安要面向世界传递出城市新声音、讲述好古都新故事，应深度挖掘城市价值核心、精准城市品牌定位、明确城市营销新方向，密切关注其他城市的发展和需求，借鉴学习其他城市的先进经验，协同整合，实现城市品牌与城市营销的创新和发展。

---

① 刘彦平:《中国城市营销发展报告（2017)》，中国社会科学出版社，2018，第228页。

② 陈倩、李凡:《城市营销经典案例（第一辑)》，经济管理出版社，2014，第142页。

大 事 记

Chronicle Events

B.20

2019年陕西文化发展大事记*

1月

1月1日 《陕西省文化和科技融合示范基地认定管理办法（试行）》施行，着力培育一批示范带动作用明显的省级文化和科技融合示范基地，引领陕西文化产业转型升级高质量发展。

1月2日 由陕西省西安广播电视台出品的大型人文纪录片《手中的"一带一路"》在北京启动拍摄，聚焦共建"一带一路"国家传统手工艺历史现状、文化交流与经济活动。

1月11日 首届陕西戏剧奖颁奖晚会在西安举行，王航等6位演员获得首届陕西戏剧奖表演奖，剧本奖空缺。陕西戏剧奖是陕西省委宣传部正式批准设立的省级文艺常设奖项，设立有陕西戏剧奖表演奖、陕西戏剧奖剧

* 陕西省社会科学院文化研究所邓娟整理。

本奖。

1月16日 在文化和旅游部的统一部署下，陕西省文化和旅游厅共组织了5支团队，前往亚洲、欧洲、非洲和北美洲的7个国家开展“欢乐春节·国风秦韵”陕西文化海外行，为国家“一带一路”人文交流与合作贡献陕西力量。

1月18日 由陕西省文化和旅游厅主办的“文化陕西旅游推介会”在捷克举行。

1月19日 以“非遗中国 匠造传奇”为主题的陕西非物质文化遗产产业联盟启动仪式暨永兴坊品牌发布会在西安举行。陕西非物质文化遗产产业联盟是陕西首个专注于非物质文化遗产生产性保护产业发展的平台组织，集“产、学、研、展、商”于一体。

2月

2月4日至10日 春节期间，以“西安年·最中国”“最浓西府年·休闲游宝鸡”“醉美中国年·我要去延安”等为代表，陕西全省各地共举办300余场次文旅深度融合、高质量的新春文化旅游活动，“文化陕西”魅力彰显。其中，“西安年·最中国”系列活动推出12大主题251项活动，受到《人民日报》、新华社、中央电视台等中央媒体关注，在微博收获超七亿阅读量。

2月27日 省政府召开全省文化和旅游高质量发展推进会。

3月

3月6日 中宣部、财政部、文化和旅游部、国家文物局联合公布《革命文物保护利用片区分县名单（第一批）》，确定了15个革命文物保护利用片区。陕西65个县区市入选。

3月15日 以“汉风花海·真美汉中”为主题的2019中国最美油菜花

海汉中旅游文化节在汉中市汉台区启动。此次节会主会场设在汉台区，其他10个县区设分会场，持续至5月1日结束。中国最美油菜花海汉中旅游文化节被评为“中国十大花节花会”，今年已是第十届。

3月27日 以“东亚文都·古韵西安”为主题的2019“东亚文化之都”西安活动年在西安启动。活动年以“古韵风华”为主线，通过数十项重点活动，向世界展示西安的恢宏古韵和建设国际化大都市的现代风采。“东亚文化之都”是由中、日、韩三国共同创立的国际性文化城市命名活动，自2013年启动评选以来，已有中国的泉州、青岛，日本的横滨、新潟，韩国的光州、清州等18座城市获此殊荣。

3月29日 秦始皇帝陵博物院“守护　传承　创新　发展——秦兵马俑保护展示四十年”系列主题活动启动。该系列主题活动之一的“邀您来听兵马俑考古的故事”主题活动同日举办。

3月29日 由陕西、甘肃、宁夏、青海、新疆5省（区）文化和旅游厅及新疆生产建设兵团文化体育新闻出版广电局和旅游局联合主办的2019西安丝绸之路国际旅游博览会在西安开幕。本届丝路旅博会以“创新发展·品质文旅”为主题。

3月29日 陕西省十三届人大常委会第十次会议审议通过《陕西省公共文化服务保障条例》，于7月1日起施行。

4月

4月3日 由陕西省人民政府主办、西北大学承办的“2019年清明祭黄帝陵与弘扬中华优秀传统文化”学术论坛在西安举行。

4月5日 “己亥（2019）年清明公祭轩辕黄帝典礼”在陕西省黄陵县桥山祭祀广场隆重举行。围绕“中华根脉　文化陕西”主题，陕西还举行了“缅怀始祖·四海同钦——寻根祭祖游陕西”活动之陕西旅游推介会、“黄帝陵全球华文媒体传播协作中心”揭牌等15项系列活动，突出宣传黄帝陵是中华文明的精神标识，阐述黄帝文化的深厚内涵，增强海内外中华儿

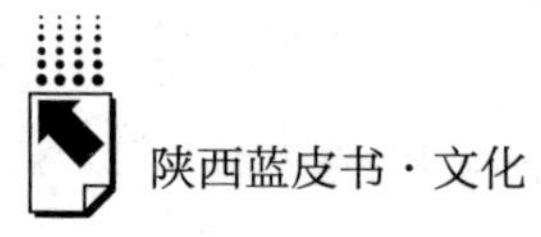

女对黄帝陵崇高地位的认同。

4月11日 由西北旅游协作区倡议发起的丝绸之路文旅产业联盟在青海西宁成立。联盟以丝绸之路沿线文旅产业单位为主体，以文旅业界、关联业态、文旅学界、媒介和新技术为合作伙伴，是非营利性的产业服务平台。

4月11日 《文化中国》陕西新媒体产业投资基金在西安宣告成立。该基金是在陕西省委宣传部的领导下，由陕西广电网络联合《文化中国》基金投资管理有限公司等机构成立的“文化 金融”“文化 科技”的定向产业基金。

4月13日 “我和我的祖国——庆祝新中国成立70周年暨纪念《黄河大合唱》首演80周年”演唱会在延安鲁迅艺术学院旧址举行。

4月16日 “丝绸之路文化遗产保护工匠联盟——陕西省专业委员会”成立大会暨陕西省首批优秀工匠推选会在西安举行，并推选出首批十名“丝绸之路文化遗产保护工匠”。

4月20日 2019“一带一路”年度汉字发布会在中华文字始祖仓颉故里渭南市白水县举行。“共”成为2019“一带一路”年度汉字。

4月22日至26日 由中共陕西省委宣传部、陕西广播电视台联合摄制的五集电视纪录片《西出长安》在中央电视台纪录片频道播出。是目前第一部反映“一带一路”建设的现实题材纪录片作品，对于传播丝路文化、弘扬丝路精神具有积极意义。

4月24日 由陕西省委宣传部主办的陕西演艺联盟成立暨陕西旅游网演艺平台上线发布会在西安举行。联盟将致力于搭建覆盖全省的演艺资源共享机制，繁荣全省演艺文化市场，引导群众文化消费。

4月27日 为纪念五四运动100周年，“五四运动与马克思主义在中国百年传播”全国学术研讨会暨全国高校马克思主义理论学科研究会第41次学科论坛在西北大学召开。

4月27日 由陕西省文化和旅游厅主办的2019陕西省群众文化节启动，全省各地围绕“壮丽70年 畅想新时代”主题，开展一系列丰富多彩的群众文化活动。

4月28日 由团省委联合省委宣传部、省委教育工委、省教育厅等单位主办的“光荣与梦想”——陕西省纪念五四运动100周年文艺演出在陕西广电大剧院举行。演出围绕“光荣与梦想”主题展开，全方位呈现了青年前赴后继为中华民族伟大复兴中国梦不断奋斗的轨迹。

5月

5月9日 西安儿童艺术剧院成立60年、西安演艺集团成立7周年暨2019西安国际儿童戏剧展演在西安开幕。

5月11日 第四届丝绸之路国际博览会暨中国东西部合作与投资贸易洽谈会在西安开幕。本届丝博会以“新时代·新格局·新发展”为主题，由俄罗斯联邦、柬埔寨王国担任主宾国，吉林省、重庆市担任主宾省(市)，汉中市政府担任主题市。会议期间举办开幕式暨丝绸之路经济带国际合作论坛、扶贫减贫国际合作论坛、丝绸之路商务合作（西安）圆桌会等多场涉及经贸、文化、旅游、法律、投资便利化自由化等领域的国际会议和论坛活动。

5月16日 由陕西农村报社主办、杨陵区委宣传部协办的2019陕西乡村文艺创作座谈会在杨凌示范区召开。旨在团结引领广大乡村文艺工作者投身乡村生活，努力创作出有筋骨、有高度、有温度的作品来反映时代。

5月18日 2018年度全国博物馆十大陈列展览精品终评结果公布，陕西历史博物馆的“陕西古代文明陈列”第六次获得“全国博物馆十大陈列展览精品推介精品奖”，“秦始皇和兵马俑展”荣获“全国博物馆十大陈列展览精品推介国际及港澳台合作奖”。

5月18日 陕西“互联网+革命文物”教育平台正式上线运营。这是陕西省文物局打造的全国首个5G“互联网+革命文物”教育平台，旨在立足视觉增强、虚拟互动等互联网技术对革命文物进行全景式、立体式、延伸式展现，以进一步弘扬革命精神，对广大观众开展爱国主义教育。

5月19日 由陕西省文化和旅游厅、铜川市政府主办的2019“中国旅游日”陕西分会场暨铜川樱桃旅游节启动仪式在铜川市新区阳光广场举行。

5月21日 陕西省非物质文化遗产产业促进会在西安成立，致力于非遗文化生产性保护，促进非遗全产业创造性转化、创新性发展，全力打造集“产、学、研、文、旅、商”于一体的非遗全产业链开放性合作平台。

5月23日 由教育部体卫艺司、文化和旅游部艺术司、中央音乐学院、陕西省委宣传部、延安市委市政府联合主办的中央音乐学院 · 延安“5 · 23”音乐节开幕。开幕式上，举行了致敬祖国——庆祝新中国成立70周年、纪念延安文艺座谈会77周年暨《黄河大合唱》创作80周年音乐会。

5月23日 陕西省文艺志愿者协会在西安成立。旨在深入学习贯彻习近平新时代中国特色社会主义思想，动员、引领广大文艺工作者和文艺爱好者投身文艺志愿服务。

5月23日 由陕西省委宣传部、省文联共同主办的“深入生活　扎根人民”系列文艺志愿服务活动在西安市长安区柳青广场启动。省委常委、省委宣传部部长牛一兵出席启动仪式并向文艺志愿服务团授旗。

5月24日 陕西首列“美丽铁路”研学旅行专列开行，从西安火车站始发，终点凤县车站。此次开行研学旅行专列，是铁路部门参与思政课教育的新尝试，是将思政课教育的课堂搬到现场的实际教学。

5月24日 第33届田汉戏剧奖评选揭晓，西安秦腔剧院三意社创排的大型秦腔新编历史剧《司马迁》，荣获田汉戏剧奖剧本一等奖。该剧由“全陕西班底”历时8年打造而成，旨在以秦腔艺术形式讲述陕西故事、陕西情怀。

5月31日 为推动陕西旅游业与工业深入融合发展，由陕西广播电视台与陕西西凤酒厂集团有限公司共同打造的“寻梦周秦　品味西凤”全省首条工业文化旅游线路在宝鸡正式开通。

6月

6月4日 由中国文化传媒集团有限公司、天津市委宣传部、陕西省委宣传部联合摄制的电影《周恩来回延安》在中共中央党校大礼堂举行了主创见面会和点映活动。影片历时 4 年打磨，主要讲述周恩来回延安 22 小时里的内心活动，人物刻画细腻、情感真挚。

6 月 7 日 “丹青记忆 守望家园——第六届中国文化遗产美术展”在延安革命纪念馆开幕。展览聚焦“红色记忆”，集中展现各地具有代表性的革命旧址风采。

6 月 8 日 鲁迅艺术学院旧址暨革命文艺家馆正式对外开放。

6 月 8 日 由国家文物局、陕西省政府主办的 2019 年“文化和自然遗产日”主场城市活动在陕西延安举行。活动紧扣“保护革命文物 传承红色基因”主题，举办了“丹青记忆 守望家园——中国文化遗产美术展(2019)”、全国革命文物保护利用论坛、青少年主题教育活动、延安革命文物保护利用情况调研等系列活动。

6 月 12 日 由陕西省委宣传部扶持的重大文化精品项目、反映中国石油工业建设的长篇革命年代剧《共和国血脉》在央视一套开播。

6 月 19 日 由江西赣州、贵州遵义、陕西延安三地党委、政府联合举办的长征文化旅游推介会在北京人民大会堂举行。三地文化和旅游部门签订了《文化旅游合作框架协议》，就加强长征文化研究、红色文化载体交流等方面达成共识。

6 月 19 日 由陕西广播电视台与五洲传播中心共同举办的中国—东盟媒体交流年特别活动——“2019 丝绸之路万里行 · 魅力东盟”启动仪式在北京举行。

6 月 30 日 第二届两岸（西安—台湾）青年双创交流团书画交流活动在西安举行。

6 月 30 日 西安秦腔剧院历时两年精心打造的大型秦腔新编历史剧《李白长安行》在西安易俗大剧院首演。

7月

7 月 3 日 由国家京剧院与西安秦腔剧院共同出品的秦腔版《安国夫

人》在西安演出，这是两家院团结对共建的合作成果，也是国家京剧院京剧《安国夫人》首次移植到其他剧种的成功尝试。

7月5日 由中国驻津巴布韦大使馆和陕西高校音乐教育联盟联合主办的“一带一路中非文化音乐会”，在津巴布韦首都哈拉雷国际学校音乐厅成功举行。

7月5日 陕西首家文化考古研学基地——西北大学文化考古研学基地启动。

7月12日 文化和旅游部发布《关于公示第一批拟入选全国乡村旅游重点村名录乡村名单的公告》，陕西咸阳市礼泉县烟霞镇袁家村等11个村入围全国乡村旅游重点村名录乡村名单。

7月22日 庆祝中华人民共和国成立70周年“记者再走长征路”主题采访活动在西安启动。来自中央和陕西20多家媒体的30多名记者参加了启动仪式，省委常委、省委宣传部部长牛一兵出席并为活动授旗。

7月27日 第二十九届全国图书交易博览会在西安开幕。本届书博会为期4天，除西安主会场外，还在延安、铜川设立分会场。

7月30日 由省妇联、省委宣传部、省委网信办、省委文明办等主办，以弘扬家国情、礼赞新时代为主题的陕西省首届家庭文化节暨“家家幸福安康工程”启动。

7月30日 陕西启动“全省扶贫扶志宣讲村村行”活动。宣讲围绕扶贫政策、帮扶事迹、脱贫致富故事三方面开展，于8月1日至6日开展集中宣讲。

7月31日 由陕西省文联、陕西省电影家协会共同主办的2019年陕西“优秀国产影片公益展映月”活动在空军工程大学启动。作为陕西省品牌性公益文化活动，“优秀国产影片公益展映月”活动已持续举办多年，并取得了显著成效。

8月

8月1日 陕西省脱贫攻坚题材重点电视剧《兰桐花开》在中央电视台

电视剧频道（CCTV-8）黄金档播出，并取得良好收视效果。

8月6日 第五届柳青文学奖评奖工作启动。评奖旨在大力弘扬柳青精神，鼓励广大作家扎根人民、扎根生活，表彰现实题材创作，奖励优秀文学作品，推动文学陕军再进军。

8月7日 陕西省音乐家协会成立70周年座谈会在汉中市佛坪县召开。其前身是1949年11月20日成立的陕甘宁边区文化协会音乐工作委员会，70年间，陕西音协在音乐创作、音乐表演、音乐教育等方面取得了丰硕成果。

8月19日 第十五届精神文明建设“五个一工程”表彰座谈会在北京举行。陕西5部作品——电影《周恩来回延安》、电视剧《黄土高天》、话剧《平凡的世界》、歌曲《一路走来》、长篇小说《主角》荣获第十五届精神文明建设“五个一工程”优秀作品奖。

8月20日 以“文化创新与城市发展”为主题的第四届全国“一带一路”沿线城市智库联盟大会在宝鸡开幕。全国“一带一路”沿线城市智库联盟于2016年由宝鸡、宁波、连云港、天津、青岛、厦门6个城市社科联共同发起成立。

8月29日 陕西省西安市西影电影艺术体验中心正式对外开放。该中心由电影老爷车博物馆、电影胶片收藏库等功能区组成，是一座展现电影历史与电影艺术、胶片电影工业发展史、西影电影艺术成就的电影艺术博物馆。

8月29日 第五届全国十佳文博技术产品及服务奖终评结果在上海揭晓。陕西省文物局下属的陕西文物数据中心报送的“数字博物馆AI机器人平台”和陕西历史博物馆报送的“文物运输监测系统”获奖。

9月

9月4日 文化和旅游部公示了首批国家全域旅游示范区名单。陕西华阴市和临潼区入选。

9月7日至21日 由文化和旅游部、陕西省人民政府共同主办，陕西省文化和旅游厅承办的第六届丝绸之路国际艺术节在陕西举办。其间，今日丝绸之路国际美术邀请展、2019文旅融合高峰论坛暨“中国演艺之都”发布仪式、西安旅游演艺联盟联席会、西安数字互动娱乐文化周、2019国际儿童戏剧周、2019青年汉学家研修计划（西安）等重点活动相继启动。

9月8日 全国首座全面展示考古工作和考古学科发展的专题博物馆——陕西考古博物馆在西安正式开工建设。陕西考古博物馆是集考古科研、文物保护、教育展示、公众文化交流于一体的考古主题博物馆，预计2021年建成并对外开放。

9月10日至12日 2019欧亚经济论坛在西安举行。论坛的主题为“共建‘一带一路’：高水平合作，高质量发展”，设文旅、智库等平行分会和多场配套活动。

9月10日 以“弘扬药王文化，推动全民健康，实现全面小康”为主题的第五届中国孙思邈中医药文化节在铜川药王山文化广场开幕。

9月28日 由陕西省文化和旅游厅主办的“全民悦读　最美三秦”第七届陕西省阅读文化节在西安启动。本届阅读文化节主会场设在西安，各市县设分会场，采取全省联动、同步启动的方式进行。

9月28日 陕西省庆祝中华人民共和国成立70周年文艺晚会《辉煌壮丽七十年　追赶超越再出发》在西安隆重举行。晚会以“辉煌壮丽七十年　追赶超越再出发”为主题，旋律高昂、振奋人心，获得了在场观众的一致好评。

9月29日至10月29日 陕西省庆祝新中国成立70周年成就展在西安曲江国际会展中心举办，其间共吸引群众82.66万人观展。

10月

10月1日 陕西省在西安新城广场举行庄严隆重的升国旗仪式，热烈庆祝中华人民共和国成立70周年。

10月8日 8集文献纪录片《解放大西北》在中央广播电视总台央视国防军事频道播出。它是迄今为止反映西北解放作战史料最为翔实、内容最为丰富、表现最为完整的一部文献纪录片，是一部影像化的西北解放战争史，填补了全面反映大西北解放战争题材的空白。

10月14日 第十届茅盾文学奖颁奖典礼在中国国家博物馆举办。陕西省作家陈彦的长篇小说《主角》获第十届茅盾文学奖，是陕西作家的文学作品第四次获得该奖项，展现了“文学陕军”扎根人民群众、深入生活、坚持创作的丰硕成果。

10月14日 由省委宣传部、省委教育工委、省教育厅、团省委、省文联、省戏剧家协会共同主办的陕西省第七届校园艺术节在陕西师范大学开幕。本届校园艺术节的主题是“百年五四——青春中国”，共有20多所院校参与。

10月14日 由中国美术馆与陕西省延安市委、市政府主办，延安市委宣传部、革命纪念地管理局、鲁艺文化园区承办的“中国美术馆典藏活化系列展——延安·初心”及学术研讨会在延安鲁艺旧址举办。

10月15日 2019延安文化传承博览会在金延安文旅产业园开幕。本届博览会以“走遍中国　回望延安”为主题，以文化传承与旅游、科技深度融合为主要内容，进一步扩大延安与国内重点文化旅游城市的交流合作。

10月20日 由省委宣传部、省文化和旅游厅、省文联主办，省美协、省美术博物馆承办的“陕西省庆祝中华人民共和国成立七十周年美术作品展览”开幕。此次展览是一场高规格，多种类，具有学术性、权威性的综合大展。

10月23日 以“文旅融合　智能驱动”为主题的2019世界文化旅游大会在西安开幕，从国际化、智慧旅游的角度，积极探索文化旅游产业发展的新机遇，共筑世界文旅融合的新未来。

10月23日 西部最大儿童主题特色书店——西安欧绅兔儿童书店在西安经开区正式投入运营。

10月24日 陕西省委党校（行政学院）与省延安精神研究会共同举办

“学习党的十九大精神，不忘初心、牢记使命，弘扬延安精神，奋力追赶超越”主题宣讲报告会，迎接第30个延安精神纪念日。

10月24日 以“鎏金丝路 筑梦陕图”为主题的陕西省图书馆建馆110周年系列活动在省图书馆启动。其间，还举办“一带一路”图书馆发展论坛、“一带一路 合作共享”图书馆文献资源与文创产品联展等系列活动。

10月25日 为发扬丝路精神，促进西部博物馆馆际交流合作，“唐蕃古道——七省区精品文物联展”在陕西历史博物馆开展。此次展览由陕西历史博物馆主办，汇聚了青海、甘肃、宁夏、新疆、四川、西藏等古道沿途各博物馆的文物资源。

10月26日 由中国博物馆协会美术馆专业委员会、省委宣传部、省文化和旅游厅指导，陕西省美术博物馆主办的从高原到高原之上——“高原·高原”第八届中国西部美术展中国画年度展在陕西省美术博物馆开幕。

10月31日 陕文投集团成功发行全国首只红色文旅债券“2019年度第一期红色文旅中期票据”，金额4亿元，期限3年，票面发行利率5.98%，资金已全部到位。

11月

11月3日至9日 由中国—东盟中心、陕西省人民政府外事办公室主办，国际在线陕西频道承办的“东盟国家驻华使节和媒体记者陕西行”活动在陕西举办。采访团将深入陕西各地，多语种、多角度、立体化报道，将陕西发展成就和合作机遇传递到东盟各国，传递到世界。

11月4日 由中宣部对外推广局、国家广电总局国际合作司、中国—东盟中心、陕西省委宣传部指导，陕西广播电视台与五洲传播中心联合举办的大型跨国全媒体活动“2019丝绸之路万里行·魅力东盟”发车仪式在西安举行。

S 基本子库
SUB DATABASE

中国社会发展数据库（下设 12 个子库）

整合国内外中国社会发展研究成果，汇聚独家统计数据、深度分析报告，涉及社会、人口、政治、教育、法律等 12 个领域，为了解中国社会发展动态、跟踪社会核心热点、分析社会发展趋势提供一站式资源搜索和数据服务。

中国经济发展数据库（下设 12 个子库）

围绕国内外中国经济发展主题研究报告、学术资讯、基础数据等资料构建，内容涵盖宏观经济、农业经济、工业经济、产业经济等 12 个重点经济领域，为实时掌控经济运行态势、把握经济发展规律、洞察经济形势、进行经济决策提供参考和依据。

中国行业发展数据库（下设 17 个子库）

以中国国民经济行业分类为依据，覆盖金融业、旅游、医疗卫生、交通运输、能源矿产等 100 多个行业，跟踪分析国民经济相关行业市场运行状况和政策导向，汇集行业发展前沿资讯，为投资、从业及各种经济决策提供理论基础和实践指导。

中国区域发展数据库（下设 6 个子库）

对中国特定区域内的经济、社会、文化等领域现状与发展情况进行深度分析和预测，研究层级至县及县以下行政区，涉及地区、区域经济体、城市、农村等不同维度，为地方经济社会宏观态势研究、发展经验研究、案例分析提供数据服务。

中国文化传媒数据库（下设 18 个子库）

汇聚文化传媒领域专家观点、热点资讯，梳理国内外中国文化发展相关学术研究成果、一手统计数据，涵盖文化产业、新闻传播、电影娱乐、文学艺术、群众文化等 18 个重点研究领域。为文化传媒研究提供相关数据、研究报告和综合分析服务。

世界经济与国际关系数据库（下设 6 个子库）

立足“皮书系列”世界经济、国际关系相关学术资源，整合世界经济、国际政治、世界文化与科技、全球性问题、国际组织与国际法、区域研究 6 大领域研究成果，为世界经济与国际关系研究提供全方位数据分析，为决策和形势研判提供参考。

法律声明